V.-H. FRIEDEL

Problèmes Pédagogiques

NOTES ET DOCUMENTS

La [illegible]églementati[illegible] les livres de classe en France [illegible] à l'étran[illegible] — Le problème des écoles nor[illegible]ales en [illegible]. — La réorganisation des [illegible]oles primaires supérieures en Prusse. — [illegible]s classes de perfectionnement pour enfants [illegible]ormaux à l'étranger.

PARIS
LIBRAIRIE DES PUBLICATIONS OFFICIELLES
ET DES SCIENCES ÉCONOMIQUES ET SOCIALES
GEORGES ROUSTAN
5, Quai Voltaire

1913

Problèmes

Pédagogiques

V.-H. FRIEDEL

Problèmes Pédagogiques

NOTES ET DOCUMENTS

La réglementation des livres de classe en France et à l'étranger. — Le problème des écoles normales en France. — La réorganisation des écoles primaires supérieures en Prusse. — Les classes de perfectionnement pour enfants anormaux à l'étranger.

PARIS
LIBRAIRIE DES PUBLICATIONS OFFICIELLES
ET DES SCIENCES ÉCONOMIQUES ET SOCIALES
GEORGES ROUSTAN
5, Quai Voltaire

1913

AVANT-PROPOS

L'accueil favorable qui a été fait, même en dehors du monde scolaire, à une première série d'études sur des problèmes pédagogiques de l'heure actuelle (1), *nous encourage à publier ce nouvel ensemble de notes et documents relatifs à des questions du même ordre.*

L'École a cessé d'être le domaine exclusif des pédagogues.

Des hommes politiques avisés ont consacré leurs meilleurs efforts à faire de l'école à tous les degrés un organisme vivant de l'État moderne, une institution nationale, préparant les hommes à être des citoyens libres et des valeurs sociales.

Cependant, l'Église continue à revendiquer une part active dans le fonctionnement de l'enseignement public. Elle fait de cette revendication un conflit politique per-

---

(1) *La Pédagogie dans les pays étrangers* (*Problèmes et Solutions*). Paris, C. Roustan, 1910. — De même que pour le premier volume, c'est dans notre Bibliothèque, Office et Musée de l'Enseignement public (Musée Pédagogique) 41, rue Gay-Lussac, que nous avons pris notre documentation. Mais nous avons eu soin, toujours, de vérifier les documents par l'étude sur place ou par la consultation d'experts étrangers.

manent. Outre l'action sur les régimes et les fractions politiques, elle remet en œuvre, de nos jours, une propagande solidement organisée auprès des pères de famille. Cette tactique s'est révélée dans la campagne des évêques de France contre l'école laïque et neutre, dans l'opposition des évêques anglicans contre le projet des libéraux anglais d'établir l'école neutre, dans les efforts inlassables qui tendent à enlever aux instituteurs allemands et suisses l'enseignement religieux maintenu sur les programmes par la Constitution de ces pays.

Ainsi s'explique, en partie, l'intérêt grandissant de l'opinion publique pour les questions scolaires. Il y a d'autres raisons.

Les États, de leur côté, font-ils tout ce qu'ils devraient faire pour assurer le plus grand rendement possible de leurs écoles publiques ? Aucun État ne saurait avoir cette prétention. Tous ont besoin de concours, qui, d'ailleurs, ne leur font pas défaut.

Dans les syndicats professionnels, on s'occupe activement de l'école primaire élémentaire et complémentaire; les Chambres de commerce formulent leurs desiderata au sujet de l'instruction technique ; on entend dans le monde des lettres et des arts, et jusque dans les conseils d'administration des grandes industries, des critiques sur l'enseignement secondaire classique et moderne et sur les hautes écoles ; les revues générales et les quotidiens ouvrent volontiers leurs colonnes à des articles dans lesquels des « profanes » disent leur façon de voir sur les études qu'on fait faire à leurs enfants. Bref, tous ceux qui, à un titre quelconque, participent à l'activité intellectuelle, économique ou sociale de leur pays, se joignent aux hommes politiques et aux pédagogues pour diriger l'instruction et l'éducation vers des fins plus conformes aux besoins immédiats de la société moderne.

L'accroissement énorme et la variété inouïe des publications pédagogiques dans les pays de l'ancien et du nouveau monde prouvent jusqu'à quel point les questions scolaires passionnent aujourd'hui des esprits naguère encore indifférents.

Toutefois, si nous avons quelque espoir de voir des « profanes » prendre intérêt à des questions que l'actualité nous a invité à traiter, — manuels scolaires, enseignement primaire supérieur et normal, éducation des anormaux, etc., etc., — nous avons pensé être utile, en première ligne, aux pédagogues et à ceux de leurs collaborateurs qui veulent bien contribuer à l'organisation, au fonctionnement et au perfectionnement de l'enseignement public. Ceux-là trouveront, dans ce recueil, des informations qu'ils pourront mettre à profit. Nous n'avons pas d'autre prétention en le publiant.

V.-H. F.

I

La Réglementation des livres classiques dans les Écoles primaires en France et a l'Étranger.

Que les temps paraissent lointains où la même grammaire, le même livre de lectures, le même manuel d'histoire servait à plusieurs générations d'écoliers ! où un livre de classe était assez répandu pour devenir vraiment « classique » ! Aujourd'hui, les éditeurs qui « font le classique » sont légion. Nous avons d'innombrables séries « conformes aux nouveaux programmes ». D'aucuns prétendent que la quantité a nui à la qualité. Jadis, des maîtres réputés entreprenaient la tâche difficile de mettre leur science à la portée de la jeunesse, et on avait foi en leur compétence. Les professeurs, les instituteurs, les inspecteurs qui, de nos jours, dans tous les pays, synthétisent leurs expériences et mettent à la disposition de leurs collègues une méthode qui leur a donné à eux-mêmes de bons résultats, ont-ils du manuel scolaire la même conception? Sans doute, les changements fréquents des programmes et les besoins toujours nouveaux que la vie moderne demande à l'école de satisfaire, apportent à notre production abondante de livres classiques un semblant de justification. Mais on rencontre aussi, il faut en convenir, dans la masse de ces livres de nombreuses compilations hâtives et inexpérimentées, qui ne sont que des affaires de librairie. Le livre de classe s'est « commercialisé ». La prodigalité avec laquelle les éditeurs de certains pays répandent les exemplaires de publicité dans le monde enseignant, rappelle la réclame des fabricants de « spécialités ». Dans chaque volume ainsi envoyé est encarté un résumé des appréciations publiées, dans les quotidiens et dans la presse pédagogique, par des compétences sympathiques. Parfois même, l'invitation « à faire connaître » le livre est accompagnée de la promesse explicite d'une remise. Les plus sérieuses et les mieux connues parmi les maisons d'édition ne peuvent résister à ces procédés du commerce moderne.

Dans les traités de pédagogie, le chapitre sur le livre de classe est devenu un des plus importants de la méthodologie. Les théoriciens s'ingénient à fixer les conditions générales auxquelles doivent répondre les livres destinés à être mis entre les mains des élèves. Il est vain de vouloir établir des règles immuables, puisque les conditions de l'enseignement sont, par la force des choses, sujettes à des variations incessantes. Certains auteurs, que le flot montant et la qualité défectueuse des productions effraient, en arrivent à condamner, ou du moins à restreindre le plus possible, l'usage du livre en classe. Une chose ressort avec certitude de la divergence d'opinion chez les experts, c'est la difficulté réelle et trop souvent méconnue de faire un bon manuel scolaire.

Le choix d'un manuel convenable n'en est que plus embarrassant. En Allemagne, on a créé un office central d'informations pour livres classiques. Le premier catalogue officiel des manuels recommandés dans l'enseignement secondaire en Prusse a 116 pages grand in-8° et compte plus de 1.000 numéros (1). Une des raisons de la création de « musées pédagogiques » (2) est précisément de fournir aux membres de l'enseignement des renseignements désintéressés sur la valeur des publications nouvelles, qui peuvent leur être utiles dans leurs classes.

Mais cette production a compliqué aussi la tâche des administrations auxquelles incombe l'organisation pédagogique des écoles. Il leur faut réagir contre la multiplicité des livres de classe. D'abord, par égard pour les parents, pour qui l'achat de livres nouveaux, même lorsqu'il ne se produit qu'aux promotions annuelles de leurs enfants, constitue une charge qu'équitablement on ne saurait laisser devenir trop lourde. Puis, les changements trop fréquents des livres déroutent maîtres et élèves; ils nuisent à la continuité

---

(1) *Verzeichnis der an d. hœh. Lehranstalten in Preussen eingeführten Schulbücher*, im amtlichen Auftrage herausgg. von Prof. Dr E. Horn, Vorsteher der kgl. Auskunftstelle für Schulbücher d. hœh. Unterrichtswesens (Berlin et Leipzig, 1906).

(2) La plupart de ces musées sont fondés sur le modèle de celui de la rue Gay-Lussac, à Paris, — aujourd'hui " Bibliothèque, Office et Musée de l'Enseignement public " — un des plus anciens, sinon le plus ancien établissement du genre. Sa collection de livres classiques, constamment tenue à jour par les éditeurs français et étrangers, est très consultée.

de l'enseignement, condition première de son efficacité. Enfin, le sentiment de l'unité dans les patries modernes exige que l'éducation et l'instruction des générations « montantes » ne soient pas trop disparates. Il serait absurde que tous les écoliers d'un pays étudiassent, le même jour et à la même heure, le même chapitre du même livre, mais il est essentiel que l'organisation pédagogique d'une province ou d'un ressort académique ne soit pas inutilement morcelée et compliquée par la diversité incohérente des moyens d'enseignement. Les gouvernements ont le devoir d'assurer le caractère national de l'instruction et de l'éducation données à la jeunesse. Cette fonction, ils l'exercent par le contrôle attentif des moyens d'enseignement, notamment des livres mis en usage dans les écoles de toutes les catégories.

Les principes d'après lesquels les gouvernements des divers pays d'Europe ont organisé la réglementation des livres classiques et la manière dont ils l'appliquent, font l'objet de la présente étude. L'occasion nous en a été fournie par la campagne violente des évêques de France contre certains livres d'histoire et de morale employés dans nos écoles primaires (1). A la suite des évêques, des catholiques mili-

(1) Voir la lettre pastorale dans la *Semaine religieuse de Paris*, n° 2908, du 2 octobre 1909. — Cette campagne remonte, en réalité, au début du XIXe siècle; elle fut assez violente, en France, avant 1850. Pour s'en convaincre, il suffit de feuilleter *L'Ami de*

tants (1) en ont profité pour attaquer tout le système d'enseignement public créé par la troisième République. Ce n'est pas ici le lieu d'examiner la valeur des critiques formulées par les adversaires de l'école laïque et neutre au sujet de certains manuels incriminés (2). La probité scientifique n'a pas toujours guidé leurs jugements. Les plus loyaux d'entre eux ne cachent d'ailleurs nullement que leur vraie inten-

---

la religion de 1831. Après 1840, en 1843 et 1844, l'*Univers* mena le combat. En 1844, l'abbé Combalot résuma les griefs de l'Église dans un *Mémoire aux évêques de France et aux pères de famille*, qui lui valut d'être envoyé en prison.

(1) Nous ne citerons, dans le nombre, que des ouvrages récents : G. Goyau, l'*École d'aujourd'hui* (1re et 2e série), 2 vol. in-16 (Paris, Perrin et Cie, 1899 et 1906), 413 et 428 pp.

Les Enquêtes du B. I. R. S. (Bureau d'Informations Religieuses et Sociales. Paris, 13, rue Miromesnil), numéros 3, 4, 5, 6.

G. Maze-Sencier, l'*Erreur primaire* (Paris, Rivière et Cie, 1911), 231 pp. in-16.

G. Valois et Fr. Renié, *Les Manuels scolaires* (Paris, Librairie Nationale, 85, rue de Rennes, 1911), 436 pp.

J. Guiraud, *Histoire partiale, histoire vraie* (Paris, Beauchesne, 1911), 2 vol. in-12, I 407 pp. II 467 pp.

(2) M. J. Guiraud, ancien élève de l'École Normale supérieure et de l'École Française de Rome, professeur d'histoire à l'Université de Besançon, a entrepris de réfuter par le détail les erreurs, volontaires ou involontaires, des manuels d'histoire condamnés par les évêques. Il n'a justifié que la première moitié du titre qu'il a donné à son ouvrage. En choisissant et en interprétant ses sources avec l'unique préoccupation d'aboutir aux conclusions que lui dictent d'avance sa conscience de catholique croyant, son devoir de fils soumis à son Église, et une passion maladive de vouloir redresser des partis-pris, il montre ce que deviendrait l'historiographie si les *Motu proprio* contre les « modernistes » pouvaient annuler les résultats des méthodes et de la critique scientifiques. Les défauts qu'il découvre dans les manuels, se retrouvent dans son propre ouvrage, mais étrangement aggravés et moins excusables chez lui que chez des « primaires ».

tion est de soulever la conscience religieuse des parents et de provoquer par là une agitation intéressée autour de l'école telle qu'elle s'est développée à la suite d'événements politiques qu'ils désapprouvent.

Cette campagne est restée, cette fois, limitée à la France. Les tentatives d'y intéresser d'autres pays n'ont guère réussi. L'Allemagne, qui du temps du Kulturkampf avait montré ce dont elle était capable en matière de controverse politico-religieuse (1), s'étonnait que dans un pays organisé il fût possible de pousser des parents et leurs enfants à la révolte ouverte contre l'école légalement établie. L'Italie demeurait indifférente ; seuls, quelques nationalistes songeaient aux craintes d'il y a trente ans qu'une recrudescence du sentiment clérical en France ne pût devenir un embarras pour leur patrie affranchie. Cependant, les militants français ont reçu du dehors des marques de sympathie, dont ils font état pour produire l'impression que la petite guerre contre les livres scolaires fait bien partie de la grande lutte menée dans tous les pays chrétiens, sous des formes diverses, par l'Église contre l'État, pour l'éducation et l'instruction de la jeunesse, la *lutte pour l'école*.

---

(1) Voir G. Goyau, *Bismarck et l'Église, Le Culturkampf* (1870-1878), (Paris, Perrin et Cie, 1911, 2 vol. in-16) et Ch. Andler, dans la *Revue critique des livres nouveaux*, 1911. p. 161-3.

Dr Jos. Hess (membre de la Chambre des Représentants de Prusse), *Der Kampf um die Schule in Preussen*, 1872-1906 (Cologne, J.-P. Bachem, 1912), un vol. in-8°, 252 pp.

Nous les suivons volontiers sur ce terrain, puisqu'il est dans notre intention, pour éclaircir le débat, de faire l'historique de la réglementation des livres scolaires dans divers pays. Rappelons donc, d'abord, brièvement la genèse du conflit.

Jusque vers le milieu du XVIIIe siècle, l'instruction et l'éducation de la jeunesse en commun étaient le monopole des Églises, qui avaient créé, organisé et développé les écoles. Elles exercèrent ce monopole dans leur propre intérêt et dans celui des princes. Leur pédagogie tendait à faire des hommes de bons chrétiens et des sujets dévoués au souverain. Au fur et à mesure que s'affirmaient la conception de l'État moderne et les tendances d'émancipation philosophique, et que se développait la société moderne avec ses besoins politiques, économiques et sociaux nouveaux, l'État se substitua aux Églises. L'*État ayant seul le droit et le devoir de pourvoir à l'instruction de ses citoyens*, tel est le principe d'où est sorti l'enseignement public et national, c'est-à-dire le système scolaire placé sous la direction et la surveillance exclusives du pouvoir civil. Ce principe a triomphé dans tous les États chrétiens au courant du siècle dernier. L'Église catholique se résigne plus difficilement que les autres Églises à l'abandon de son hégémonie séculaire sur les jeunes âmes. Dans quelques pays, la substitution de l'État à l'Église est complète. L'Église et l'École sont séparées. L'école primaire publique est laïcisée entièrement. L'enseignement religieux ne fait même plus partie du programme, ou bien, s'il y figure encore, il est donné par les maîtres ordinaires et laïques. Ailleurs, la substitution n'est pas moins définitive au point de vue du droit, mais l'État a laissé aux ministres des divers cultes tout ou partie de l'instruction religieuse, en s'en réservant, toutefois, le contrôle.

Le contrôle que le pouvoir civil exerce, en vertu de sa souveraineté, sur le fonctionnement de l'instruction de la jeunesse, s'étend naturellement sur les moyens employés dans l'enseignement, en premier lieu sur le livre de classe. Le livre n'est pas seulement le moyen d'enseignement le plus répandu, parce que le plus commode; il est devenu, à la suite de l'obligation scolaire, le moyen d'enseignement que l'autorité publique choisit et impose. Or, imposer un livre n'est-ce pas imposer les idées qu'il contient ?

A ceux qui ne veulent comprendre que l'État, en ce faisant, agit dans la plénitude de son droit, il est facile de répondre qu'il ne fait que continuer une pratique de l'Église. En effet, l'Église la plus jalouse de l'immuabilité de son dogme, de son organisation et de sa discipline, l'Église catholique, a donné elle-même l'exemple du contrôle attentif qu'il est indispensable d'exercer sur les livres destinés à l'enseignement de la jeunesse. Elle a toujours entendu imposer les siens à l'exclusion de tous les autres. Ainsi elle était sûre qu'ils fussent conformes à sa pédagogie, qui était d'instruire et d'éduquer par et pour la religion, d'après des méthodes et avec des moyens appropriés. Son contrôle, en vérité, allait bien au delà des livres scolaires. L'établissement du fameux « index », dont on a d'ailleurs dit et écrit beaucoup de choses fausses, et les récentes encycliques contre le « modernisme » (1) en marquent toute l'étendue dans le temps aussi bien que dans l'objet.

Aujourd'hui, c'est donc partout l'État qui, en fait comme en droit, régente les écoles publiques et contrôle les écoles libres. Et puisque l'État estime les résultats de l'instruction et de l'éducation de la jeunesse aussi essentiels pour ses propres intérêts que jadis les Églises les jugeaient pour les leurs, c'est lui qui décide de la pédagogie qu'on y appliquera, partant des livres et des méthodes qui y répondent. Sans son approbation expresse aucun livre ne pourra être introduit dans une classe, y compris les livres destinés à l'instruction religieuse ; pour ceux-là il s'assure, en général, de l'approbation des autorités ecclésiastiques, mais l'autorisation d'en faire usage dans une école publique est réservée à l'État.

(1) Remarquons ici que les Ministres de l'Instruction publique et des Cultes de Prusse et de Saxe ont déclaré expressément que le *Motu proprio* sur le *serment moderniste* ne touchait et ne pouvait toucher en rien les professeurs allemands. — La défense de lire certains journaux politiques ou satiriques ne semble pas émouvoir le clergé italien, comme on peut s'en rendre compte au cours d'une promenade dans les rues de la Ville Éternelle.

C'est cette situation de fait que les Églises non seulement n'acceptent pas encore, mais qu'elles cherchent à détruire là où elle a prévalu. L'Église catholique est restée intransigeante. Le protestantisme libéral s'en accommode plus facilement que le protestantisme orthodoxe. L'orthodoxie conteste encore les droits des minorités religieuses, que, cependant, toutes les Constitutions politiques ont expressément garantis. Il n'y a plus, à notre époque, d'État absolument catholique ou protestant. L'État a dû prévoir la fréquentation de ses écoles, qu'il a d'ailleurs déclarée obligatoire, par des enfants appartenant à des confessions différentes; il a, en conséquence, proclamé la neutralité de l'enseignement public. La prétention de certaines Églises que cette neutralité est nuisible, voire contraire à leurs intérêts propres, ne saurait entamer les droits et les devoirs du pouvoir civil à l'égard de tous les citoyens.

Voilà le point de vue qui a guidé et qui guide encore la politique scolaire des Gouvernements. Pour mettre fin aux ingérences continuelles des Églises, les uns ont rayé l'instruction religieuse du programme; ils abandonnent aux ministres des cultes ce qui est proprement leur affaire. Les Églises protestent. Si l'État n'y prend garde, ses écoles sont boycottées comme des foyers d'athéisme. Une pareille tactique ne peut être déjouée que par une bonne loi sur la fréquentation obligatoire rigoureusement appliquée.

Ou bien, l'État maintient dans les programmes un enseignement religieux général, c'est-à-dire non catéchétique (soit qu'il laisse à ses écoles une dénomination confessionnelle là où les minorités religieuses mêlées aux habitants de la confession prédominante sont infimes, soit qu'il en déclare expressément le caractère mixte ou « simultané »), et fait donner cet enseignement par le maître ordinaire, afin de sauvegarder la liberté de la conscience religieuse de chaque élève. Les Églises protestent encore. L'État devra faire face aux incessantes tentatives des Églises pour ressaisir leur contrôle sur les instituteurs, et défendre ceux-ci contre le reproche d'incompétence, d'usurpation de fonctions, etc..., que répand le clergé.

Nous retrouverons toutes ces formes de la revendication cléricale en analysant les mesures édictées par les divers États pour réglementer l'usage des livres de classe (1).

L'État, en faisant de l'enseignement de la jeunesse un service public, en rendant l'instruction

---

(1) Rappelons les efforts des instituteurs allemands contre les curés ou pasteurs exerçant les fonctions d'inspecteurs locaux, la question de l'enseignement religieux débattue dans tous les congrès d'instituteurs de Suisse et d'Allemagne, le fameux *test* des instituteurs anglais, etc., etc. Voir V.-H. Friedel. *La Pédagogie dans les pays étrangers* (Paris, Roustan, 1909) passim.

obligatoire et en la laïcisant, a dû liquider un long passé. Faut-il s'étonner que cette liquidation ait amené des heurts violents, des compromis boiteux, des controverses sans cesse rouvertes ? Raison de plus pour en parler sans passion. L'appréciation des mesures législatives peut se passer des sentiments auxquels la religion fait appel de préférence. Cependant, il en est du droit de l'État de régenter l'enseignement public comme de tous les droits d'administration publique, aux obligations qu'il impose, il ajoute des garanties. La politique scolaire de tous les pays, sans exception, eût été plus féconde, et souvent plus digne, si l'exécution des unes et des autres n'était pas si souvent entravée par des questions de « petite » ou de « grande chapelle ».

I

LA FRANCE

En France, le principe de l'État maître et dispensateur de l'éducation qui formera les citoyens, a triomphé par la Révolution. Turgot y avait déjà songé. Il aurait voulu en faire la base de toute une organisation, en créant « un Conseil de l'instruction *nationale*, sous la direction duquel seraient les académies, les universités, les collèges, les petites écoles ». Le passage où il expose son projet vaut d'être cité, parce qu'il exprime nettement l'esprit de l'instruction nationale obtenu et sauvegardé par la surveillance des livres classiques.

« Il y a, écrivait Turgot au roi, des méthodes et des établissements pour former des géomètres, des physiciens, des peintres. Il n'y en a pas pour former des citoyens. Il y en aurait si l'instruction *nationale* était dirigée par un de vos Conseils dans des vues publiques, d'après des principes uniformes. Le Conseil n'aurait pas besoin d'être nombreux, car il est à désirer qu'il ne puisse avoir lui-même qu'un seul esprit. *Il ferait composer des livres classiques d'après un plan suivi*, de manière que l'un conduisît à l'autre, et que l'étude des droits du citoyen, membre d'une famille et de l'État, fût le fondement de toutes les autres études, qui seraient rangées dans l'ordre de l'utilité dont elles peuvent être à la patrie. » Mais pour donner à tous les citoyens une instruction morale et sociale, il faut « *des livres composés à cette fin, au concours, avec beaucoup de soin*, et un maître d'école dans chaque paroisse qui les enseigne aux enfants, avec l'art d'écrire, de toiser, de compter et les principes de la mécanique (1) ».

Cette conception est éminemment monarchique. Les hommes de la Révolution n'allèrent pas aussi

(1) Œuvres de Turgot, éd. Daire, t. II, page 206. Les passages soulignés ici et dans les citations de la suite, l'ont été par nous.

loin. Ils voulaient l'État maître de l'éducation, mais ils n'exigèrent pas qu'il en fût le seul dispensateur.

La revendication d'une « instruction et d'une éducation nationales » était générale après l'expulsion des jésuites. Le terme lancé par les parlements avait trouvé un écho dans tous les esprits. Le pays réclamait l'École nationale. La Constituante en inséra le principe dans la Constitution. Mais l'organisme, qu'avait projeté Talleyrand et qu'il eût voulu rattacher au pouvoir exécutif, ne plut guère à la Législative. Aussi celle-ci chargea-t-elle son Comité spécial de l'Instruction publique d'en étudier une autre. Condorcet, qui fut chargé du rapport, déclara lui aussi que l'instruction nationale était pour les pouvoirs publics « un devoir de justice », mais il prétendit la « maintenir, pour l'administration et la direction, libre de toute autorité publique ». Il avait imaginé « pour perfectionner les sciences et les arts, recueillir, encourager, appliquer les découvertes utiles, surveiller et diriger les établissements d'instruction » une « Société nationale des Sciences et des Arts », corps à la fois savant et administratif, corps neutre placé entre les écoles et les pouvoirs publics. La Convention continua à se débattre dans les projets et contre-projets. Elle créa divers établissements qu'elle voulut « sans rapport de subordination entre eux et sans correspondance administrative ». Mais, tout en laissant l'enseignement libre, elle consacra, par la Constitution de l'an III, l'obligation de l'État de pourvoir lui-même et de veiller à l'éducation nationale, qui ne devait relever que de l'État. Un organisme administratif central était aussi contraire à ses principes qu'un monopole. La surveillance des écoles qu'elle établit fut confiée aux administrations municipales et départementales.

Conformément à la loi de 1789, il appartenait, en effet, aux municipalités de s'assurer en premier lieu que « les maîtres particuliers ont soin de mettre entre les mains de leurs élèves, comme base de la première instruction, les Droits de l'homme, la Constitution et les *livres élémentaires qui ont été adoptés par la Convention.* »

Le Directoire en jugea autrement (1). La surveillance des écoles primaires parut nécessaire, en premier lieu, à l'égard des écoles privées. Elle fut établie par un arrêté du 17 pluviôse, an VI, pour « arrêter

(1) L'an V, dans une circulaire du 20 fructidor, François (de Neufchâteau), écrivit aux professeurs et bibliothécaires des Écoles centrales : « J'épargne la dépense des ouvrages élémentaires, alphabets, syllabaires et autres livres destinés moins pour l'instruction que pour le tourment des enfants. Ce ne sont pas des livres que l'on doit placer dans leurs mains; c'est une plume ou un crayon. Aux livres qui les épouvantent, les endorment et les fatiguent, je veux substituer des cartes exposées aux regards de tous les écoliers, et présentant à tous les yeux des éléments parlant de lecture, écriture, calcul, arithmétique décimale, numéraux, poids et mesures, arpentage, musique, catéchisme, moral, » etc., etc. Le plan d'instruction primaire développé dans cette circulaire est « neuf » et François (de Neufchâteau) pouvait se flatter de rompre avec toutes les vieilles routines. Voir *Recueil des lettres, circulaires, programmes, discours*, etc., de François (de Neufchâteau), Tome I (Paris, imprimerie de la République, an VII) p. lxxj (Bibl. nat. L. f. 133 6. In-4°).

les progrès des principes funestes qu'une foule d'instituteurs privés ne cessent d'inspirer à leurs élèves », et « pour faire fleurir et prospérer l'instruction républicaine ».

L'année d'après fut créé un véritable organe de surveillance, « un Conseil d'instruction publique ». On lit, en effet, dans *Le Moniteur* du 16 vendémiaire, an VII, que le Ministre de l'Intérieur — c'était François (de Neufchâteau) — venait d'établir près de lui un *Conseil d'Instruction publique chargé d'examiner les livres élémentaires imprimés ou manuscrits, les cahiers, les vues des professeurs*, et sans cesse occupé des moyens de perfectionner l'éducation républicaine. » Les membres qui composaient ce Conseil, étaient pour la langue et le goût, les citoyens Palissot et Domergue ; pour les sciences idéologiques, morales et politiques, les citoyens Daunou, Garat, Jacquemont et Lebreton ; pour les sciences physiques et mathématiques, les citoyens Lagrange et Darcet, tous membres de l'Institut national.

Le contrôle des livres classiques, comme d'ailleurs toute la surveillance des divers établissements d'instruction publique, n'étaient donc point confiés à cet Institut créé par la Constitution de l'an III (art. 290) pour toute la République, mais au *Ministère de l'Intérieur*, c'est-à-dire au Ministère auquel ressortit partout l'administration politique du pays.

Le principe de l'État patron et dispensateur de l'instruction publique était établi.

Le premier Consul ne devait pas tarder à l'appliquer dans le sens que Turgot avait indiqué. L'idée de faire servir la nouvelle administration aux intérêts exclusifs de l'État et du pouvoir central, c'est-à-dire aux intérêts de sa dynastie, était de nature à le séduire. Mais, par calcul politique plutôt que par indifférence, il abandonna l'enseignement primaire aux communes et aux congrégations. Celles-ci avaient repris les fonctions enseignantes que la Révolution leur avait enlevées. C'est la bourgeoisie que Bonaparte songeait d'abord à façonner par les écoles secondaires. Et, naturellement, il voulut qu'un soin tout particulier fût apporté au choix des livres classiques des lycées et collèges. En exécution de l'arrêté du 19 frimaire an XI, il nomma deux commissions à cet effet, une pour le latin, l'autre pour les mathématiques. Dans tous les lycées, les livres de classe et de bibliothèque devaient être les mêmes. On en surveillait l'impression et la réimpression. Des « éditeurs » spécialement désignés devaient apposer sur tous les livres classiques une estampille; sans cette marque aucun livre ne pouvait être considéré comme classique et, par conséquent, mis en usage dans les écoles. Des savants furent chargés de rédiger des manuels nouveaux pour les matières d'enseignement pour lesquelles il n'en existait pas de convenables. — Dans l'Université impériale, une Commission du Conseil restait chargée de l'examen et de la composition des livres classiques. Cinq inspecteurs généraux en faisaient partie. Ampère et Royer-Collard comptaient parmi ses membres.

Pour l'enseignement primaire, le choix des livres n'a pas été réglé par l'autorité centrale, du moins pas d'une façon uniforme. La religion demeurait à la base des programmes d'enseignement. L'ingérence du clergé fut particulièrement active. L'empereur avait-il vraiment l'espoir de tenir ainsi le clergé et d'empêcher l'Église de mettre la main sur l'enseignement national pour son propre profit ? C'est bien dans ce but qu'il a créé l'Université et qu'il songeait au monopole.

Le décret impérial du 17 mars 1808, portant organisation de l'Université, définit, dans le paragraphe 2 du titre IX, les attributions du Conseil de l'Université comme devant comprendre « la discussion, sur proposition du Grand-Maître, de tous les projets de règlements et de statuts qui pourront être faits pour les écoles de *divers* degrés ». Mais l'article 80 sur les ouvrages qui « pourront être mis entre les mains des élèves ou placés dans les bibliothèques », ne concerne encore que les « lycées et collèges »; ces livres-là, le Conseil les « admettra ou les rejettera », et « il examinera les ouvrages nouveaux, qui seront proposés pour l'enseignement des *mêmes* écoles ». Sans doute, des règlements ultérieurs devaient prescrire également les moyens d'enseignement à employer dans les « petites écoles », puisque l'empereur décrétait (art. 143) que « l'Université impériale et son grand-maître, chargé exclusivement par nous du soin de l'éducation et de l'instruction publique dans tout l'empire, tendront sans relâche à perfectionner l'enseignement *dans tous les genres, à favoriser la composition des ouvrages classiques* ».

La Restauration n'a pas détruit l'œuvre de Napoléon. Le principe de l'enseignement national était entré définitivement dans l'organisme gouvernemental. L'ordonnance du 17 février 1815 démembra l'Université. Napoléon de retour de l'île d'Elbe la rétablit. Une ordonnance du 15 août de la même année créa, à la place du Grand-Maître et de son « Conseil », une « Commission de l'Instruction publique ». Il en sortit le « Conseil royal », dont le président recouvra, dans la suite, les pouvoirs du Grand-Maître. En 1822, l'Université reparaissait. En 1824, le Grand-Maître reçut le titre et les prérogatives d'un Ministre d'État, avec, comme attributions, l'instruction publique et les affaires ecclésiastiques, l'une n'allant pas sans les autres. L'Université reste un organisme du pouvoir central. L'Église et les Congrégations n'en sont plus les maîtresses, mais elles y demeurent installées largement. L'École primaire est, en réalité, confessionnelle.

Inutile de dire que les livres scolaires à tournure laïque et libérale disparaissent. C'est le temps où furent révoqués les Cousin et les Guizot, et où fut fermée, entre autres, l'École Normale.

Revenons aux livres classiques pour l'enseignement primaire. Ce n'est qu'en 1816, par ordonnance royale du 29 février, que la « Commission de l'Instruction publique » reçut l'attribution bien déterminée de faire non seulement les règlements généraux sur l'instruction primaire, mais « d'indiquer les méthodes à suivre dans cette instruction et les ouvrages dont les maîtres devront faire usage ».

Le 8 février 1817 parut un arrêté de la « Commission de l'Instruction publique » par lequel sont « provisoirement indiqués », aux comités cantonaux les livres « pouvant être mis utilement dans les mains des enfants et des maîtres » (1).

---

(1) Voir *Recueil des Lois et Règlements concernant l'instruction publique*, depuis l'Édit de Henri IV, en 1598, jusqu'à ce jour, tome VI (Paris, 1822), p. 149. La liste comprend les chapitres suivants : Prières (2 titres) ; II Syllabaires (7 titres); III Exercices de Lecture (5 titres, *Le catéchisme historique*, de l'abbé Fleury; *La doctrine chrétienne*, tirée du précédent ; *Histoires édifiantes et curieuses*, tirées des meilleurs auteurs, par l'auteur de *L'Ame élevée à Dieu* (de 1807); *Abrégé de l'Ancien Testament*: *Mœurs des Israélites et des Chrétiens*, par l'abbé Fleury). IV Calcul et Arithmétique raisonnée (6 titres); V Orthographe (1 titre) VI Grammaire (6 titres, dont les grammaires de Lhomond, Guéroult, Wailly, Mazure, Giroult, Sylvestre de Sacy); VII Arpen-

Cet arrêté a été pris à la demande de plusieurs comités cantonaux et « en attendant que les ouvrages élémentaires à l'usage des écoles primaires qu'elle (la Commission de l'Instruction publique) fait composer, aient pu être portés au degré de perfection désirable ». La Commission semble donc avoir exercé sérieusement ses attributions.

L'année 1828 est marquée par deux événements qu'il convient de rappeler ici : la séparation des cultes de l'instruction publique et la consécration du caractère confessionnel des écoles primaires par une ordonnance (21 avril) « interdisant aux instituteurs de recevoir des élèves de confessions différentes, sans en avoir obtenu l'autorisation du Conseil royal de l'instruction publique ».

La loi de 1833 établit la liberté de l'enseignement primaire. Mais s'il fut possible, désormais, à tout citoyen français, âgé de 18 ans accomplis, étant de bonnes vie et mœurs et possédant un brevet de capacité, d'ouvrir une école, l'État ne renonça pas à la surveillance des écoles privées. Ce droit, Guizot

---

tage (2 titres); VIII Livres pour les maîtres (6 titres, dont l'*A B C royal* de 1759, le *Traité des sons de la langue française*, de l'abbé Bouillette, de 1760, le *Syllabaire classique* et deux ouvrages de méthodologie mutuelle : l'*Abrégé de la méthode des écoles élémentaires* ou *Recueil de ce qu'il y a de plus essentiel à connaître pour établir et diriger les écoles élémentaires*, et le *Guide des fondateurs et des maîtres pour l'établissement et la direction des écoles élémentaires de l'un et de l'autre sexe*, deux ouvrages composés en 1816.

l'affirmait nettement dans l'exposé des motifs du projet de loi qu'il présentait à la Chambre des Députés, le 2 janvier 1833. « Tout le monde convient que *le droit de surveillance exercé sur les écoles privées est*, d'une part, *nécesaire et légitime en soi*, et que, de l'autre, il n'est nullement une entrave à la liberté de l'enseignement, puisqu'il ne porte point sur les méthodes. D'ailleurs, dans le projet de loi, la surveillance est au plus haut degré désintéressée, exercée par une autorité impartiale, et qui doit rassurer les esprits les plus ombrageux, car elle est en grande partie élective. »

.... « Mais quelque liberté que nous laissions, quelques sûretés que nous donnions aux écoles privées, quelques vœux que nous fassions pour qu'elles s'étendent et prospèrent, *ce serait un abandon coupable de nos devoirs les plus sacrés de nous en reposer sur elles de l'éducation de la jeunesse française.* Les écoles privées sont libres, et par conséquent livrées à mille hasards. Elles dépendent des calculs de l'intérêt, ou des caprices de la vocation, et l'industrie qu'elles exploitent est si peu lucrative qu'elle attire peu et ne retient presque jamais. *Les écoles privées sont à l'instruction ce que les enrôlements volontaires sont à l'armée : il faut s'en servir sans trop y compter.* »

Dans les statuts sur les écoles primaires élémentaires communales du 25 avril 1834, il est dit expressément que les « *livres, dont l'usage aura été autorisé pour les écoles primaires, seront seuls admis* dans ces écoles ». Le maître veillera à ce que les élèves de la même division aient tous les mêmes livres. Il est recommandé aux inspecteurs de l'instruction primaire, par le règlement du 27 février 1835, de s'assurer « qu'il n'est fait usage dans les écoles publiques que des ouvrages autorisés par le Conseil royal et que les livres employés dans les écoles privées ne contiennent rien de contraire à la morale »; ils « examineront spécialement quels livres élémentaires sont en usage ou manquent dans les diverses écoles, quel nombre d'exemplaires y serait nécessaire pour satisfaire aux besoins des élèves pauvres et comment a été opérée la distribution des livres antérieurement envoyés par le Ministère de l'Instruction publique ».

En 1836, dans sa session de décembre, le Conseil s'est occupé avec beaucoup de soin de la question des livres classiques pour l'enseignement primaire, « en exécution de la loi du 28 juin 1833, qui énonce impérativement les différentes connaissances que l'instruction primaire doit comprendre et qui doivent être enseignées dans certaines limites ». Sous la vice-présidence de Villemain, Victor Cousin remplissant les fonctions de secrétaire, le Conseil prit un arrêté qui résume le passé et prépare l'avenir. La liste des ouvrages anciens et nouveaux, « dont l'usage a été et demeure autorisé dans les établissements d'instruction primaire » depuis le décret du 17 mars 1808, devra être immédiatement publiée (1). Tous les cinq ans, le Conseil fera publier une liste générale des ouvrages qu'il aura successivement autorisés. *Le choix entre les méthodes et les livres autorisés est laissé aux instituteurs, sous la direction des Comités et des inspecteurs primaires, sauf, en cas de difficultés, le recours au Recteur de l'Académie, et, s'il y a lieu, au Conseil royal de l'instruction publique.*

Tous les ouvrages autorisés pour les écoles primaires élémentaires ou supérieures pourront être employés dans des classes d'adultes, selon qu'il s'agira d'y donner les premières instructions ou de compléter et de perfectionner les connaissances acquises.

Tous les livres autorisés pour les écoles primaires pourront être placés dans les bibliothèques des écoles normales. Pourront être aussi placés dans ces bibliothèques, d'après des propositions soumises au Conseil, les ouvrages de littérature française, d'histoire

(1) L'original de cette liste est conservé aux Archives Nationales dans le registre des délibérations du Conseil royal de l'Instrution publique, f. 62. Elle a été imprimée, avec la circulaire, dans le *Bulletin de la Société pour l'instruction élémentaire*, tome IX, année 1837 (Paris, rue de Taranne), pp. 273 et suiv., et, sans la circulaire, dans le *Manuel général de l'instruction primaire, Journal Officiel*, tome IX, p. 91 et suiv. Il serait curieux d'examiner de près quelques-uns des ouvrages recommandés au point de vue de leur contenu, notamment les manuels d'*Histoire*. Nous reproduisons en appendice des extraits de la liste approuvée en 1836. Un certain nombre de ces ouvrages étaient en usage depuis longtemps, mais guère avant 1817.

et de sciences qui auront été autorisés pour l'instruction secondaire.

Les considérants motivant cet arrêté méritent d'être cités : « Dans la surveillance des écoles publiques sont compris *l'obligation d'examiner et le droit d'autoriser les ouvrages destinés à l'enseignement* ; — la désignation par le Conseil royal des livres et des méthodes qui peuvent être employés dans les écoles, est d'ailleurs un des moyens nécessaires de régler et d'améliorer l'instruction ; — *cette désignation qui devient, à l'égard des familles* et des autorités préposées à l'instruction publique, *une garantie pour les instituteurs*, doit laisser à ces fonctionnaires une liberté raisonnable de choisir entre les livres qui auront été ainsi désignés; — sous tous ces rapports, il importe de faire connaître à certaines époques, par une liste authentique, les ouvrages qui auront été autorisés pour les écoles primaires élémentaires ou supérieures, pour les salles d'asile ou les classes d'adultes ou pour les écoles normales primaires ».

Il est intéressant de rappeler aussi la longue circulaire dont M. de Salvandy accompagna l'envoi de cette liste aux Recteurs, le 22 juin 1837. Elle renseigne amplement sur l'état de choses tel qu'il était à l'époque.

« L'arrêté du Conseil royal qui renferme cette liste, dit le Ministre, a été approuvé, conformément à l'article 21 de l'ordonnance du 26 mars 1829. Je vous invite à en donner communication sans délai aux comités locaux, comités d'arrondissement, comités centraux et supérieurs, institués par la Restauration et maintenus dans l'organistaion de 1833 de votre ressort académique.

« L'une de leurs attributions les plus importantes consiste à surveiller l'enseignement et, par conséquent, à examiner quels livres sont mis entre les mains des enfants. *Le choix de ces ouvrages ne saurait être abandonné, sans direction, à la volonté des instituteurs publics qui, le plus souvent, n'ont ni le temps, ni les ressources nécessaires pour se décider en connaissance de cause.* Il résulterait, d'ailleurs, d'une liberté sans contrôle cet inconvénient grave que dans les écoles du même ressort, quelquefois dans la même école, la confusion des méthodes et des livres contrarierait tout progrès. Le Conseil royal, *en dressant une liste officielle des ouvrages autorisés dans les établissements d'instruction primaire*, a eu pour but de fournir aux Comités supérieurs (1) les moyens

(1) On lira avec intérêt le « Rapport sommaire et général sur les travaux de la commission des livres et méthodes », fait par M. Boulay (de la Meurthe), président de cette commission, au Comité central, dans la séance du 2 septembre 1837, et publié par le *Bulletin de la Société pour l'instruction élémentaire*, tome IX, année 1837 pp. 286 et suiv., ainsi qu'une lettre du 16 juin 1834, que le Ministre adressa à un instituteur de Paris :

« MONSIEUR,

« Vous m'avez demandé si les instituteurs qui sont chargés de la direction d'écoles primaires, sont libres de suivre le mode

d'exercer utilement les fonctions dont la loi les a investis et d'établir une salutaire unité dans l'instruction première des enfants d'une même patrie.

« Vous remarquerez qu'une certaine latitude est laissée à l'instituteur. Quoiqu'il soit à souhaiter que les Comités parviennent à faire pénétrer les mêmes ouvrages dans toutes les écoles de leur ressort, il faut nécessairement tenir compte des habitudes prises et des usages reçus. Aussi la liste officielle offre-t-elle un choix d'ouvrages assez variés pour répondre à tous les modes d'enseignement. Les livres dont la réputation est consacrée par le temps, se trouvent à côté d'autres publications plus récentes qui ont aussi leur mérite; et il n'est pas à craindre qu'un ouvrage reconnu utile soit longtemps exclu de nos écoles primaires. *Une nouvelle liste générale sera publiée tous les cinq ans* et, dans l'intervalle, le Conseil royal continuera d'autoriser les nouveaux

---

d'enseignement et les méthodes qu'ils jugent les plus utiles au progrès de leurs élèves, lorsque d'ailleurs ces méthodes ont obtenu l'approbation du Conseil royal de l'instruction publique.

« La question doit être résolue affirmativement, en ce qui touche les instituteurs privés. La liberté de l'enseignement exige qu'il en soit ainsi.

« Quant aux instituteurs communaux, ils n'ont évidemment pas le droit de faire prévaloir leurs opinions particulières sur celles des Comités. Il appartient à ceux-ci de provoquer les réformes et les améliorations que leur paraît réclamer l'intérêt de l'éducation publique. L'autorité centrale consacre leurs vues par des règlements auxquels les instituteurs communaux sont tenus de se conformer. Signé : Guizot.

ouvrages élémentaires qui pourront contribuer aux progrès de l'enseignement. La notification de ces autorisations isolées vous sera faite suivant la forme accoutumée.

« Dans la liste générale, on a distingué les ouvrages destinés aux écoles primaires élémentaires de ceux qui conviennent aux écoles primaires supérieures. Les Comités d'arrondissement auront soin de maintenir cette distinction et de veiller à ce que les instituteurs du degré inférieur ne cherchent pas à faire sortir leur enseignement des limites convenables, en mettant entre les mains de leurs élèves des livres qui ne seraient pas à leur portée. Loin de contribuer à la prospérité des écoles, cette confusion ne pourrait qu'entraver la marche des études et nuire à leurs progrès.

« La nécessité de se renfermer dans les prescriptions de l'arrêté que je vous envoie est encore plus évidente pour les salles d'asile, qui ne doivent recevoir que les enfants de deux à six ans. Une salle d'asile n'est point une école primaire. La première enfance n'a besoin que d'une surveillance en quelque sorte maternelle. Imposer à de petits enfants un travail intellectuel excessif, et les astreindre à des exercices qui les attendent plus tard, lorsqu'ils entreront aux écoles, c'est devancer le temps au détriment de leur santé, et, ce qui est plus grave encore, *aux dépens de leur éducation morale.* Des soins physiques prodigués à toute heure, de courtes prières qui les habituent à nourrir leur âme de pensées et d'*affections* religieuses, une direction morale sagement entendue, du mouvement, de la variété, un enseignement pour les yeux, voilà ce qu'exige la première enfance. Les autorités préposées à la surveillance des asiles de votre ressort ne perdront jamais de vue, Monsieur le Recteur, le but de cette institution de bienfaisance, et s'assureront que les directeurs et directrices n'emploient que des ouvrages spécialement destinés au premier âge.

« Parmi les livres dont l'usage est autorisé dans les écoles normales primaires, ceux qui traitent des méthodes d'enseignement et des principes d'éducation doivent être l'objet d'une étude approfondie de la part des maîtres chargés de cette partie du cours normal. Il est indispensable qu'ils les analysent avec soin, qu'ils les comparent et les contrôlent les uns par les autres, de manière à en tirer la substance, à s'approprier toutes les idées pratiques qui peuvent y être renfermées et à se former de cet ensemble de faits et de raisonnements un système éclairé d'instruction et d'éducation.

« Les observations qui précèdent ne s'appliquent rigoureusement qu'aux *instituteurs communaux, sur lesquels l'autorité supérieure ou locale ne doit jamais cesser d'avoir une action puissante.*

Quant *aux instituteurs privés*, les Comités d'arrondissement ou les délégués du pouvoir central n'ont sans doute à leur égard qu'un *droit de surveillance générale. Ils n'ont pas à leur prescrire l'adoption de tel ou tel ouvrage, à leur interdire l'usage d'un livre élémentaire quelconque, à moins qu'il ne soit contraire aux bonnes mœurs, au respect dû à la religion ou aux lois du royaume. Mais, si le principe de la liberté d'enseignement consacré par la loi du 28 juin laisse aux instituteurs privés une grande latitude pour le choix des méthodes et des ouvrages d'éducation, l'autorité supérieure ne saurait renoncer à son droit et manquer à son devoir.* Elle doit éclairer et diriger les instituteurs, même privés, par tous les moyens qui sont en son pouvoir. En communiquant aux Comités d'arrondissement la liste des ouvrages adoptés par le Conseil royal pour l'enseignement des écoles primaires, vous les inviterez, Monsieur le Recteur, à la répandre dans les communes de leur ressort, de manière que les instituteurs privés puissent y puiser les renseignements qui leur seront nécessaires. *Il leur importe tout autant qu'aux instituteurs publics de mériter la confiance des familles et de mettre à l'abri leur responsabilité personnelle.* L'usage dans les écoles privées des livres adoptés par le Conseil royal est déjà une présomption en faveur de la bonne tenue de l'école; c'est une première garantie pour les parents et pour les autorités préposées à la surveillance de l'enseignement. J'ai lieu de penser qu'il en sera bientôt des écoles primaires privées comme des institutions et pensions, où les ouvrages adoptés pour l'enseignement de nos collèges sont pour la plupart entre les mains des élèves, quoique l'Univesité ne les impose qu'aux établissements placés sous son autorité immédiate ».

Vers la même époque, un instituteur adressa au Conseil royal de l'Instruction publique une série de questions, parmi lesquelles deux nous intéressent particulièrement ici : « Peut-on forcer un élève à suivre la méthode mutuelle contre le vœu des parents? » « Quels sont les livres qui doivent être admis dans les écoles ? » Le Conseil répondit que « *tout élève doit se conformer à la méthode adoptée par l'instituteur* », et que « *les livres doivent être choisis parmi ceux qui sont autorisés par le Conseil royal* ».

Rappelons, ici, à titre documentaire, une instruction du 24 septembre 1847, relative à l'ouverture d'un concours pour la composition d'un livre de lecture courante destiné aux écoles primaires; elle résume bien les qualités que l'autorité scolaire exige d'un livre de classe et qu'elle peut exiger encore de nos jours, même en vue d'un enseignement neutre.

« ... Il importe de répandre dans les écoles primaires les notions de toute nature propres à éclairer l'enfance et la jeunesse, à combattre de funestes préjugés et de déplorables habitudes.

« ...Ces notions diverses, pour être comprises par les enfants, doivent leur être présentées sous la forme la plus simple et la plus variée; elles ne peuvent être dans les écoles l'objet d'un enseignement spécial; pour propager les connaissances élémentaires dont l'application usuelle doit exercer une heureuse influence sur les mœurs publiques, il convient de les graver de bonne heure dans la mémoire, et le moyen d'arriver à ce résultat c'est de réunir ces notions dans un livre qui servirait à la fois d'exercice de mémoire, de lecture, d'écriture et d'exercice grammatical.

« Un concours au jugement du Conseil royal, sur le rapport de la section des études, est ouvert pour la composition d'un livre de lecture courante et d'exercice grammatical contenant les notions usuelles de toute nature les plus propres à détruire les préjugés et les mauvaises traditions, à propager les connaissances les plus utiles dans toutes les conditions de la vie, à inspirer l'amour du devoir et le respect des lois, à former les bons citoyens, en un mot à améliorer les mœurs publiques.

« Le livre de lecture courante et d'exercice grammatical devra présenter les notions ci-dessus indiquées d'une manière graduée, tant pour le fond que pour la forme, avec simplicité et précision, variété et intérêt, de telle sorte qu'après la lecture de chaque page ou de chaque article les enfants puissent être interrogés sur ce qu'ils viennent de lire, afin que le souvenir s'en grave dans leur mémoire. Ce livre ne devra pas contenir la matière de plus de 200 pages d'impression petit in-8°. »

Et comme si on avait voulu recommander d'avance par une appréciation importante le livre attendu, en lui donnant une valeur qui peut sembler hors de proportion, l'auteur du livre couronné devait recevoir, au Conseil royal de l'Université, une médaille d'or de la valeur de 6.000 francs. Des médailles de la valeur de 500 francs étaient promises aux auteurs des ouvrages qui, sans remplir entièrement les conditions du programme, seraient reconnus utiles et moraux.

A partir de ce moment et jusqu'en 1880, le Conseil supérieur restera chargé du soin d'établir la liste des livres classiques. Les instituteurs publics n'acquièrent d'autre liberté que celle de choisir dans la liste communiquée d'en haut. Par contre, les instituteurs privés restent maîtres du choix de leurs livres. Si le Conseil s'est réservé à leur égard le droit d'interdiction, son veto ne pouvait être destiné, en premier lieu, comme bien on pense, qu'aux livres trop avancés au juger des autorités d'alors. On espérait que, pour tenir leur enseignement à la hauteur de celui des écoles officielles, les chefs d'institutions libres adopteraient les livres prescrits pour les établissements publics. D'aucuns estimaient, par contre, que le droit de veto impliquait à l'égard des instituteurs libres moins une surveillance qu'une protection contre quiconque aurait voulu les attaquer pour des livres choisis par leurs dirigeants. Le Conseil, en effet, pouvait juger qu'il n'y avait pas lieu d'interdire et, par là, sanctionner de tels livres.

Le régime inauguré par Falloux accentua la compétence du Conseil.

D'après la loi du 15 mars 1850 (art. 5), le Conseil supérieur *peut être appelé* à donner son avis sur les projets de lois, de règlements et de décrets relatifs à l'enseignement, et, en général, sur toutes les questions qui lui seront soumises par le Ministre, mais *il est nécessairement appelé* à donner son avis sur les livres qui *peuvent* être introduits dans les écoles publiques, et sur ceux qui *doivent* être défendus dans les écoles libres, comme contraires à la morale, à la Constitution et aux lois ».

Le Conseil ne fait que *donner un avis* au Ministre; mais qui *examinera au préalable les livres*? La réponse se trouve dans l'Avis que le Conseil émit dans une de ses premières réunions (le 16 décembre 1850).

« L'examen préparatoire des livres qui *doivent* être introduits dans les écoles publiques et de ceux qui *peuvent* être introduits dans les écoles libres (1) sera confié à deux Commissions, l'une pour les divers livres d'instruction secondaire et supérieure, l'autre pour les livres d'instruction primaire. Les deux Commissions seront composées des inspecteurs généraux de l'instruction publique, des inspecteurs supérieurs de l'instruction primaire, de l'inspecteur de l'instruction secondaire et de l'instruction primaire du département de la Seine.

« Les rapports des Commissions seront remis à la Commission du Conseil supérieur, qui les examinera

(1) On remarquera la différence dans les termes de la loi et ceux de l'avis.

et les contrôlera au besoin, et qui fera un rapport définitif d'après lequel le Conseil statuera. — Les livres purement religieux ne seront admis à l'examen qu'autant qu'ils auraient été préalablement approuvés par l'autorité religieuse compétente. — *Ceux des livres précédemment autorisés, qui seraient signalés comme renfermant des choses repréhensibles, seront au plus tôt soumis à un nouvel examen. — Il sera particulièrement recommandé au Recteur et aux inspecteurs de signaler à l'autorité supérieure ceux des livres employés dans les écoles qui paraîtraient devoir être interdits.* — Il sera décidé par le Conseil qu'une juste sévérité sera apportée dans l'examen des ouvrages, et qu'il n'en sera introduit de nouveaux dans les écoles qu'autant qu'on leur aura reconnu un mérite supérieur. »

Il convient de rappeler que le Conseil supérieur de 1850 comprenait quatre archevêques ou évêques élus par leurs collègues, deux pasteurs et un rabbin. L'Université y était représentée par d'anciens membres de son Conseil, par des inspecteurs généraux ou supérieurs, par des Recteurs et par des professeurs de Facultés, huit représentants (dans un plenum de 27 membres) nommés par le Président de la République en Conseil des Ministres. Les corps enseignants secondaire et primaire n'y eurent aucun délégué, tandis que le Ministre y nommait trois membres de l'enseignement libre.

Le Conseil était d'ailleurs très jaloux de la prérogative spéciale du choix et de la surveillance des livres de classe. Il n'entendait pas qu'une autorité s'interposât entre lui et les instituteurs. L'année même qui suivit la promulgation de la loi, le Ministre jugea nécessaire de le rappeler aux Recteurs (circulaire du 21 novembre 1851). « Je suis informé, dit le Ministre, que plusieurs Conseils académiques ont dressé des listes de livres à l'usage des élèves des écoles communales du ressort, et que ces listes ont été communiquées à Messieurs les Instituteurs publics avec injonction de se servir exclusivement, dans leur enseignement, des ouvrages qui leur étaient ainsi spécialement désignés. Cette prescription est contraire à l'esprit et à la lettre de la loi du 15 mars 1850. »

« Par son article 5, la loi a réservé au Conseil supérieur de l'instruction publique la mission de donner son avis sur les livres qui peuvent être introduits dans les écoles publiques, et sur ceux qui doivent être défendus dans les écoles privées, comme contraires à la morale, à la Constitution et aux lois; et aucune autre de ces dispositions ne confère aux Conseils académiques le soin de faire un choix parmi les ouvrages déjà autorisés par le Conseil supérieur. *C'est donc à ce Conseil seulement qu'appartient le droit d'approuver ou d'interdire l'usage de tel ou tel livre dans les écoles.*

« Il importe, d'ailleurs, de laisser à chaque instituteur la liberté de choisir l'ouvrage qu'il comprend le plus facilement, qui lui paraît le mieux approprié aux besoins de son enseignement, aux habitudes de la localité, à l'âge et aux dispositions des enfants; il convient aussi de ne point faire obstacle aux efforts des auteurs qui seraient complètement découragés, s'ils savaient d'avance que toutes les voies leur sont fermées ». Et le Ministre, en appelant leur attention particulière sur ces considérations, recommande aux Recteurs « de veiller à ce que Messieurs les Instituteurs primaires continuent de jouir complètement de la faculté que leur laisse la loi, de choisir parmi les ouvrages approuvés ceux qui leur paraîtront le mieux convenir à leur enseignement ».

Sans doute, il fallait faire respecter la loi. Mais on comprend mal ce prétendu souci de vouloir sauvegarder la liberté de l'instituteur à la suite de l'affirmation très nette de la toute-compétence d'un Conseil supérieur qui, de Paris, dicte la liste des livres pouvant convenir aux habitudes de la localité. C'est l'esprit de la circulaire Salvandy de 1837 qui persiste. (1) Se méfiait-on des Conseils académiques, où siégeaient,

(1) Les Écoles Normales étaient alors particulièrement surveillées. Le règlement du 24 mars 1851 ordonne que (art. 5) :

« Chaque année, le Conseil académique désigne des livres qui seront mis à la disposition des élèves. Ces livres seront exclusivement choisis parmi ceux dont l'introduction aura été autorisée conformément à l'article 5 de la loi du 15 mars 1850. » Pour préparer un recueil de morceaux choisis destiné à servir de livre de lecture dans les Écoles Normales, une commission est nommée par arrêté du 7 octobre 1851. En tête des membres figure M. l'abbé Daniel.

Déjà en 1835, le Conseil royal avait arrêté un catalogue des cependant, l'évêque ou son délégué et un ecclésiastique désigné par l'évêque, et un représentant des autres cultes — ils étaient huit ecclésiastiques dans celui du département de la Seine — à côté du préfet, du Recteur, de deux magistrats et de quatre membres élus par le Conseil général? C'est, disait-on, pour le protéger que le pouvoir central voulait avoir prise directement sur l'instituteur.

Le second Empire se tient à la loi de 1850. La question du choix des livres préoccupe le Conseil impérial autant qu'elle avait préoccupé les Conseils royaux de l'instruction publique. Le 24 décembre 1855, le Ministre de l'Instruction publique et des Cultes jugea « qu'il importait de pourvoir à l'exécution de l'article 5 de la loi de 1850 ».

Il le fit avec un léger souci de libéralisme, « considérant qu'un des moyens de préparer l'accomplissement des devoirs du Conseil, en ce qui concerne les livres à introduire dans les établissements publics, est de soumettre à *une épreuve préalable* ceux de ces livres qui en paraîtraient dignes ». Le Conseil impé-

---

livres qui devront composer les bibliothèques des écoles normales primaires. On y relève, comme livres devant servir à l'enseignement de l'histoire et de la géographie :

Histoire ancienne, par Rollin;
Discours sur l'Histoire Universelle, par Bossuet;
Cahiers d'Histoire Universelle, par Dumont et Gaillardin;
Abrégé de l'Histoire de France, par Ragon;
Précis de l'Histoire de France, par Caïx et Poirson.

rial de l'instruction publique se rendait-il compte qu'on attendait trop de sa compétence?

« Le Ministre, dit l'arrêté de 1855, sur l'avis du Comité des inspecteurs généraux, peut introduire *provisoirement*, et *à titre d'essai*, *pendant un temps déterminé*, comme livres de classe, dans un ou plusieurs établissements publics expressément désignés, des livres non encore soumis à l'examen du Conseil impérial.

« Les Recteurs, sur l'avis des Conseils académiques, proposent au Ministre les livres qu'ils jugent pouvoir être mis provisoirement et à titre d'essai entre les mains des élèves, indépendamment des livres de classe, ou leur être donnés en prix.

« La liste des livres introduits ainsi dans l'enseignement public est communiquée aux membres du Conseil à la fin de la session qui précède immédiatement l'époque où ils seront placés entre les mains des élèves.

« Les chefs des établissements où ces livres sont mis à l'essai adressent, chaque année, au Recteur, un rapport détaillé sur les résultats de l'épreuve ordonnée. Ce rapport est transmis au Ministre par le Recteur, qui y joint son avis. Lorsqu'il résulte des épreuves faites qu'il y a lieu de soumettre les livres qui en ont été l'objet, à l'examen du Conseil impérial de l'instruction publique, le Conseil est saisi par le Ministre. Le Conseil, après examen, émet l'avis, suivant les cas, que ces livres peuvent ou ne peuvent pas être définitivement introduits dans les établissements publics d'instruction. »

Ce règlement ne demeura pas longtemps en vigueur. Il fut abrogé par un arrêté du 28 décembre 1858. L'essai de décentralisation esquissée, au moins pour l'examen préparatoire précédant l'avis du Conseil, fut abandonné. On revient à l'institution d'une Commission siégeant au Ministère et nommée par le Ministre.

« Tout auteur ou éditeur, dit cet arrêté, qui voudra obtenir qu'un ouvrage puisse être introduit dans les écoles publiques, devra en déposer trois exemplaires au Ministère de l'Instruction publique et des Cultes, avec une demande signée de lui.

« Le Ministre ne fait examiner que les ouvrages imprimés.

« Les ouvrages déposés, si le Ministre estime qu'il y a lieu, sont renvoyés, pour être examinés, à une Commission composée des inspecteurs généraux des trois ordres et de sept membres nommés par le Ministre.

« Chaque ouvrage est l'objet d'un rapport écrit et signé, fait à la Commission par un de ses membres.

« La Commission délibère sur chaque rapport, et émet l'avis qu'il y a ou qu'il n'y a pas lieu d'autoriser l'introduction de l'ouvrage dans les écoles publiques.

« Les avis de la Commission sont renvoyés au Ministre avec une copie certifiée de chaque rapport.

« La liste des ouvrages que le Ministre, après examen de la Commission, a reconnu pouvoir être introduits dans les écoles publiques, est adressée aux membres du Conseil impérial de l'instruction publique en même temps que la lettre portant convocation pour la session prochaine.

« Pendant cette session, tous ces ouvrages sont renvoyés avec les rapports et les avis de la Commission, au Conseil impérial de l'Instruction publique qui, sur le rapport d'un de ses membres, donne son avis sur l'admissibilité des ouvrages. Le Ministre statue définitivement. Dans l'intervalle des sessions du Conseil, le Ministre peut, après avoir pris l'avis de la Commission dans les formes tracées ci-dessus, interdire provisoirement l'usage d'un livre dans les écoles libres.

« Le Conseil impérial reçoit connaissance de cette décision dans la forme prescrite, et il est appelé dans sa plus prochaine session à donner son avis sur cette interdiction. Les auteurs ou éditeurs qui entendent faire usage de l'autorisation qui leur est accordée, sont tenus de reproduire textuellement, en tête de l'ouvrage, les termes mêmes de l'autorisation ministérielle, et de ne faire aucun changement dans les éditions successives de leur ouvrage sans être pourvus d'une autorisation nouvelle, le tout sous les peines de droit. Un exemplaire de chacun des ouvrages introduits dans les écoles publiques, avec l'autorisation du Ministre, est conservé dans la bibliothèque du Ministère. Tous les exemplaires en circulation doivent être conformes à l'exemplaire déposé; cet exemplaire devra être signé *ne varietur* par le Ministre et par l'auteur ou l'éditeur. En cas de dissemblance, l'autorisation accordée est retirée *ipso facto*, indépendamment des poursuites judiciaires qui pourront avoir lieu contre le délinquant. »

La troisième République, reprenant les traditions de la Révolution, ne devait pas seulement modifier la situation que la loi Falloux avait faite à l'Église dans l'enseignement public. Il fallait reprendre l'œuvre à sa base et édifier l'école de la démocratie. C'est naturellement pour l'enseignement primaire qu'on prépara les premières grandes réformes. On s'y achemina par étapes. En 1873 parut la loi sur le Conseil supérieur (19 mars 1873). L'art. 4 qui nous intéresse ici ne change rien encore à l'art. 5 de la loi de 1850. Le Conseil demeurait « nécessairement appelé à donner son avis sur les livres qui *peuvent être introduits dans les écoles publiques* et sur ceux qui *doivent être défendus dans les écoles libres* comme contraires à la morale, à la Constitution et aux lois ». De même que par le passé, afin de préparer la besogne du Conseil, le Ministre d'alors, M. Batbie, institua (arrêté du 22 juillet 1873) une Commission spéciale d'examen des livres classiques. Cette Commission comportait trois sections : une section des lettres, à laquelle devaient être envoyés les livres ayant pour objet l'étude des langues anciennes, de la langue française, des langues étrangères, les grammaires, les dictionnaires, etc.; une section des sciences, pour les livres relatifs aux sciences mathématiques, aux sciences physiques et aux sciences naturelles; une section des sciences morales, pour les livres d'instruction religieuse et de morale, de droit, d'histoire et de géographie, de pédagogie. *Pour des ouvrages spéciaux, la Commission pouvait demander au Ministre un rapporteur spécial pris en dehors de ses membres.* Deux fois par mois, cette Commission devait se réunir en assemblée générale, et le Président devait tenir le Ministre au courant des travaux de la Commission par un rapport trimestriel.

L'arrêté qui instituait cette Commission porte la même date (22 juillet 1873) (1). Il découle naturellement de la loi du 10 mars 1873 relative au Conseil supérieur. Mais il est à quelques détails près la reproduction textuelle de l'arrêté du 28 décembre 1858 (p. 50), qui lui aussi découlait de la loi de 1850 maintenue telle quelle par le Conseil impérial.

Cependant, des changements se préparaient. En 1875 (2), le 3 juillet, un arrêté, signé par M. Wallon, modifia cette réglementation de la façon suivante :

(1) La Circulaire d'exécution est du 2 août.

(2) La même année (31 mai), le Ministre de l'Intérieur, M. Buffet, rappelle aux Préfets la surveillance des livres de classe et leurs pouvoirs de ne laisser circuler et acheter que les livres autorisés par son collègue de l'Instruction publique.

« Il est dressé chaque année une liste des livres en usage :

1° Dans les lycées et collèges;

2° Dans les écoles normales primaires;

3° Dans les écoles primaires publiques.

« A cet effet, les professeurs de chaque lycée, collège et école normale primaire se réunissent dans la première quinzaine du mois d'avril, sous la présidence du proviseur, principal ou directeur. Ils dressent *la liste des livres qui ont été en usage* durant la dernière année *et* arrêtent de concert *la liste de ceux qu'ils se proposent de mettre entre les mains des élèves* dans la prochaine année scolaire.

« Les instituteurs communaux transmettent aux inspecteurs de l'enseignement primaire *la liste des livres en usage dans leurs écoles respectives.*

« Avant le 1er mai, les listes mentionnées dans l'article précédent sont à la diligence des proviseurs, principaux et inspecteurs, envoyées au Recteur de l'académie.

« Le *Recteur* en dresse un tableau récapitulatif qu'il transmet, avant le 15 juillet, au *Ministre*, avec ses observations, après avoir pris l'avis du *Conseil académique* en ce qui concerne l'instruction secondaire, et l'avis du *Conseil départemental* en ce qui regarde l'enseignement primaire.

« La liste générale des livres en usage dans les établissements d'instruction publique est soumise à une Commission *composée des inspecteurs généraux et de membres désignés par le Ministre.* Cette Commision est chargée de l'examen préparatoire desdits livres. Elle dresse la liste de ceux qu'elle juge ne pas pouvoir être introduits dans les établissements publics, et de ceux dont il y a lieu de prononcer l'interdiction dans les écoles libres.

« Le Conseil supérieur, dans sa seconde session annuelle, est saisi par le Ministre :

1° De la liste générale des livres en usage dans les écoles publiques;

2° Des propositions de la Commission d'examen.

« Si, dans le cours d'une année, un ouvrage qui n'avait pas été primitivement porté sur la liste des livres en usage, vient à être introduit dans un établissement, il en est donné avis par le chef de l'établissement au Recteur, qui avise à son tour le Ministre. »

Cet arrêté marque un progrès appréciable en ce qu'il tient compte plus largement des autorités scolaires locales.

L'évolution s'accentua par la loi relative au Conseil supérieur de l'Instruction publique et aux Conseils académiques, du 27 février 1880. Le Conseil ne comprend plus désormais de membres du clergé. Les trois ordres d'enseignement y sont représentés par des délégués *élus* par leurs collègues. De telles innovations auraient-elles suffi pour imprimer au choix des livres classiques par le Conseil une orientation nouvelle ? La question est oiseuse puisque ce choix lui a été enlevé tout à fait. Le Conseil n'a plus, en cette matière, qu'un droit d'interdiction, si l'on veut, un rôle de modérateur. L'art. 4 dit que la section permanente *donne son avis...* sur les livres de classe, de bibliothèque et de prix qui *doivent être interdits dans les écoles publiques.* Et l'art. 5 stipule que le Conseil *donne son avis...* sur les livres d'enseignement, de lecture et de prix qui *doivent être interdits dans les écoles libres* comme contraires à la morale, à la Constitution et aux lois.

Le Conseil supérieur n'intervient donc plus dans la question des livres classiques que pour donner au Ministre son avis sur un livre qui est en usage, mais dont le maintien est contesté. Le choix des livres à introduire est laissé franchement à des compétences plus immédiates que ne saurait l'être le Conseil supérieur, compétences que les règlements antérieurs avaient parfois reconnues, mais qui étaient restées étroitement soumises au Conseil supérieur. Pour les livres à employer dans les écoles primaires publiques, l'arrêté du 16 juin 1880, signé Jules Ferry, créa la procédure consacrée par l'arrêté organique du 18 janvier 1887, en vigueur à l'heure actuelle. Voici les trois paragraphes qui s'y rapportent :

Art. 20. — Il est dressé chaque année et dans chaque Département une liste des livres reconnus propres à être mis en usage dans les écoles primaires publiques. (1)

Art. 21. — A cet effet, les instituteurs et institutrices titulaires de chaque canton (2), réunis en conférence spéciale, établissent, au plus tard dans la première quinzaine du mois de juillet, une liste des livres qu'ils jugent propres à être mis en usage dans les écoles primaires publiques.

Art. 22. — Toutes les listes ainsi dressées sont transmises à l'inspecteur d'académie. Une Commission siégeant au chef-lieu du département et composée des inspecteurs primaires, du directeur et de la directrice des écoles normales, et des professeurs et maîtres délégués (3) de ces établissements, réunis sous la présidence de l'inspecteur d'académie, révise les listes cantonales et arrête, pour le Département, le catalogue, qui est ensuite soumis à l'approbation du Recteur de l'académie (4).

La procédure actuelle est juste et libérale. Elle n'a pas empêché les « incontentables » de la

(1) Le texte de 1880 ajoutait ici : « élémentaires et supérieures ».

(2) Le texte de 1880 ajoutait ici : « munis du brevet ».

(3) Au lieu de « professeurs et maîtres délégués », le texte de 1880 disait : « des maîtres adjoints ».

(4) Le texte de 1880 terminait ce paragraphe ainsi : « ... arrête... un projet de catalogue. Ce catalogue n'est définitif qu'après avoir reçu l'approbation du Recteur ».

décrier comme entachée de sectarisme. Nul n'est mieux placé que l'instituteur pour connaître les conditions locales au milieu desquelles il doit exercer ses fonctions, nul n'est, par conséquent, mieux qualifié pour juger si un livre convient ou ne convient pas aux élèves de sa localité. Un instituteur de nos jours a, semble-t-il, toutes les facilités pour se tenir au courant des publications intéressant sa profession, et il est assez instruit pour les apprécier. L'administration centrale lui a fait largement confiance en lui laissant une initiative que jugèrent dangereuse les régimes antérieurs et que, dans bien des pays étrangers, le gouvernement se réserve sans partage. Mais l'instituteur qui, à la conférence cantonale, soumet un livre de classe au jugement de ses pairs; la conférence cantonale qui recommande son choix à la Commission départementale; enfin, le Recteur qui approuve la liste arrêtée par celle-ci, quelle responsabilité encourent-ils individuellement ou solidairement? Sans doute, les livres proposés et choisis sont conformes aux programmes et aux méthodes d'enseignement officiels. On peut être certain aussi qu'ils répondent aux besoins agricoles, industriels ou commerciaux des populations, à l'importance des écoles, etc. Mais ce n'est pas tout : il faut qu'un livre classique tienne compte aussi des besoins sociaux et, ne fût-ce que pour éviter d'y toucher en classe, des conditions religieuses des élèves. L'instituteur qui est individuellement responsable de son enseignement, ne commet-il pas une faute professionnelle en faisant adopter ou en choisissant dans la liste des ouvrages approuvés un livre susceptible de heurter la « conscience religieuse » des enfants?

Évidemment non. Aussi n'est-ce pas sur cette base qu'on a engagé la campagne de suspicion contre l'école publique et son personnel. Au lieu de dénoncer un seul livre en usage dans une école quelconque, on a anathématisé en bloc un ensemble de la liste approuvée pour toutes les écoles du pays, et le dénonciateur n'est pas un père de famille qui réclame pour son enfant le respect de la neutralité auprès des autorités scolaires, mais l'épiscopat du culte le plus répandu qui fait appel à tous ses fidèles. Comment l'État répondra-t-il à pareille tactique? Par un seul moyen : celui d'appliquer sans faiblesse aux parents responsables des enfants la loi qu'il a faite en vue d'assurer le bon fonctionnement de ses écoles, *la loi sur l'obligation.* Cette loi ne suffirait-elle pas pour ramener les parents au respect des règlements et pour paralyser les efforts des tiers qui les poussent à la désobéissance? Car ceux-ci, la loi scolaire ne saurait les atteindre; ce n'est que s'ils troublaient ouvertement le service public qu'est l'école, qu'il serait possible de les poursuivre en vertu des lois d'ordre public et de police.

Nous laissons de côté ici la procédure éventuelle contre les tiers, pour nous occuper exclusivement de la loi scolaire. Voyons d'abord le droit des parents à la neutralité.

On sait que dans les discussions de la loi de 1882 sur l'obligation scolaire devant les Chambres, surtout au Sénat, le respect de la conscience religieuse des enfants a été loyalement promis par les républicains.

A partir du moment où l'instruction publique fut déclarée service de l'État, l'enseignement primaire ne pouvait pas ne pas devenir obligatoire. La France, qui dès 1793 avait proclamé ce principe, a été un des derniers pays de l'Europe à l'appliquer. L'instruction, en général, est un bienfait; l'instruction suffisante pour l'exercice libre de ses droits et devoirs politiques et sociaux est pour le citoyen une nécessité. A ceux qui n'ont pas les moyens de s'instruire dans une école payante quelconque ou dans la famille, l'État offre l'école publique gratuite. L'ignorance est un mal, puisque tôt ou tard un être ignorant devient une charge, voire un danger pour la société. De même que l'État a le devoir de veiller à la santé publique par l'application, *manu militari* s'il le faut, des lois sur l'hygiène, de même il a le devoir de protéger la société contre les non-valeurs sociales. Loin de sortir de son droit en déclarant obligatoire l'enseignement primaire, l'État remplit donc un devoir. L'empiètement sur la liberté et la puissance paternelle est une objection essentiellement religieuse. Aucun pays ne s'y est attardé aussi longtemps que la France, si ce n'est la Belgique. Les pays les plus démocratiques ont, au contraire, donné l'exemple de la vigueur avec laquelle il convient de faire obéir les parents à la loi qui les oblige à instruire leurs enfants, en confiant précisément à des pères de famille le soin de collaborer à son application.

La gratuité semble découler logiquement de l'obligation. Chez nous, elle l'a précédée et préparée. Tous les pays qui ont l'obligation, n'ont pas assumé la charge financière de la gratuité, mais les uns après les autres s'y acheminent. Plusieurs pays l'ont même étendue aux fournitures scolaires obligatoires, y compris les livres classiques. C'est pour cette raison que nous la citons ici, et aussi parce qu'on a voulu voir dans cette mesure si logique et si sociale un moyen de pression et de propagande.

Mais, c'est la laïcité et, en elle, la neutralité que les adversaires de l'école primaire publique, les Églises surtout, attaquent avec le plus d'acharnement. L'Église catholique, plus hardie en France que dans d'autres pays, ne désarme pas, tandis que l'Église protestante en Allemagne et l'Église anglicane en Angleterre ne semblent pas éloignées de reconnaître la nécessité logique de la neutralité dans des pays où résident entremêlés des habitants de toutes les confessions. Sans nous arrêter à discuter si la neutralité absolue est possible, ou à exposer comment doit la pratiquer un instructeur de la jeunesse, qu'il soit permis de rappeler ici — on ne saurait le faire assez souvent — les déclarations faites à ce sujet par les auteurs de la loi de 1882. Car, c'est sur l'esprit de la loi, confirmé par les déclarations du législateur, que se fondent le droit des parents au respect de la conscience religieuse de leurs enfants à l'école et, par conséquent, les récriminations de ceux qui jugent ce droit violé.

Paul Bert exprimait toute sa pensée, sincère et loyale, en rappelant à la Chambre des Députés qu'il a paru indispensable au législateur d'affirmer au père de famille que rien ne serait enseigné dans l'école publique « qui puisse porter atteinte à la conscience de son enfant et à la sienne propre ». Et Jules Ferry, au Sénat, a corroboré cette affirmation. « Le premier devoir du législateur qui institue l'école neutre, a-t-il répondu à M. Buffet, notre devoir à tous, le devoir du Ministre et du Gouvernement qui font appliquer cette loi, sera d'assurer de la manière la plus scrupuleuse et la plus sévère la neutralité de l'école... Si, par conséquent, un instituteur public s'oubliait assez pour instituer dans son école un enseignement hostile, outrageant contre les croyances religieuses de n'importe qui, il serait aussi sévèrement et aussi rapidement réprimé que s'il avait commis cet autre méfait de battre ses élèves ou de se livrer contre leurs personnes à des sévices coupables. »

Faut-il citer encore les conseils que donna, le 17 novembre 1883, M. Jules Ferry aux instituteurs?

« Vous-êtes, disait-il, l'auxiliaire et, à certains égards, le suppléant du père de famille; parlez donc à un enfant comme vous voudriez que l'on parlât au vôtre, avec force et autorité, toutes les fois qu'il s'agit d'une vérité incontestée, d'un précepte de la morale commune, avec la plus grande réserve dès que vous risquez d'effleurer un sentiment religieux dont vous n'êtes pas juge. Si, parfois, vous étiez embarrassé pour savoir jusqu'où il vous est permis d'aller dans votre enseignement moral, voici une règle pratique à laquelle vous pourrez vous tenir. Au moment de proposer à vos élèves un précepte, une maxime quelconque, demandez-vous s'il se trouve, à votre connaissance, un seul honnête homme qui puisse être froissé de ce que vous allez dire; sinon, parlez hardiment, car ce que vous allez communiquer à l'enfant, ce n'est pas votre propre sagesse, c'est la sagesse du genre humain, c'est une de ces idées d'ordre universel que plusieurs siècles de civilisation ont fait entrer dans le patrimoine de l'humanité. Si étroit que vous semble, peut-être, un cercle d'action ainsi tracé, faites-vous un devoir d'honneur de n'en jamais sortir; restez en deçà de cette limite plutôt que de vous exposer à la franchir. Vous ne toucherez jamais avec trop de scrupule à cette chose délicate et sacrée qu'est la conscience de l'enfant. »

Les parents ont donc droit à la neutralité, et ce droit la jurisprudence l'a consacré. Dans le cas Morizot, l'instituteur l'a violé par son enseignement oral, il a eu tort. Mais la neutralité a semblé violée à certains parents par l'usage de tel livre *choisi* par l'instituteur parmi les livres approuvés et *imposé* à leurs enfants. Mieux qu'un exposé théorique, les cas plaidés illustreront le conflit.

A peine l'obligation fut-elle mise en vigueur qu'un père de famille a été condamné en simple police pour *n'avoir pas envoyé son fils à l'école, parce que l'instruction civique y était donnée d'après un manuel de Compayré.* Ce livre figurait sur la liste des livres classiques établie conformément aux règlements et approuvée par le Recteur. Débouté en appel, le père de famille se pourvut en cassation. Ses prétentions furent écartées. En effet, le tribunal qui l'avait condamné n'a puni que les *absences illégales* dûment constatées de son enfant, il n'avait pas eu à apprécier la valeur de la cause alléguée, « vu que cette appréciation relève directement et exclusivement des autorités scolaires » (1).

De cette jurisprudence se dégagent nettement les principes suivants : Ne sont admises en cas d'inobservation de la fréquentation obligatoire de l'école que les excuses spécifiées comme valables dans la loi scolaire. Le prétexte qu'un livre prescrit viole la neutralité, ne figure pas dans le nombre des excuses valables énumérées dans la loi et ne saurait y être porté par une interprétation quelconque du texte ou de

(1) Cass. 15, XIII, 1883, S. 84, 1, 401.

l'esprit de la loi (1). — L'appréciation des moyens d'enseignement et des livres est affaire des autorités scolaires compétentes. C'est devant elles que le père de famille doit porter sa plainte et revendiquer son droit qu'il estime lésé. Les tribunaux n'ont pas qualité pour l'y aider.

C'est bien, en effet, autour de ces deux principes, la loi sur l'obligation et l'arrêté organique relatifs au choix des livres, que gravitent tous les conflits soulevés à propos des manuels scolaires. Ces conflits ont mis en évidence ce que les instruments légaux ont de défectueux ou de trop vague.

Rappelons-en quelques-uns :

Dans la commune de X..., l'instituteur *interdit l'accès de l'école à des enfants que les parents avaient refusé de munir du manuel de morale civique déjà cité de M. Compayré.* Le maire appuie l'instituteur et, en sa qualité de président de la Commission scolaire, prononce contre les parents la peine de l'affichage, *pour avoir contrevenu à la loi sur l'obligation scolaire.* D'où procès en dommages et intérêts. Déboutés de leur demande, les parents vont en appel. La Cour d'appel, tout en se déclarant compétente, ne statue pas, considérant

(1) Lors de la discussion de la loi, le Sénat a rejeté l'amendement de M. Baragnon ainsi conçu : « Les parents ne seront passibles d'aucune peine quand l'enseignement donné à l'école publique sera contraire à la religion qu'ils professent. »

qu'il ne lui appartient pas, à elle, d'établir si l'instituteur et le maire ont agi dans l'exercice de leurs fonctions administratives ou en dehors de ces fonctions. Les parents s'adressent au Ministre et au Conseil d'État. Le Ministre est d'avis « que l'instituteur n'a pu prendre sur lui une mesure aussi grave sans en référer à ses chefs », et il s'étonne « qu'il n'ait pas été averti de son illégalité. *L'école est obligatoire, mais non le livre*, et il est inadmissible que les parents aient été condamnés parce que leurs enfants n'avaient pas fréquenté la classe, *son entrée leur étant refusée* ». Voilà qui est net. L'école est obligatoire, mais les parents, dont les enfants en seraient exclus, ne sont pas passibles des peines prévues contre ceux qui négligeraient d'y envoyer leurs enfants. Ils ne contreviennent pas à la loi sur l'obligation.

Le Conseil d'État, par l'organe de son rapporteur, a interprété la loi d'une façon identique : « En effet, la loi du 28 mars 1882 déclare l'enseignement primaire obligatoire sous les sanctions pénales. Elle contient ce *droit pour les parents d'exiger que leurs enfants aient un libre accès aux écoles publiques.* » Pour ce qui est des livres, il conclut comme le Ministre. « Mais *aucune loi*, *ni aucun règlement n'obligent les parents à fournir aux enfants les livres de classe déterminés. Il y a là une lacune qui ne peut être comblée par l'usage du pouvoir disciplinaire sur les enfants.* L'instituteur a violé un droit au moyen de détournement de pouvoirs (1). » Néanmoins, le Ministre et le Conseil d'État rejettent la requête des parents, le Ministre « dans un but d'apaisement de la commune », parce que l'instituteur et le maire ont prouvé qu'ils ont agi dans les limites de leurs pouvoirs; le Conseil d'État, parce que la Cour d'appel aurait dû juger sur le fond puisqu'elle s'est déclarée compétente, ou ne pas se déclarer compétente.

Cet arrêt a révélé, d'abord, une grave lacune de notre loi sur l'obligation : *cette loi est muette sur l'obligation pour les parents de procurer à leurs enfants les fournitures scolaires indispensables.* On ne saurait déduire que difficilement cette obligation du règlement de 1880-1887 concernant le choix des livres classiques, encore moins de l'obligation pour l'instituteur de choisir les livres dans la liste des ouvrages approuvés conformément à ces règlements. Enfin, pourrait-on arguer sérieusement que les fournitures scolaires des élèves font partie de l'école, et qu'aucune fourniture scolaire ne saurait être exigée d'un enfant puisqu'il peut les trouver gratuitement à l'école? M. Salvandy était plus précis (p. 41). Nous verrons plus loin que la loi sur l'obligation scolaire des pays étrangers contient des titres spéciaux très explicites sur les fournitures scolaires obligatoires, y compris les livres, et que les parents

(1) Anaclet et autres, Leb. 700. — 8 août 1884.

sont tenus de procurer à leurs enfants en vertu de cette loi.

Cette lacune dans notre législation scolaire a été comblée, en 1890 seulement, par un décret portant *règlement d'administration publique sur le matériel obligatoire d'enseignement, les livres et registres scolaires dans les écoles publiques* (19 janvier 1890). Il est dit au paragraphe 7 de ce décret que dans les écoles primaires élémentaires tous les élèves doivent être munis au minimum des objets classiques ci-après énumérés :

1° Le cahier de devoirs mensuels prévu par l'article 15 du règlement organique du 18 janvier 1887;

2° Les objets de papeterie nécessaires pour qu'il puisse prendre part régulièrement à tous les examens et devoirs écrits que comporte le programme de sa classe.

3° En outre ;

Dans le cours élémentaire (6-8 *ans*) :

Une ardoise;

Un premier livre de lecture.

Dans le cours moyen (9-10 *ans*) :

Des cahiers pour les devoirs journaliers;

Un livre de lectures courantes approprié au programme du cours moyen;

Une grammaire élémentaire avec exercices;

Une arithmétique élémentaire;

Un petit atlas élémentaire de géographie;

Un livre d'histoire de France.

Dans le cours supérieur (11-12 *ans*) :

Des cahiers pour les devoirs journaliers;

Un livre de lectures courantes approprié au programme du cours supérieur;

Une grammaire française avec exercices;

Une arithmétique;

Un livre d'histoire de France ou d'histoire générale conforme au programme;

Un atlas de géographie;

Un livre d'instruction morale et civique.

On aurait voulu trouver dans cette énumération plus de précision résultant des règlements antérieurs, et un rappel que les livres doivent être choisis au début de l'année scolaire, et pour toute la durée, dans la liste approuvée par le Recteur. Néanmoins, il est acquis aujourd'hui que des parents qui refusent de munir leurs enfants des livres classiques règlementaires et obligatoires, contreviennent à la loi. Moins que jamais, ils ne pourront désormais retenir leurs enfants loin de l'école où un livre obligatoire leur déplaisant serait employé. La seule excuse qu'ils puissent faire valoir, serait la pauvreté, l'indigence. Cette excuse a été prévue. Un grand nombre de municipalités donnent gratuitement à tous les élèves les livres qui leur sont nécessaires. Dans d'autres, cette faveur est accordée à ceux qui la demandent. Bref, les mesures sont prises, soit officiellement, soit par l'initiative privée (caisse des écoles, associations d'anciens élèves, etc.), pour que les parents ne puissent plus invoquer, contre l'obligation, le manque de livres, pas plus que le manque de nourriture ou de vêtements.

Mais, dans le cas que nous avons cité et dans quelques autres qui se sont produits après la promulgation du règlement d'administration publique de 1890, cas qui se répètent actuellement en assez grand nombre à la suite de la campagne menée contre l'école publique, des parents résistent à la loi toujours sous le même prétexte qu'un *livre blesse leur conscience et celle de leurs enfants.*

Une dame X. et un sieur Y. défèrent au Conseil d'État pour excès de pouvoir la décision de l'inspecteur d'académie qui a exclu de l'école *temporairement* la fille de l'une et le fils de l'autre, parce que ces élèves ont refusé, sur l'ordre de leurs parents, de se servir d'un livre d'histoire règlementairement mis en usage dans leurs écoles et leurs classes. M. Y. a joint à son recours la demande d'annulation de la décision du Recteur approuvant la liste des livres reconnus propres à être mis en usage dans les écoles publiques de son département. Pour le même motif, un inspecteur d'académie exclut le fils de M. Z. non seulement de l'école qu'il fréquentait, mais de *toutes les écoles* du département. M. Z. avait réclamé à l'État une indemnité de 1.000 francs pour le préjudice subi. Le Ministre de l'Instruction publique ayant rejeté sa demande, il défère au Conseil d'État la décision ministérielle (1).

Dans ces trois espèces, les parents étaient mal fondés dans leur recours contre la décision prise à l'égard de leurs enfants. Car les autorités scolaires n'ont commis aucun détournement ou excès de pouvoirs, ni en choisissant tel ou tel livre dans la liste départementale approuvée par le Recteur, ni en imposant ce livre aux élèves, ni en punissant d'exclusion ceux qui refusaient de s'en servir. Seul l'inspecteur d'académie a eu tort d'exclure le fils Z. *de toutes les écoles du département*, le règlement du 18 janvier 1887 ne comprenant pas une exclusion aussi étendue dans le nombre des peines disciplinaires autorisées.

Le raisonnement est toujours le même. Les livres, dont les élèves ont refusé de se servir, se rapportaient à des matières obligatoires du programme primaire. Ils étaient au nombre de ceux que le décret portant règlement d'administration publique de 1890 a prévus comme obligatoires. Ils étaient régulièrement approuvés. Les parents sont donc dans l'obligation légale de les procurer à leurs enfants, ou, s'il y a lieu, d'obtenir ou de permettre qu'ils leur soient fournis gratuitement. Comment les parents pourraient-ils s'arroger le droit d'ordonner à leurs enfants de ne pas en faire usage? S'il est absolument certain,

---

(1) Voir *Le Droit. Journal des Tribunaux*, 1er mars 1911.

d'une part, que la loi garantit aux citoyens la neutralité de l'enseignement dans les écoles publiques, dans l'enseignement oral donné par le maître aussi bien que dans l'instruction par les livres mis entre les mains des élèves; il est évident, d'autre part, que cette garantie n'implique le droit ni pour les élèves de troubler, ni pour les parents de faire troubler la discipline et le bon ordre de l'enseignement public par un refus d'obéissance, sous prétexte que la neutralité y est violée.

Comment, par quelle voie légale procéderont les parents pour défendre leur droit à la neutralité ?

L'arrêté organique du 18 janvier 1887 donne bien à la conférence cantonale des instituteurs et à la Commission départementale des inspecteurs primaires la mission officielle de proposer les livres convenables, et au Recteur celle d'approuver la liste ainsi arrêtée. Mais il n'appartient à aucune de ces commissions de donner suite à une plainte contre un livre choisi et approuvé (1). Ce droit appartient au Ministre qui, d'après la loi du 27 février 1880, prendra l'avis du Conseil supérieur en sa section permanente « sur les

(1) On s'est demandé si, en conférant au Recteur également la procédure d'interdiction d'un livre donnant lieu à des plaintes, au moins en première instance, c'est-à-dire le droit de réexaminer un tel livre en conseil académique, par exemple, on ne simplifierait pas les choses en décentralisant une procédure que le Ministre se réserverait le droit d'approuver. Voir sur le rôle du Recteur la Circ. du 7 oct. 1880.

livres de classe, de bibliothèque et de prix qui *doivent être interdits* dans les écoles primaires publiques ». C'est donc au Ministre seul qu'un père de famille peut se plaindre s'il juge qu'un livre de classe est contraire à la neutralité de l'enseignement.

Le Ministre, saisi d'une plainte de ce genre, ne manquera pas de l'examiner. S'il ne répondait pas dans un délai de quatre mois, son silence équivaudrait à un rejet de la plainte. Or, contre cette décision de rejet la voie du recours en Conseil d'État est ouverte conformément à l'article 3 de la loi du 17 juillet 1900.

L'action est ouverte également devant le Conseil d'État si le Ministre refusait d'accueillir la plainte et de faire examiner le livre incriminé.

Est-ce à dire que le Conseil d'État a qualité pour apprécier un livre incriminé? Certainement non, si le recours visait l'interdiction du livre. Le Conseil d'État ne peut se substituer en cela à la section permanente du Conseil supérieur de l'Instruction publique. Il ne peut examiner un livre incriminé, pour en apprécier en fait le caractère, que lorsque le recours invoque la violation de la loi, et c'est sur la violation seule qu'il statuerait.

La Cour de cassation et le Conseil d'État ont donc éclairci certains points de droit et établi la jurisprudence. Pour y arriver, il a fallu rassembler quantité de prescriptions explicites et implicites, disséminées dans nos lois et règlements scolaires (1). Un simple paragraphe dans la loi sur l'obligation relatif aux livres scolaires obligatoires eut simplifié bien des choses et évité bien des procédures. Il est probable aussi que, si la jurisprudence de l'obligation était moins incertaine, beaucoup de parents auraient hésité à s'y exposer sur le conseil de tiers.

Cela apparaîtra mieux encore si nous envisageons, maintenant, l'action disciplinaire — la seule possible — exercée contre les écoliers qui ont refusé de se servir d'un livre régulièrement mis en usage dans leur classe. Dans les cas cités, c'est l'exclusion *temporaire* qu'on leur a appliquée. Examinons donc cette mesure à la lumière de l'obligation.

L'exclusion temporaire d'un élève est la plus grave des punitions mises à la disposition de nos instituteurs. L'art. 19 du *Règlement scolaire modèle relatif aux écoles primaires*, du 18 janvier 1887, dit en effet : « Les seules punitions dont l'instituteur puisse faire « usage sont : les mauvais points; la réprimande; la « privation partielle de la récréation; la retenue « après la classe, sous la surveillance de l'institu« teur; *l'exclusion temporaire. — Cette dernière peine « ne pourra dépasser trois jours. Avis en sera donné « immédiatement par l'instituteur aux parents de*

(1) Voir dans le *Droit, Journal des Tribunaux*, du 1er mars 1911, les conclusions très détaillées de M. Pichat, commissaire du Gouvernement, sur les recours Chapuis, Porterel et Pichon.

« *l'enfant, aux autorités locales et à l'inspecteur primaire. — Une exclusion de plus longue durée ne* « *pourra être prononcée que par l'inspecteur d'Aca-* « *démie.* »

Voilà le règlement; nous en avons souligné le passage qui nous intéresse. Quelle est la jurisprudence?

Dans un cas concret cité plus haut (p. 66), nous avons vu cet avis du Ministre. « L'école est obligatoire... et il est inadmissible que les parents aient été condamnés parce que leurs enfants n'avaient pas fréquenté la classe, son entrée leur étant réfusée. » Le rapporteur au Conseil d'État concluait, lui aussi : « En effet, la loi du 28 mars 1882 déclare l'enseignement primaire obligatoire sous des sanctions pénales. Elle contient ce droit pour les parents d'exiger que leurs enfants aient un libre accès aux écoles publiques. » Rappelons aussi la décision de cet inspecteur d'Académie qui exclut un élève non seulement de l'école qu'il fréquentait, mais de *toutes les écoles du département* (v. p. 70). Le Conseil d'État a jugé que cet inspecteur a outrepassé ses droits.

Voilà la jurisprudence.

On ne peut guère concilier, il est vrai, l'obligation pour un enfant de s'instruire et pour les parents de ne pas l'en empêcher avec un pouvoir disciplinaire du maître et de l'inspecteur interdisant à un enfant l'accès à l'école obligatoire. L'exclusion temporaire, en tant que peine disciplinaire, apparaît donc comme une mesure *déconcertante*, presque *paradoxale.*. Elle ne s'accorde guère avec la loi fondamentale sur l'obligation scolaire.

Le règlement de 1887 ne spécifie pas expressément que l'exclusion temporaire peut s'étendre à des écoles autres que celle que fréquentait l'élève puni. Mais exclut-on un élève d'une école pour qu'il aille dans celle d'à côté? Un inspecteur a fort bien pu faire ce raisonnement, et si le texte de la loi a permis de le désavouer, l'esprit lui donne raison. Singulière punition que celle qui conduit l'agent qui l'applique d'après l'esprit à commettre une illégalité, disons plus, une action antisociale! Car, un élève exclu de toutes les écoles du département, y compris les écoles libres, s'il ne peut recevoir l'instruction dans sa famille, est éloigné de toute instruction. Est-ce cela qu'on a voulu en faisant la loi éminemment sociale sur l'obligation scolaire, qui doit faire profiter de l'instruction, même malgré eux, ceux qui en ont le plus besoin?

Qu'on ne dise pas que nous jouons nous-mêmes du paradoxe!

Un élève exclu d'une école publique par mesure disciplinaire, pour trois jours par l'instituteur ou pour plus longtemps, « jusqu'à plus complète soumission », par l'inspecteur d'Académie, peut-il se faire inscrire, pendant la durée de l'exclusion ou pour toujours, à une autre école publique quelconque, ou à une école privée, ou peut-il recevoir son instruction dans sa famille ?

A priori, on est enclin à répondre par la négative, si l'exclusion doit garder le caractère d'une peine disciplinaire. Mais, on chercherait en vain un texte précis sur lequel s'appuyer. La loi sur l'obligation, où un pareil texte serait à sa place, et dans les pays étrangers on a eu soin d'y insérer des dispositions de contrôle très nettes, nous laisse dans l'embarras. Tout ce qu'on peut en conclure — en jugeant d'après l'esprit, de la loi, — c'est ceci : l'exclusion par mesure disciplinaire n'est pas une radiation de la liste sur laquelle l'autorité locale a inscrit l'élève. L'enfant ne *quitte* pas l'école, on l'en *éloigne*. La liberté et le droit des parents de faire donner à leurs enfants l'instruction primaire où et comme bon leur semble, l'une et l'autre, cependant, jalousement sauvegardés par le législateur et par les tribunaux (1), restent-ils entiers? On dira que non.

En conséquence, l'instituteur, après échéance des trois jours ou de la période plus longue prononcée par l'inspecteur d'Académie, réclamera la présence de l'élève exclu. S'il ne se présentait pas, les personnes responsables seraient passibles des sanctions prévues pour absences illégales, en vertu de la loi sur l'obligation scolaire, à moins que l'élève ne justifie d'une des excuses énumérées comme valables par la loi.

---

(1) Voir *Législation et jurisprudence de l'Instruction publique.* Extrait du *Répertoire du droit administratif.* Paris, Paul Dupont, 1903, Vᵉ partie, § 50-67.

Nous pensons bien aussi que l'inspecteur primaire veillera à ce que la décision de son subordonné l'instituteur, ou de son chef, l'inspecteur d'Académie, ne soit pas rendue illusoire par l'inscription de l'élève exclu dans une autre école publique ou privée de son ressort, puisqu'il doit voir les registres de présence tous les mois. Dans une commune où il n'y a qu'une seule école publique et pas d'école privée, et pour un élève qui est absolument réduit à ne recevoir l'instruction obligatoire qu'à cette unique école, l'exclusion peut, à la rigueur, être contrôlée. Nous ne disons pas qu'elle amène le résultat voulu, la soumission de l'élève. Un congé supplémentaire est parfois bien accueilli par les parents : l'enfant gardera les bestiaux pendant ce temps, ou aidera aux champs; son éloignement de l'instruction n'est considéré ni comme un dommage, ni comme une honte. Alors, si l'enfant ne fait pas sa soumission, que reste-t-il à faire à l'inspecteur sinon céder devant la résistance, lever l'exclusion et admettre de nouveau l'élève récalcitrant? Si, au contraire, il veut épuiser les moyens de contrôle mis à sa disposition pour rendre l'exclusion efficace, il excède ses pouvoirs. Car il exclurait, en fait, l'enfant de toutes les écoles du ressort et du département, sans même qu'il ait besoin de le spécifier dans sa décision, ce dont la loi ne lui confère, d'ailleurs, pas le droit. Il y a là une contradiction qui aboutit à la faiblesse.

Que signifie encore cette prescription que l'exclusion doit être portée à la connaissance des *autorités locales* et de *l'inspecteur primaire*, si ce n'est que les unes et l'autre auront à veiller que l'application de la peine ne devienne pas une comédie par l'inscription d'un élève exclu dans une autre école? L'exclusion est-elle affichée, portée à la connaissance des autorités des localités voisines où les parents voudraient faire inscrire leur enfant? L'inspecteur primaire en avise-t-il, pour les mettre en garde contre une inscription illicite, ses collègues et les directeurs d'écoles publiques ou privées de sa circonscription ou de la circonscription voisine? C'est, cependant, ce qui se fait à l'étranger chaque fois qu'un élève en cours de scolarité quitte une école pour une raison ou pour une autre. Ou bien cette formalité est totalement inutile, ou elle devient une mesure de contrôle de l'obligation et sert, dans le cas particulier, à empêcher des parents de se moquer de l'exclusion. On a amorcé ce contrôle dans la loi de 1882, mais on l'a rendu inopérant par des atténuations ou par des concessions trop libérales. L'application du règlement au contrôle de l'exclusion le démontre, semble-t-il, péremptoirement.

Peut-on légalement empêcher des parents de profiter de l'exclusion pour faire inscrire leur enfant dans une autre école? La loi de 1882 sur l'obligation est à un tel point libérale, — pourquoi faut-il qu'on ait à le regretter? — que l'école publique reste sans défense, et si étrangement compliquée que la défense de l'école publique demande de la part des autorités locales un courage civique que nos mœurs actuelles déconseillent aux mieux intentionnés.

D'une part, pour faire inscrire dans une école un enfant soumis à la scolarité obligatoire, il suffit de présenter l'acte de naissance et un certificat de vaccination ou de revaccination. Ce sont des pièces facilement délivrées. On ne s'inquiète guère de savoir si l'enfant a déjà fréquenté une école, et encore moins pour quelle raison il l'a quittée. Les autorités scolaires des pays étrangers sont, sous ce rapport, plus indiscrètes que les nôtres; elles exigent un livret scolaire ou un certificat de sortie de tout élève qui leur arrive du dehors.

D'autre part, lorsqu'un enfant encore soumis à la scolarité obligatoire quitte l'école à laquelle il est inscrit, les personnes responsables doivent faire immédiatement une déclaration dans ce sens au maire; elles déclareront, en même temps, de quelle façon l'enfant recevra désormais l'instruction. Évidemment, cette déclaration a pour but la surveillance de l'instruction obligatoire; elle équivaut à une radiation en règle d'un élève de la liste où il a été inscrit; elle libère l'élève qui se déplace de la scolarité « locale ». Mais elle sanctionne aussi le droit des parents de faire instruire leurs enfants comme et où bon leur semble, pourvu qu'ils les fassent instruire, par conséquent de tourner le dos à l'école publique si celle-ci leur déplaît. La loi ne dit pas que cette liberté des parents n'est entière qu'au début de la scolarité, au moment de la conscription scolaire. Les parents d'un élève exclu vont donc trouver le maire, qui est averti ou doit être averti, par ailleurs, de l'exclusion, et déclarent que leur enfant *quitte* l'école publique pour recevoir, désormais, son instruction dans une autre école quelconque, publique ou privée, primaire ou secondaire, ou dans sa famille. Que fera le maire ? Que voudra, que pourra-t-il faire ? (1). S'opposera-t-il à la fameuse

(1) Notre surveillance de l'enseignement libre est très restreinte en comparaison de ce qu'elle est en Suisse, par exemple. (Voir *La Pédagogie dans les pays étrangers*, par V.-H. FRIEDEL. Paris, Roustan, 1911, p. 69). Aussi des enfants exclus ont-ils pu être admis dans une école libre. Voici, à ce propos, un arrêt dont nous soulignons quelques passages :

Le fait, par un prêtre, de distribuer, au cours d'une cérémonie religieuse et dans un édifice consacré au culte, des récompenses aux enfants qui ont refusé de faire usage des manuels scolaires condamnés par les évêques, et de les féliciter, publiquement, ainsi que leurs parents, de leur attitude, ne saurait constituer la provocation directe à résister à un acte de l'autorité publique, délit puni par l'article 35 *de la loi du* 9 *décembre* 1905.

M. le procureur général près la Cour d'appel de D... s'est pourvu en cassation contre un arrêt de cette cour rendu le 24 octobre 1910 au profit de MM. les abbés D... et de B...

La chambre criminelle, après avoir entendu le rapport de M. le conseiller P..., la plaidoirie de Mᵉ B... et les conclusions de M. l'avocat général E..., a statué en ces termes :

« La Cour,

« Sur l'unique moyen pris de la violation, par refus d'application de l'article 35 de la loi du 9 décembre 1905 ;

« Attendu qu'il est constaté par l'arrêt attaqué que neuf élèves de l'école publique de la commune de M..., ayant refusé de faire usage du livre de Guiot et Mane figurant sur la liste dressée

liberté des parents, garantie par la loi, de choisir le mode d'instruction de leurs enfants, en refusant de

---

conformément au décret du 18 janvier 1887, avaient été, en décembre 1909, *exclus de ladite école, jusqu'à parfaite soumission, par l'inspecteur d'académie, et que depuis lors ils recevaient un enseignement libre ;* que, le 6 mars 1910, D..., ministre du culte, présidant une cérémonie au cours de laquelle des médailles devaient être distribuées à ces enfants, a prononcé dans l'église une allocution dont il a donné l'analyse suivante, reconnue exacte par le ministère public : « J'ai félicité les parents d'avoir fait leur « devoir d'honnêtes gens, en s'opposant à ce que leurs enfants « se servent de livres qui contenaient des erreurs ou des omis« sions graves, des livres dans lesquels le rôle de l'Église était « souvent défiguré, et j'ai ensuite ajouté que, pour moi, ils fai« saient acte de bons citoyens en ne permettant pas qu'on « violât à leur égard la neutralité scolaire. En même temps, j'ai « fait sentir aux enfants qu'ils avaient bien agi en obéissant à « leurs parents à ce sujet et je leur ai dit qu'on allait leur distri« buer des médailles »;

« Attendu que D... et B..., poursuivis à raison de cette allocution, le premier pour s'être rendu coupable du délit prévu par l'article 35 de la loi du 9 décembre 1905, et le second pour complicité de ce délit, ont été relaxés par la Cour d'appel;

« Attendu que le pourvoi soutient que les paroles prononcées par D... constituaient à l'égard des enfants et des parents auxquels elles étaient adressées, une provocation à persister dans leur résistance à un acte légal de l'autorité publique, parce que ces enfants *n'avaient été exclus de l'école communale que jusqu'à complète soumission, et non définitivement*, et que ces mêmes paroles constituaient en même temps, à l'égard des autres assistants dont les enfants étaient à l'école communale, une provocation à la même résistance;

« Mais, attendu, d'une part, que les paroles de D... visaient un fait accompli et que les enfants auxquels il les adressait *n'appartenaient plus*, d'après les constatations de l'arrêt, *à l'école communale ;* qu'ils n'ont pu, dès lors, non plus que leurs parents, recevoir la déclaration, partant la radiation? Il menacera de poursuites pour absences illégales pour le cas où l'élève exclu ne rejoindrait pas sa classe après échéance de la période déterminée. S'il réussit à intimider les parents, l'élève rentrera à l'école non soumis ; l'exclusion temporaire aura manqué son effet. S'il ne réussit pas, ce sont des procès décourageants, la discorde dans la commune. Que gagnent à des procédures longues et irritantes l'œuvre scolaire? l'administration? la discipline? l'élève?

Nous avons vu qu'on a surtout appliqué l'exclusion temporaire, dans les derniers temps, à des enfants qui ont refusé de se servir d'un manuel scolaire régulièrement prescrit. C'est un cas d'indiscipline très grave, si grave qu'aucune mesure de « discipline » scolaire ne semble appropriée. Car, le plus souvent, ce n'est pas un seul élève qui se révolte, c'est tout un groupe d'enfants qui font « la grève des bras croisés ». Il y a plus. Les

---

être provoqués à résister à un acte légal de l'autorité publique relatif au programme d'études de cette école;

« Attendu, d'autre part, qu'il n'y a pas lieu de rechercher si l'allocution incriminée aurait pu constituer vis-à-vis des autres assistants une provocation de la même nature, la présence alléguée par le pourvoi d'autres parents dont les enfants auraient été élèves de l'école communale ne ressortant d'aucune des constatations de l'arrêt attaqué;

« Par ces motifs;

« Rejette... »

(Cour de Cassation (Ch. cr.), aud. du 3 février 1911.)

enfants qui se sont mis dans ce cas appartiennent à des milieux où on n'est pas réduit à l'école publique gratuite. Aussi ne se sont-ils pas révoltés d'eux-mêmes; les parents, voire des tiers, les y ont poussés et les encouragent. L'exclusion temporaire atteint donc des mineurs ayant agi sans discernement, mais pas du tout les véritables auteurs des troubles causés dans un service public.

L'exclusion temporaire, comme peine disciplinaire, est une mesure *déconcertante*, *inefficace*, *illusoire*; elle n'est pas du tout appropriée à la faute qu'on veut prévenir ou réprimer. Le Conseil d'État (voir ci-dessus, p. 66) n'a-t-il pas déclaré expressément que « l'usage du pouvoir disciplinaire sur les enfants » ne saurait combler une lacune de la loi? Et puisque cette lacune a été comblée par le règlement de 1890, à quoi sert de continuer l'action disciplinaire contre les enfants alors qu'on dispose de l'action légale contre les parents. L'exclusion n'atteindrait son but que si elle comportait ses conséquences logiques : exclusion de toutes les écoles, quelles qu'elles soient, du pays, avec retard dans l'avancement d'une classe à l'autre et avec maintien, s'il le faut, sur les listes au-delà de la limite fixée pour la libération de la scolarité obligatoire, jusqu'à ce que les retards occasionnés par l'exclusion soient rattrapés. L'élève qui refuse de se servir d'un livre se met volontairement en retard; il est injuste qu'il avance d'une classe à l'autre de par son âge, et qu'il obtienne son certificat d'études primaires malgré une scolarité irrégulière. D'où il semble résulter que des examens de passage rigoureux, un livret scolaire individuel renseignant sur toute la scolarité et servant de pièce d'identité indispensable pour toutes les formalités que comporte cette scolarité; enfin, des épreuves sérieuses pour le certificat de libération remplaceraient avantageusement l'exclusion temporaire.

L'exclusion *temporaire*, mise à la disposition de l'instituteur ou de l'inspecteur comme moyen de discipline, est inconnue dans les pays étrangers. Les autorités scolaires n'ont recours à l'exclusion que pour éloigner définitivement un enfant de l'école, en le menant devant les tribunaux et de là en correction. Pour un cas d'indiscipline, comme celui auquel elle est appliquée chez nous, la loi sur l'obligation suffit, parce qu'elle spécifie avec précision toutes les obligations des parents et des élèves, en établit un contrôle minutieux et rapide, enfin, prévoit des mesures d'exécution dont le maniement simple et expéditif garantit l'efficacité. Nous en verrons tout à l'heure des exemples.

Le conflit suscité récemment à propos de certains manuels scolaires doit donc se résoudre par la seule loi sur l'obligation. S'il subsistait dans celle de 1882 des lacunes, des obscurités, des complications inutiles, l'État la remaniera en profitant des expériences faites depuis trente ans. Son application ferme et entière semble devoir se faire plus aisément aujourd'hui.

Mais ce conflit soulève d'autres questions que les tribunaux n'ont pas eu à se poser, et encore moins à trancher, et qui sont d'un ordre pédagogique. Telle est la collaboration de la famille avec les autorités scolaires dans le choix des livres de classe, ou encore le critérium d'après lequel on appréciera si un livre de classe répond aux exigences d'une équitable neutralité.

Quant à la collaboration de la famille dans le choix des livres classiques, on peut la croire possible, même désirable en une certaine mesure. Elle a été expérimentée ailleurs avec succès. Dans notre système actuel du choix par deux commissions, ce n'est qu'à la seconde instance, dans la commission départementale, qu'un représentant des familles pourrait être entendu à titre consultatif et pour certains manuels seulement ; son avis devrait répondre à la seule question de savoir si un livre proposé est contraire à la neutralité de l'enseignement.

Une autre manière de faire collaborer les familles, indirectement pour ainsi dire, mais collectivement, au choix des livres, consiste à n'adopter un livre qu'après une période d'essai. Ce serait la période d'enquête *de commodo et incommodo*. Nous avons failli la connaître en France sous le second Empire (1). Elle est en vigueur en Suisse, par exemple. Il est laissé

(1) Voir ci-dessus, p. 49. Un projet de décret en ce sens a été soumis au Conseil Supérieur en juillet 1910.

aux parents le temps pour manifester leur opinion par les voies et moyens légaux. On peut préférer cette seconde manière, à condition que les observations *de incommodo* soient examinées par la même commission qui a proposé la mise à l'essai. Il ne semble pas que la fixation de délais à l'usage provisoire et la désignation d'un arbitre offrant les garanties voulues d'indépendance puissent causer des difficultés.

Plus que la question de l'opportunité de faire collaborer les parents au choix des moyens d'enseignement, celle de l'appréciation d'un livre de classe, non seulement au point de vue de la neutralité, est d'ordre pédagogique; elle est aussi très délicate. Nous n'y insisterons donc pas ici, pas plus que sur d'autres réflexions qu'a suggérées le problème des manuels. Nous ne sommes nullement embarrassé pour reconnaître la justesse de certaines critiques formulées par les militants de la campagne actuelle sur la valeur intrinsèque de quelques-uns des livres de classe en usage dans nos écoles. Les mêmes critiques ont été faites par les partisans les plus décidés de l'école laïque et neutre. Il n'y a donc pas à en tirer argument pour condamner en bloc programmes, méthodes et maîtres. Les pédagogues mettront les choses au point sans bouleverser les consciences. A porter la controverse sur un autre terrain, on risque de prouver que la réglementation de 1887 et les instructions ministérielles qui la complètent sont trop libérales, et qu'il faut des armes nouvelles pour la défendre.

L'exemple des pays étrangers mérite, à cet égard, d'être médité.

II

LES PAYS ÉTRANGERS

Dans les pays de l'Europe centrale la législation scolaire a connu, depuis la fin du XVIIIe siècle jusqu'à nos jours, des vicissitudes analogues à celles au milieu desquelles a évolué la législation française, et pour les mêmes causes : mainmise absolue de l'État sur une institution jugée indispensable aux intérêts nationaux, politiques, économiques et sociaux; résistance de l'Église contre cette mainmise sur une institution qu'elle avait fondée et développée, et dont elle avait fait un instrument de sa propre hégémonie.

Une autre analogie justifie ici l'examen des législations étrangères, c'est que tous les États modernes ont développé l'enseignement public d'après les mêmes principes. Dans l'enseignement primaire ou populaire (parce que destiné aux enfants du peuple), le principe de l'obligation a triomphé, même et surtout dans les pays les plus jaloux de la liberté individuelle, j'allais dire les plus démocratiques. Ce triomphe est dû à la ferme application de la loi qui l'instituait. Or, la question des livres scolaires est étroitement liée à ce principe. Dans certains textes, les dispositions relatives aux livres et fournitures scolaires prescrits font corps avec celles qui réglementent la fréquentation obligatoire de l'école.

Le principe non moins important de la neutralité de l'enseignement primaire s'est généralisé lentement. L'Église le combat de toutes ses forces. Partout elle proclame son devoir de défendre la liberté du père de famille et la liberté de conscience contre l'emprise de l'État et contre la libre pensée : elle en a fait une lutte politique.

Tous les gouvernements n'ont pas eu la liberté d'action de la grande République nord-américaine, ni, pour s'en servir, l'appui d'un esprit public qui place le citoyen au-dessus de tout (1). Les gouvernements de la vieille Europe ont eu à compter avec l'ascendant qu'exerce depuis de longs siècles une Église jadis maîtresse des gouvernements eux-mêmes. Et ce sont précisément les régimes monarchiques qui ont le moins réussi, ou le moins cherché à faire la séparation radicale de l'Église et de l'École, soit qu'ils jugent politique de maintenir l'instruction religieuse dans le programme primaire et l'esprit

(1) L'enseignement religieux, voire la lecture de la Bible, fût-elle faite sans commentaire d'aucune sorte, sont interdits dans les écoles primaires publiques de l'Union.

religieux à l'école primaire, soit qu'ils se croient à même de contenir l'Église lorsqu'ils l'admettent comme collaboratrice. Le minimum de cette collaboration est l'enseignement du catéchisme en vue de la première communion. Or, l'Église tient à pouvoir donner son enseignement dans les locaux mêmes de l'école (1). Elle ne veut en aucune manière être contrôlée dans l'exercice de cette fonction par les autorités scolaires. Lui accorder des heures où vaque l'école, n'est-ce pas indiquer que l'instruction religieuse n'a rien à voir dans le programme ordinaire? Qui donc, si ce n'est le pasteur ou le curé, a qualité pour enseigner l'histoire sainte, l'histoire de l'Église et surtout la morale? Ils ont une autorité « morale » que l'instituteur laïque n'a pas et n'aura jamais. C'est par de tels arguments et par d'autres moins déguisés, que l'Église défend les positions menacées et cherche à regagner le terrain perdu dans les pays où l'école primaire est encore confessionnelle et où une partie de l'inspection scolaire lui demeure acquise. Elle juge contraire à ses intérêts d'exercer ces « privilèges » sous l'autorité d'un ministre d'État, fût-il de « l'Instruction publique et des Cultes », ou de toute autre autorité civile. Elle se défend contre l'esprit « mo-

(1) Une des clauses les plus combattues, et d'ailleurs retirée, dans le projet de loi scolaire du Gouvernement actuel (libéral) d'Angleterre, a été l'exclusion de l'enseignement religieux, et par conséquent des membres du clergé, des bâtiments scolaires. Voir l'*Éducateur moderne*, 1909, p. 49 suiv. (Paris, Paulin et Cie).

derne », qui les lui dispute par l'enseignement autant que par les livres que l'État entend mettre entre les mains des élèves.

L'ALLEMAGNE

Nous choisissons les trois principaux pays de l'Empire allemand : la Prusse, la Saxe, la Bavière. Ces trois monarchies ont développé leur système d'enseignement public en toute indépendance, selon leurs propres conditions historiques, politiques et religieuses, mais non sans apprendre ou s'inspirer l'une de l'autre, surtout depuis la constitution de l'Empire.

LA PRUSSE (1)

La monarchie prussienne n'a pas réussi, même après la fondation de l'Empire, à établir une loi

(1) Nos informations sont empruntées en partie à des notes communiquées par le Ministère des Cultes, de l'Instruction publique et des Affaires médicales, en partie aux recueils suivants : *Bestimmungen des Kgl. Preuss. Ministers der geistlichen, Unterrichts-und Medizinal-Angelegenheiten betr. die Volks-und Mittelschule*, etc., etc., 17e éd., comprenant les documents officiels jusqu'au 1er mars 1910, rec. par O. Schoeppa, conseiller int. sup. du Gouvernement (Leipzig, 1910); — *Zentralblatt für die gesamte Unterrichtsverwaltung in Preussen*, publication mensuelle (Berlin, Cotta éd.). Ne voulant donner que les dispositions légales et administratives, nous avons fait abstraction des ouvrages, articles, etc., qui les commentent.

organique globale pour son enseignement primaire. Plusieurs tentatives faites dans ce sens ont échoué. La principale cause de cet échec a été la résistance de l'Église. Il suffit de rappeler le Kulturkampf et la lutte acharnée des pasteurs politiciens de la cour contre le ministre Falk, le fidèle collaborateur de Bismark (1). — L'obligation est entrée dans les

(1) L'ouvrage de M. Georges Goyau, *Bismarck et l'Église, Le Culturkampf* (voir ci-dessus, p. 15) donne de cette lutte l'idée qu'en ont eu et qu'ont encore les partisans des droits imprescriptibles de l'Église en matière d'éducation (voir aussi le compte rendu de M. Andler).

L'ouvrage du Dr J. Hess présente, dans leur succession chronologique et dans leur suite logique, les documents parlementaires, vraies archives de la lutte pour l'école en Prusse (voir ci-dessus, p. 15). Le politicien catholique, grand admirateur de Windhorst qui fut l'antagoniste le plus puissant de Bismarck et le champion du centre catholique dans les assemblées politiques, veut montrer à ses coreligionnaires les succès continuels du libéralisme allemand, qui tendent à assurer à l'État seul la conduite et le contrôle de l'instruction et de l'éducation de la jeunesse et à réaliser l'exclusion absolue des Églises de l'école primaire. Il déclare nettement vouloir avertir le peuple chrétien et croyant, et surtout ses concitoyens catholiques, de faire bonne garde. Selon M. Hess, toute la politique intérieure se fera sur le domaine scolaire. La lutte acharnée entre l'État et l'Église aboutira fatalement, selon lui, à la séparation si les catholiques n'y veillent. Il conclut par une prophétie de Windhorst qui, en 1888, déclarait que le Kulturkampf scolaire reprendra plus aigu, plus intense et plus long que celui qui fut déchainé par Bismarck en 1872.

La lutte de principe, dont nous avons montré les grandes phases en France, n'est donc point terminée en Prusse et en Allemagne; elle couve sous les cendres. Le parti catholique se tient prêt et ses leaders ne cessent de l'exhorter au « bon combat ».

mœurs. Mais les tendances religieuses du roi-empereur actuel ne sont pas de nature à encourager les partisans de l'école primaire neutre. Bien au contraire, c'est l'école confessionnelle qui est en honneur. La toute récente et très importante loi scolaire relative à « l'entretien des écoles » en est la meilleure preuve.

L'école primaire en Prusse continue à proclamer comme premier but de son enseignement l'éducation « religieuse et morale » (*religiös-sittlich*). Cette éducation morale basée sur la religion (tantôt *religiös-sittlich*, tantôt *sittlich-religiös*) est d'ailleurs donnée comme but de l'école primaire dans les lois scolaires de tous les pays de l'Empire, et, dans presque toutes, avant même l'instruction et l'éducation qui doivent faire des enfants des citoyens intelligents et utiles. Le premier pays allemand, et longtemps le seul, qui ait osé rompre avec la tradition, est le duché de Saxe-Gotha qui a supprimé, dès 1872, l'éducation religieuse (1) du programme de l'école primaire.

---

(1) Le duché de Meiningen a suivi l'exemple en séparant l'Église et l'École, en 1909. Désormais, l'instruction religieuse à l'école sera donnée par les instituteurs. Les membres du clergé ne feront plus partie des comités scolaires. Les écoliers ne pourront plus sonner les cloches et les maîtres seront libres de refuser tout service à l'église; ils pourront s'en charger, s'ils le veulent, mais contre une rétribution raisonnable. L'État, qui désormais surveille l'enseignement religieux, sera représenté dans le Conseil ecclésiastique supérieur. — Le synode a accepté la loi de séparation, malgré les orthodoxes qui l'ont attaquée avec acharne-

Il y a eu en Prusse, en 1900, presque deux fois autant de protestants que de catholiques (1). Sur plus de cinq millions et demi d'écoliers primaires on comptait, en juin 1901, 62,09 % de protestants, 37,36 % de catholiques et 0,43 % d'israélites. Les écoles protestantes représentent plus que le double des écoles catholiques. Les écoles non confessionnelles (*paritaetisch*) n'étaient que 803 contre les 24.910 écoles protestantes et les 10.709 écoles catholiques. Peu d'enfants catholiques fréquentaient les écoles protestantes (1,79 % contre 97,75 % enfants protestants), mais le nombre des enfants protestants allant à l'école catholique était encore moindre (0,84 % contre 98,98 % catholiques). Dans les écoles non confessionnelles, les proportions étaient à peu près égales : 48,64 % de protestants et 49,54 % de catholiques.

ment. Ceux-ci demandèrent la prolongation d'une année de l'instruction religieuse en vue de la première communion; pour cette instruction l'État devrait fournir des locaux spéciaux; ils déclarèrent les instituteurs incapables de donner l'enseignement religieux. De leur côté, les instituteurs ont exprimé leur crainte de voir le clergé, dans les services du dimanche à l'église, procéder à de véritables examens sur l'instruction religieuse, contrairement à la loi. Les représentants de l'État et les dignitaires ecclésiastiques modérés conseillèrent l'adoption de la séparation résolue par l'État, insistèrent sur la nécessité pour l'Église de s'adapter aux exigences des temps modernes, et montrèrent le danger qu'il y aurait à faire dégénérer l'opposition entre l'Église et l'École en une hostilité stérile.

(1) 21.817.577 protestants, 12.113.670 catholiques, 392.322 israélites, c'est-à-dire une proportion sur 1.000 habitants de 633-351-11.

Dans les écoles protestantes on comptait 53.260 maîtres et 22.735 dans les écoles catholiques, par contre il y avait 7.140 institutrices catholiques contre 5.634 protestantes. Dans les écoles non confessionnelles, les maîtres et maîtresses protestants sont légèrement plus nombreux que leurs collègues catholiques.

Cette statistique aurait toute sa valeur, si elle tenait compte des proportions confessionnelles dans chacune des grandes provinces. Telle région du centre ou de l'ouest, éminemment développée, très peuplée, très industrielle, est presque entièrement catholique, telle autre dans l'est, moins favorisée, agricole, est plutôt protestante, ou vice-versa. Qu'on ajoute à cela les besoins de germanisation en Pologne, dans le Schleswig-Holstein et ailleurs, et l'on comprendra que, politiquement parlant, puisque politique scolaire il y a, les majorités numériques confessionnelles peuvent n'avoir sur la législation scolaire qu'une influence très variable.

Quoi qu'il en soit et quelles que soient les fluctuations politiques du moment, le Gouvernement considère bien l'école primaire comme une institution lui appartenant exclusivement. Il y intéresse avant tout les provinces et les communes. Il admet dans une mesure déterminée la collaboration de l'Église. Mais il en surveille tout le fonctionnement, en vertu de son pouvoir souverain de police, par ses organes administratifs politiques, spéciaux ou généraux. Les doubles attributions du ministre d'État de l'Instruction publique et des Cultes (ou plus correctement des Cultes et de l'Instruction publique), peuvent, selon la personnalité du Ministre et selon les conjonctures politiques du moment, assurer des avantages à l'Église. Mais ces avantages ne diminuent en rien les prérogatives du pouvoir ministériel. De sorte que les principes fondamentaux de l'enseignement primaire public, avec leurs conséquences telles que la surveillance absolue des méthodes et des livres, sont appliqués avec une ferme continuité.

Voici en résumé comment se fait le choix des livres classiques.

Tout livre de classe, employé dans une école publique primaire ou secondaire, doit être approuvé par l'autorité compétente avant d'être mis en usage.

En ce qui concerne l'école primaire, le Ministre des Cultes et de l'Instruction publique s'est réservé expressément le droit d'autoriser les manuels pour l'enseignement religieux et les livres de lectures allemandes. Pour les livres devant servir à l'enseignement religieux des élèves protestants, le Ministre prend l'avis du Conseil ecclésiastique supérieur. En fait de livres devant servir à l'enseignement religieux catholique, le Ministre n'admet que ceux qui sont approuvés au préalable par un évêque. Cependant, aucun de ces livres, même approuvés par l'autorité ecclésiastique, ne peut être employé dans une école sans l'autorisation du Ministre.

Les livres de lectures allemandes sont examinés, sans exception, au ministère seulement.

Dès que le Ministre a autorisé un livre de lecture ou un livre devant servir à l'enseignement religieux, il fait part de sa décision aux « gouvernements » des provinces ; le livre ainsi approuvé peut être mis en usage.

L'approbation des autres livres de classe est laissée aux « gouvernements », c'est-à-dire aux autorités *administratives* supérieures des provinces. Chacun de ces « gouvernements » a une section dite « des écoles ». Cette section comprend parmi ses membres un juriste et plusieurs experts scolaires; elle fonctionne sous l'autorité directe du « président du gouvernement ». C'est donc cette autorité spéciale du gouvernement provincial, « la section des écoles », qui décide, après examen, de l'admission des manuels pour l'histoire, la géographie, le calcul, les mathématiques, etc.

Il appartient aux inspecteurs d'arrondissement ou aux recteurs d'école (directeurs) de saisir les « gouvernements » des propositions d'introduction d'un livre nouveau, et d'en demander l'examen et l'approbation. Les « gouvernements » ont seuls le droit de faire parvenir ces propositions au Ministre (1).

(1) Dans les écoles secondaires, les Directeurs et les collèges des professeurs ont qualité pour adresser au « Provinzialschulkollegium », c'est-à-dire à l'autorité scolaire de la province, les

Toute demande d'approbation ou d'admission émanant d'un auteur, d'un éditeur, ou d'une personne quelconque est refusée partout « a limine ». *De même, des plaintes formulées par des particuliers ou par des ecclésiastiques à propos d'un livre approuvé, ne seraient pas prises en considération, si jamais elles se produisaient.*

Le pouvoir central ne se contente pas d'approuver. Il donne des instructions sur les conditions que devont remplir les livres proposés à son approbation, sur les circonstances qui devront déterminer les propositions, etc.

Le 24 août 1893, le Ministre des Cultes et de l'Instruction publique de Prusse a envoyé à tous les « gouvernements », et à tous les collèges scolaires provinciaux une circulaire, dans laquelle il recommande de ne négliger aucun effort pour que les mêmes livres de lecture soient en usage au moins dans les mêmes arrondissements, autant que le permettent l'organisation et les conditions confessionnelles de chaque école. Il insiste pour que l'uniformité ne soit pas troublée là où elle a pu être établie. C'est un principe que le Ministre a eu soin de formuler dans de nombreuses circulaires précédentes. La diversité, dit-il,

---

propositions d'introduction de livres classiques nouveaux. Si un livre est déjà en usage dans d'autres écoles de la province, ladite autorité a qualité pour étendre l'introduction à des écoles nouvelles. Si le livre n'est encore utilisé dans aucune école de la province, il faut, pour l'y introduire, l'approbation du Ministre.

des livres employés souvent dans un même arrondissement a de très sérieux inconvénients, autant pour les maîtres, surtout pour les débutants, que pour les élèves et pour les parents. Les propositions nouvelles qui ne cessent de lui être faites, lui semblent indiquer qu'on ne tient pas assez compte de l'importance de l'emploi uniforme des livres de lecture en usage. Il demande donc aux « gouvernements » de s'entendre avec les « collèges scolaires » provinciaux, afin de faire examiner avec le plus grand soin, au point de vue du plan, du contenu, de l'exécution, etc., un livre nouveau dont l'introduction leur semblerait indiquée, surtout dans le cas où ce livre nouveau ne serait pas déjà régulièrement autorisé dans une des circonscriptions de leur ressort. Lorsque les deux autorités, c'est-à-dire le gouvernement et le collège scolaire provincial, estiment qu'un livre nouveau se recommande à l'usage dans les écoles, le gouvernement devra en proposer l'adoption au Président supérieur de la province, en ajoutant à la proposition le livre lui-même et un rapport motivé et détaillé sur sa valeur pédagogique. Dans ce rapport seront exposées les circonstances qui rendent nécessaire le changement d'un livre de lecture dans telles ou telles écoles primaires, ainsi que les avantages de la forme et du contenu qui recommandent le livre qu'on propose. On n'oubliera pas d'indiquer depuis quand le livre employé jusqu'alors a été mis en usage, ainsi que le prix du livre qu'on doit remplacer et celui du nouveau qu'on veut adopter. Il convient de procéder de même lorsqu'un livre en usage a été refondu de telle façon qu'il en est résulté un livre pour ainsi dire nouveau, qui rendrait inutilisable une édition ancienne. Une proposition dans les mêmes formes est nécessaire lorsqu'il s'agit de remplacer un livre de lecture par un autre qui est déjà en usage régulièrement ailleurs, dans quelque autre école de la circonscription, c'est-à-dire lorsqu'il s'agit simplement d'étendre, pour une raison ou pour une autre, l'usage d'un livre déjà adopté.

Un livre de lecture nouveau ne peut être introduit qu'au commencement de l'année scolaire.

Quant à la valeur pédagogique des livres de lecture, l'examen le plus méticuleux est recommandé. Les conseillers et les inspecteurs scolaires, des instituteurs éprouvés et même des collèges d'instituteurs entiers, ainsi que des pédagogues compétents (1) du ressort des collèges scolaires provinciaux, peuvent être appelés à donner leur avis sur un livre proposé à l'approbation. Pour guider les choix, le Ministre a spécifié, dans un long arrêté, toutes les conditions que doit remplir un livre de lecture. Le Ministre rappelle naturellement que le livre de lecture pour

(1) Rien ne permet de conclure que des « pères de famille » puissent être consultés, comme on l'a demandé chez nous. Ce ne serait guère dans l'esprit qui anime l'administration scolaire prussienne.

les écoles primaires populaires doit répondre aux besoins des élèves (garçons, filles), au milieu où ils vivent (campagne, ville, centre industriel, port de mer, etc.), aux écoles auxquelles on le destine (écoles à une ou à plusieurs classes). Sans doute, on tiendra compte des particularités régionales, mais on ne perdra jamais de vue la monarchie prussienne, la patrie allemande, l'humanité. Il y aura des morceaux traitant de la vie de l'homme dans la famille et dans la commune, dans l'Église et dans l'État, mais le développement historique de l'État prussien, l'empire et ses aspirations économiques « au delà des mers » doivent être copieusement représentés. A côté de la géographie et des sciences naturelles, les lectures historiques occuperont la place la plus large à cause de leur valeur éducative, morale et religieuse. « En ce qui concerne l'esprit religieux, dit le Ministre, l'importance de la religion pour l'éducation exige qu'on sente dans les livres de lecture une certaine chaleur religieuse. Mais il faut en écarter tout ce qui est contraire aux exigences de la tolérance et tout ce qui pourrait rappeler les luttes confessionnelles. Des morceaux qui conviennent exclusivement à l'instruction religieuse ne doivent nullement figurer dans un livre de lecture. »

« Sans tomber dans des platitudes, les choses doivent être présentées telles qu'elles sont dans la réalité. Par leur ton et leur contenu, les morceaux ne doivent pas détourner totalement les esprits positifs de la vie pratique, mais leur enseigner un sain réalisme. »

« A côté des morceaux réalistes, le livre de lecture doit contenir des sujets esthétiques. Les uns et les autres sont nécessaires pour l'éducation du caractère de l'enfant. Même les morceaux réalistes peuvent servir, par leur forme littéraire, à l'éducation esthétique. »

« La langue des morceaux doit être populaire, par conséquent simple, de façon à ce que l'enfant puisse y rectifier son propre langage, souvent limité et peu précis. »

« Les morceaux doivent être empruntés aux meilleurs auteurs. » « On n'hésitera pas à donner des morceaux pris dans les auteurs les plus modernes, voire dans les revues et les journaux. Les prescriptions de la loi et des raisons intrinsèques exigent que l'emprunt soit aussi fidèle que possible. L'enfant doit apprendre par son livre de lecture à lire les livres, revues, etc., qu'il trouvera dans la vie. Les modifications de texte ne sont admissibles que dans les cas d'absolue nécessité. » « On évitera le style sec des précis; à ce point de vue l'examen des livres proposés doit être particulièrement méticuleux et sévère. » « Il n'y a pas lieu d'attacher de l'importance aux images, s'il s'agit de livres destinés à des écoles qui disposent d'autres moyens suffisants d'illustration, dans les villes par exemple, de tableaux, de collections, etc. Les images de choses et d'événements que l'enfant est capable de se représenter sans trop de difficulté, ne sont guère à leur place dans un livre de lecture. On n'y mettra que de bonnes images qui sont indispensables à l'illustration du texte. »

Le Ministre termine par des recommandations sur les caractères d'imprimerie, le papier, la reliure, sur l'hygiène du livre et sur la nécessité du bon marché; toutes ces considérations doivent retenir l'attention de ceux qui sont chargés d'examiner les livres proposés à son approbation.

En donnant ces instructions très détaillées, le Gouvernement prussien prouve non seulement qu'il attache la plus haute importance à ce que les livres de lecture soient ce qu'il y a de meilleur; il montre aussi qu'il tient compte de l'opinion des pédagogues autorisés (1).

---

(1) Tous sont unanimes à reprocher aux livres de lecture, actuellement en usage ou proposés, d'être absolument insuffisants pour l'éducation telle que l'exige le xxe siècle. On ne trouve dans ces recueils volumineux que des sujets surannés ou convenant peu à l'âme enfantine. C'est à peine s'ils fixent l'intérêt des petits lecteurs, encore moins leur inspirent-ils l'amour de lire et le désir de savoir, qui, cependant, doivent être « les fruits les plus nobles d'une bonne scolarité ». A part quelques exceptions, on n'y trouve dans aucun une conception bien déterminée de la vie et du monde, on y cherche en vain des morceaux capables de susciter l'énergie virile et d'encourager la personnalité au point de vue moral et social. La noblesse du travail et le devoir de tout homme de travailler lui-même à son éducation morale, dès sa tendre jeunesse, de se rendre compte par lui-même de ses actes, sont rarement mis en évidence. De plus en plus les livres de lecture devront « servir à la formation des caractères virils,

Voici encore quelques autres instructions de détail sur la procédure du choix. Les propositions d'adoption doivent être adressées au Président supérieur pour chaque livre à part, et assez à temps pour que le Ministre ait entre les mains les éléments nécessaires pour l'examen du livre et pour sa décision au moins trois mois avant le commencement de l'année scolaire, et afin qu'il soit possible aux instituteurs et aux élèves de prendre leurs dispositions. Un exemplaire du livre adopté sera déposé dans chaque école, comme pièce d'inventaire. On inscrira dans cet exemplaire la date et le numéro de la décision par laquelle le livre a été approuvé. Chaque fois qu'un nouveau livre est introduit dans les écoles, on prendra soin d'éviter que les parents n'aient pas à faire une double dépense pour la même classe.

Dans le but de sauvegarder, autant que possible, d'une part, le droit exclusif et l'indépendance complète des autorités scolaires et, d'autre part, la liberté des instituteurs, des parents et des élèves, le Ministre

non seulement par des morceaux glorifiant des prouesses guerrières, mais par des morceaux qui forment comme un évangile du travail honnête et montrent l'héroïsme de ses hauts faits ». Les livres de lecture américains et anglais sont, à l'avis des pédagogues allemands, infiniment supérieurs aux livres du genre publiés en Allemagne. (D'après le Dr P. Gizycki, *Das Volksschulwesen*, dans W. Lexis, *Das Unterrichtswesen im Deutschen Reiche*, ouvrage publié à l'occasion de l'exposition de Saint-Louis, vol. III, p. 138, Berlin, 1904.)

a donné également des instructions très détaillées (arrêté du 7 mai 1894).

Il arrive, par exemple, que des auteurs ou des éditeurs de livres scolaires consacrent une partie des bénéfices tirés de la vente à une fondation de bienfaisance. Cela est très louable, mais la pensée d'une œuvre charitable ne devra jamais influer sur le choix d'un livre ou de tout autre objet destiné à l'enseignement. Les associations ou sociétés qui jouissent des droits corporatifs, peuvent éditer des livres classiques et du matériel scolaire; mais il est interdit aux instituteurs de faire de la réclame auprès des parents et des élèves pour l'achat des livres et du matériel ainsi édités. Il est défendu aux directeurs d'école, aux instituteurs et aux institutrices de s'engager vis-à-vis d'une maison d'édition pour recommander les livres ou le matériel scolaire que celle-ci produit. Les membres du corps enseignant ne doivent jamais se faire les intermédiaires entre les libraires et les élèves, sauf lorsque l'achat des livres pour les élèves n'est pas possible autrement. Dans ces cas, défense est faite aux maîtres de prendre le moindre bénéfice, ni des éditeurs ni des élèves.

Ces exemples suffisent pour démontrer avec quel soin le Ministre de l'Instruction publique de Prusse surveille les livres et le matériel scolaire. Il y a des instructions semblables pour toutes les fournitures obligatoires. Ce qui est important, c'est qu'*il se sert pour cette surveillance des autorités administratives générales.*

En Prusse, on le sait, les autorités appliquent avec la dernière rigueur la loi sur l'instruction primaire obligatoire. Si bien que les cas d'inobservation de la loi sont devenus des exceptions tout à fait rares et que l'analphabétisme a pour ainsi dire disparu. *Les parents sont tenus non seulement d'envoyer les enfants à l'école, mais de les munir des livres et des fournitures prescrits.* En cas de refus, l'autorité dispose de moyens suffisants pour faire respecter la loi. Ainsi, des parents ayant refusé, par négligence, de procurer à leurs enfants les livres prescrits pour l'école primaire qu'ils fréquentaient, un sous-préfet donne ordre au maire de la commune où résident les parents de les y contraindre. Le maire hésite, parce qu'il croit ne pas avoir le pouvoir légal. Il s'adresse au Gouvernement de la Province, lequel maintient la décision du sous-préfet. Le maire alors s'adresse au Ministre. Celui-ci, par un arrêté *contresigné par son collègue de l'Intérieur*, fait connaître au maire qu'il devra faire verser aux parents l'avance nécessaire à l'achat des livres, ou les acheter lui-même pour le compte des parents, ou les faire acheter par l'inspecteur, par le directeur de l'école que fréquentent les enfants, ou par l'instituteur. Le Ministre fait observer au maire que l'ordre donné par le sous-préfet était parfaitement légal « *puisqu'une des attributions essentielles de l'Administration générale consiste précisément à faire atteindre le but que l'on a assigné à l'école primaire et que lui, le maire, est appelé à contribuer à l'obtention de ce but.* Un recours n'est pas à craindre, puisque le maire est couvert par la décision du sous-préfet ». Le Ministre ajoute qu'il convient de répondre sans aucune réserve par l'affirmative à la question de savoir si les autorités administratives ont pouvoir non seulement pour *inviter*, mais pour *forcer* les parents, qui envoient leurs enfants à l'école publique, à acheter également les livres de classe nécessaires. Car, de même que l'autorité chargée de l'inspection des écoles a pouvoir pour obtenir par la force la fréquentation scolaire, de même elle a pouvoir pour obtenir par la contrainte l'acquisition des livres de classe prescrits. Ce serait d'ailleurs exclusivement affaire des parents eux-mêmes de protester contre une mesure qui les contraint à procurer les livres à leurs enfants. Et le Ministre conclut que, dans ces conditions, il ne lui est pas possible de dispenser le maire de l'exécution de la décision du sous-préfet. — Cet arrêté fixe la jurisprudence dans cette matière. Il établit nettement le point suivant : *l'obligation des parents de munir leurs enfants des livres de classe prescrits est une conséquence logique de l'obligation qui les contraint à envoyer les enfants à l'école.* La loi scolaire est une loi d'administration générale, on peut dire une loi de police, et par conséquent le pouvoir administratif a toute qualité pour en assurer l'exécution, même par la contrainte.

LA SAXE (1)

Le royaume de Saxe (2), berceau de la Réforme, gouverné par des princes catholiques, possède une loi sur l'enseignement primaire très libérale, mais très ferme. L'État, c'est-à-dire le Ministre de l'Instruction publique et des Cultes, est le seul et véritable patron de l'enseignement public. C'est en son nom que les inspecteurs d'arrondissement veillent à

---

(1) D'après la publication officielle *Gesetze und Verordnungen das Seminar-und Volksschulwesen im Kgr. Sachsen betreffend* (Dresden, 1875) et des notes officielles. — Notre étude était déjà composée lorsque nous avons reçu le compte rendu sténographique de la discussion d'une nouvelle loi scolaire. Une campagne de presse très vive a accompagné cette discussion. Les partis de gauche et l'opinion avancée trouvent que le Gouvernement n'affranchit pas assez l'école primaire de l'Église, que les conservateurs jugent, par contre, diminuée dans son influence. L'entente n'a pu se faire. Le projet du Gouvernement a échoué sur l'écueil religieux.

(2) En 1900, on comptait près de 4.000.000 de protestants, contre à peine 200.000 catholiques. En 1903, il y avait 2.251 (97,91 %) écoles protestantes publiques avec 714.375 (96,66 %) élèves, contre 48 (2,09 %) écoles publiques catholiques avec 21.163 élèves (2,86 %). Il ne semble pas exister d'écoles non confessionnelles, mais il arrive que des élèves catholiques fréquentent l'école protestante, et vice versa. Les écoles privées étaient au nombre de 66. Les maîtres catholiques représentaient 2,03 % du total du corps enseignant, 241 catholiques contre 11.632 protestants. (D'après le *Handbuch der Schulstatistik für das Kgr. Sachsen*, 19ᵉ édition.)

l'exécution de la loi et contrôlent les « comités de direction scolaires ». Le pays est divisé en communes scolaires. A la tête de chaque commune scolaire se trouve un comité de direction composé, selon l'étendue du district scolaire, d'un nombre variable de représentants communaux, choisis pour trois ans par la représentation communale. Les instituteurs titulaires et les directeurs d'écoles y envoient un ou plusieurs représentants élus à la majorité des voix. Le pasteur de l'endroit fait partie d'office du comité de direction. Il est à noter qu'un instituteur ou directeur d'école ne peut jamais être président de ce comité. Dans les communes rurales, c'est généralement le pasteur qui fait fonction d'inspecteur local, mais le Ministre peut à son gré nommer un inspecteur local laïque (1). Dans les villes qui jouissent d'une constitution municipale propre, le comité de direction scolaire prend le caractère d'une commission permanente de la municipalité.

C'est le comité scolaire qui choisit et introduit le matériel scolaire indispensable et, naturellement, les livres scolaires, mais sous l'approbation expresse de l'inspecteur d'arrondissement qui, nous l'avons dit, est un fonctionnaire d'État nommé par le Ministre.

Une fois par an, tous les inspecteurs d'arrondisse-

---

(1) Comme ailleurs en Allemagne, les fonctions d'inspecteur local « en fonctions accessoires », *im Nebenamt*, sont purement honorifiques.

ment se réunissent en conférence au Ministère. C'est dans cette conférence, sous l'autorité directe du Ministre, que sont prises les mesures relatives à l'examen et au choix définitif des livres de classe. Le Ministère a publié une première liste générale des livres qui doivent être employés dans les écoles primaires du Royaume. Cette liste est constamment tenue à jour par des additions de livres nouveaux ou par des radiations de livres paraissant surannés.

L'*obligation de l'instruction primaire comprend non seulement la fréquentation de l'école mais encore l'achat par les parents des ustensiles et des livres nécessaires énumérés dans la loi.* A ce point de vue, l'exécution de la loi ne connaît aucune faiblesse. De même que les parents qui négligent d'envoyer leurs enfants à l'école, peuvent y être contraints par des amendes ou par la détention, prononcées contre eux après un premier avertissement(1), de même *le comité de direction peut faire acheter aux frais des parents les livres que ceux-ci devraient procurer à leurs enfants.* Cette dépense est recouvrée des parents comme une imposition. Pour les enfants pauvres, le comité de direction fait acheter les livres nécessaires aux frais de la caisse d'école qui doit exister dans chaque commune scolaire.

---

(1) La loi de 1873 parle encore d'un *messager scolaire*, qui peut aller chercher les enfants à domicile et dont les déplacements se font aux frais des parents.

La loi prévoit d'ailleurs la possibilité de l'achat en gros des ustensiles et des livres prescrits par les instituteurs, par les directeurs d'école, par la caisse d'école, afin de faire bénéficier tous les élèves, si possible, de la réduction de prix. Dans les cas où les instituteurs et les directeurs se chargent des achats, une autorisation spéciale du comité scolaire est nécessaire, et il est expressément entendu qu'aucun bénéfice ne doit en résulter pour les intermédiaires.

Le fait que le ministre d'un culte fait partie du comité de direction local, et que, dans bien des cas, il reste chargé de l'inspection des écoles primaires de sa paroisse, prouve que l'Église a conservé dans les affaires scolaires une certaine importance. Les écoles en Saxe sont confessionnelles, puisque la loi permet aux communautés religieuses reconnues par l'État d'avoir des écoles de leur confession. Les minorités religieuses doivent se servir des écoles existantes, si elles ne peuvent avoir des écoles à elles. Dans les écoles que fréquentent des enfants appartenant à des minorités religieuses (mixtes de fait, sinon de par la loi), il est expressément recommandé aux instituteurs d'éviter tout ce qui pourrait froisser la conscience des élèves d'une confession différente de celle de la majorité. Puisque l'enseignement religieux fait partie du programme primaire, les élèves appartenant à une minorité ne sauraient en être dispensés. Ou bien le comité de direction local avertit de la présence de tels élèves le ministre de leur culte et prend soin que ces élèves reçoivent de lui l'instruction religieuse (dans ce cas, ils sont exemptés de la partie correspondante des taxes scolaires), ou bien ils sont tenus de suivre, jusqu'à l'âge de douze ans, l'enseignement religieux donné à la majorité. Mais cette obligation ne peut être imposée que si les parents y consentent.

Le Ministre prend l'avis des autorités ecclésiastiques supérieures avant d'approuver un livre destiné à l'instruction religieuse; *il peut le faire également pour un autre livre auquel une objection pourrait être faite au point de vue religieux.* Mais, en pareil cas, c'est d'abord à l'inspecteur d'arrondissement de s'entendre avec le ministre du culte de l'endroit. Si une entente n'est pas possible, le Ministre décide lui-même. C'est d'ailleurs au Ministre lui-même que l'autorité supérieure ecclésiastique adressera les plaintes ou les représentations qu'elle croit devoir formuler relativement à la façon dont la religion est enseignée ou pratiquée dans les écoles primaires.

La loi a prévu le cas de plaintes contre l'école ou contre les instituteurs de la part des parents. Si de pareilles plaintes ne peuvent recevoir satisfaction par une entente avec l'instituteur, ou avec le directeur d'école, ou avec l'inspecteur local, elles doivent être portées devant le comité de direction local. *Les parents qui voudraient intervenir eux-mêmes contre une mesure disciplinaire des instituteurs ou contre le règlement de l'école, s'exposeraient, sur la plainte de l'instituteur ou du comité de direction, à une amende de 75 francs ou à une détention correspondante.* Sont considérées comme interventions directes susceptibles d'entraîner des mesures pénales : la résistance contre les décisions prises par les instituteurs et par les autorités scolaires, ou contre l'exécution d'une peine scolaire; l'irruption dans une salle de classe; une offense faite à l'instituteur, surtout en présence des élèves; le retrait non justifié d'un enfant de l'école, etc. C'est en vertu de cet article de la loi scolaire que seraient punis des parents qui voudraient refuser d'envoyer leurs enfants à l'école sous prétexte que des livres leur déplaisant y sont employés.

Naturellement, l'État ou le Ministre de l'Instruction publique et des Cultes surveille très strictement les écoles libres. Les membres de toute confession religieuse admise dans le Royaume peuvent ouvrir des écoles pour leurs enfants avec l'autorisation du Ministère. Mais ces écoles sont sujettes à toutes les dispositions de la loi générale sur l'enseignement primaire public. Elles sont inspectées par l'inspecteur d'arrondissement, fonctionnaire de l'État. Toute école libre qui ne se conforme pas à la loi générale sur l'enseignement primaire, est fermée par les autorités scolaires après un avertissement préalable. Les ordres religieux, les congrégations et les associations religieuses ne peuvent ouvrir des écoles qu'en vertu d'une loi spéciale.

LA BAVIÈRE (1)

La Bavière peut servir d'exemple d'État catholique (2). A part les écoles dites « de marché » dans quelques villes et d'un petit nombre d'écoles seigneuriales anciennes, l'enseignement public, à ses débuts, était tout entier l'œuvre de l'Église. L'État s'en occupa, pour le réglementer, dès le XVIe siècle. Mais les écoles restaient dans des rapports étroits avec

---

(1) D'après le *Handbuch des Bayerischen Volksschulrechtes*, par J.-A. Englman, [illegible]e éd. par E. Stingl, « président de congrégation et recteur ecclésiastique » (Munich, 1905). Dans ce manuel de droit administratif est reproduit en première page, conformément à la loi scolaire, l'arrêté ministériel qui recommande et autorise l'achat par les établissements scolaires de la nouvelle édition.

(2) La Bavière comptait, en 1900, 4.363.178 catholiques, 1.749.206 protestants et 54.928 israélites. A la même époque, on relevait 5.193 (70,6 %) écoles publiques catholiques, 1.915 (26 %) protestantes, 86 (1,2 %) israélites. Les écoles non confessionnelles étaient au nombre de 159 (2,2 %). Le corps enseignant comprenait : 12.955 instituteurs et 6.488 institutrices catholiques, contre 5.759 instituteurs et 1.189 institutrices protestants ; 164 instituteurs et 9 institutrices étaient juifs ; 6.464 membres du clergé enseignaient la religion ; 30 instituteurs et 1.153 institutrices ordinaires appartenaient encore à l'Église. Les nombres des élèves dans les écoles de semaine étaient : 615.964 (71,29 %) catholiques, 242.204 (28,04 %) protestants, 5.039 israélites ; 725 élèves appartenaient à d'autres confessions. Dans les écoles de dimanche (obligatoires, on le sait) les catholiques comptaient 210.971 (73,70 %) élèves, les protestants 74,162 (25,91 %).

l'Église. Les postes d'instituteur étaient classés parmi les postes ecclésiastiques. L'enseignement et la surveillance se faisaient par un condominium de l'État et de l'Église. Le traité de Westphalie (1648) et le recez principal de la députation d'Empire de 1803 reconnurent expressément les droits de cette dernière, bien que, vers la fin du XVIIIe siècle, l'État eût commencé à légiférer tout seul en matière scolaire. La Constitution du 26 mai 1818 consacra l'école comme institution de l'État, et établit définitivement le droit exclusif de celui-ci sur l'enseignement public; elle garantit à l'Église l'organisation et la conduite de l'enseignement religieux et « la vie religieuse » dans les écoles primaires. A l'heure qu'il est, sont intéressés à l'École primaire la famille, la commune, l'Église et l'État, mais non pas en maîtres ayant des droits égaux. L'*École primaire est exclusivement affaire de la « police d'État », c'est-à-dire de l'Administration générale.* (1) « Les écoles primaires sont des établissements communaux, mais l'État a la haute main sur l'enseignement primaire » dit la Constitution.

« Les dépenses de l'enseignement primaire sont à la charge des communes, qui reçoivent des subventions de l'État et des provinces, *mais le droit de le réglementer revient à l'État seul, en tout état de cause et à tout point de vue imaginable* » (organisa-

(1) Déclaration du Ministre à la Chambre des Députés en 1902.

tion, direction, surveillance, etc.). C'est ainsi qu'en a jugé, en 1901, la Cour suprême d'administration. Dans la pratique, il est laissé aux communes une influence assez large, mais bien déterminée, dans l'administration intérieure des écoles, notamment aux municipalités qui possèdent une constitution spéciale. Puisque les villes contribuent plus que les communes rurales à l'entretien des écoles primaires, les écoles urbaines ont un caractère plus communal ou municipal que les écoles rurales. Vis-à-vis de l'Église, toutes, sans exception, sont des institutions publiques et laïques. Les communautés religieuses reconnues, c'est-à-dire les cultes catholique, protestant (luthérien) et israélite et leurs organes, n'ont que les droits que l'État veut bien leur déléguer. Ainsi, il leur a garanti constitutionnellement l'instruction catéchétique, et, s'ils y tiennent, l'instruction religieuse et morale dans l'école primaire. Cependant, puisque ces enseignements font partie du programme de l'école primaire publique et obligatoire, les ecclésiastiques qui les donnent exercent leurs fonctions conformément aux instructions de leur Église respective, mais ces instructions doivent être approuvées par l'État. L'État peut, d'ailleurs, charger de ces enseignements un quelconque de ses maîtres laïques, si l'Église y consent. Dans un cas de ce genre, le maître laïque ne prend plus ses instructions chez l'autorité ecclésiastique, il les reçoit de l'État. De même, les membres du clergé, qui sont toujours inspecteurs scolaires locaux, puisque l'inspectorat local fait partie des fonctions pastorales, et même parfois inspecteurs de district (1), tiennent cette fonction de l'État; ils sont, en cette qualité, fonctionnaires publics et reçoivent leurs instructions des pouvoirs publics; ils en relèvent, au point de vue disciplinaire, aussi bien dans l'exercice de leurs fonctions que hors du service. Comme le prêtre dépend du Ministre des Cultes et l'inspecteur du Ministre de l'Instruction publique, l'État tient à la fois le prêtre et l'inspecteur.

J'ai cru nécessaire de donner ces quelques détails sur le caractère de l'organisation scolaire de la Bavière, parce qu'il s'agit d'un pays de tradition catholique. Les rapports généraux entre l'État et l'Église y sont d'ailleurs réglés par un concordat. En ce qui concerne l'école primaire, l'inspection locale par le prêtre de l'endroit (elle existe encore dans d'autres pays de l'Allemagne moderne) est un des principaux griefs du personnel enseignant, surtout dans les communes rurales (2). L'instituteur est contrôlé journellement par le pasteur ou le curé jusque dans sa vie privée. Le fait que le prêtre en tant que chargé d'une fonction scolaire devient par là même fonctionnaire de l'État et demeure soumis à la disci-

(1) Tandis que les fonctions d'inspecteur scolaire local sont obligatoires et rétribuées, les fonctions d'inspecteur de district sont honorifiques, lorsqu'elles sont tenues par un ecclésiastique, mais nul membre du clergé n'est tenu de s'en charger.

(2) Voir l'*Éducateur moderne*, 1909, p. 85, 438, etc.

pline de l'autorité administrative, n'est pas considéré par les instituteurs comme une garantie suffisante de leur propre indépendance.

Quel est, dans cette organisation, le régime des livres de classe et autres objets du matériel scolaire?

Il est interdit d'employer dans les écoles primaires des livres ou objets qui n'ont pas été exclusivement et expressément approuvés, à cet effet, par le « Ministère d'État de l'Intérieur pour les Cultes et les Affaires scolaires. » La liste revisée des livres a été publiée en 1893 par arrêté ministériel, et augmentée depuis, suivant le même mode, de livres nouveaux spécialement approuvés. L'introduction dans une école ou classe de livres ne figurant pas sur la liste officielle entraînerait le retrait d'office de ces livres et *l'achat, aux frais des contrevenants, de livres pris dans la liste.* La liste officielle comprend trois sections : 1° les livres et objets devant être mis entre les mains des élèves; 2° les livres et objets detinés à l'enseignement d'ensemble (appareils, cartes murales, etc.); 3° les livres et objets recommandés aux maîtres (bibliothèques de perfectionnement, etc.). La liste est exclusive de tout livre (ou objet du matériel) non approuvé pour les sections 1 et 2. Dans les villes « immédiates », c'est-à-dire jouissant d'un régime municipal particulier, c'est la commission scolaire locale qui procède au choix des livres. Ailleurs, le choix est l'affaire des « gouvernements », c'est-à-dire du pouvoir administratif suprême de la province, « section de l'intérieur ». Les inspecteurs de district — qui correspondent à peu près à nos inspecteurs d'académie — ont seuls qualité pour solliciter l'approbation des « gouvernements », lorsque des conditions locales semblent recommander tel livre ou objet. L'approbation doit être redemandée pour toute édition nouvelle d'un livre. Les « gouvernements » ont mission d'y veiller et d'informer le Ministre tous les ans, avant le 1er mai, des modifications apportées à un livre précédemment autorisé. Également tous les ans, en mars ou avril, le Ministère publie et fait communiquer par les « gouvernements » aux inspecteurs de district la liste supplémentaire des livres nouvellement approuvés à ajouter à la liste en vigueur. Les inspecteurs locaux ont qualité pour signaler à l'inspecteur du district un livre « recommandable », mais ils doivent surtout veiller à ce qu'aucun livre non approuvé ne soit mis en usage par les maîtres, et qu'au contraire chaque élève soit pourvu de livres approuvés. Les maîtres eux-mêmes n'ont d'initiative en cette matière que celle qu'ils peuvent tirer de leurs bons rapports avec l'inspecteur local.

Les livres coûteux, tels que les livres de lecture, ne peuvent être changés que tous les dix ans, les autres pas avant cinq ans. Toutefois, l'acquisition de livres nouveaux ne peut être imposée aux élèves, qui sont en possession d'un livre ayant servi pendant les délais indiqués, que si l'époque de l'introduction projetée d'un livre nouveau ou d'une édition nouvelle coïncide avec l'avancement des élèves dans une classe où le programme exige d'autres livres. Les administrations d'arrondissement ont le devoir de faire connaître, suffisamment à l'avance et par voie d'annonces officielles, aux libraires, commerçants, etc., le remplacement d'un livre par un autre dûment autorisé. En attendant que l'uniformité de tous les livres dans toute la monarchie puisse être réalisée, si toutefois elle est réalisable, les « gouvernements » veillent à ce que les mêmes livres soient mis en usage dans tous les arrondissements de leur ressort. Cela évite aux parents des dépenses trop lourdes.

Il existe, à Munich, un établissement central d'édition de livres scolaires, fondé en 1785 et doté du privilège d'une fondation de bienfaisance. Cet établissement ne devait pas seulement produire les livres approuvés, d'une façon uniforme et à bon marché; les bénéfices devaient encore procurer les livres gratuits aux écoliers pauvres et même donner, sur les bénéfices, des secours aux veuves d'instituteurs, etc. Actuellement, cet établissement est mis en régie et n'a plus guère de caractère officiel, quoique le Ministre en conserve la tutelle. Il n'a d'ailleurs jamais eu le monopole des éditions. — Il existe aussi, dans les provinces, à Munich, à Ratisbonne, à Augsbourg, des expositions temporaires ou permanentes de livres et d'objets destinés à l'enseignement et approuvés par le Ministère, sorte de musées pédagogiques. Les maîtres peuvent y étudier les livres susceptibles d'être introduits dans leurs écoles.

C'est donc le Ministre qui est le maître absolu et exclusif du choix de tous les livres à mettre entre les mains des écoliers primaires. Les propositions de suppression, de changement ou d'introduction d'un livre lui sont faites par les inspecteurs scolaires d'arrondissement, mais en passant par les « gouvernements » provinciaux, qui sont l'autorité exécutive immédiate du Ministre de l'Intérieur, des Cultes et des Affaires scolaires. Qu'est-ce à dire sinon que le contrôle des livres classiques primaires est, comme toutes les affaires scolaires et cultuelles, une surveillance de police publique?

Les inspecteurs locaux veillent constamment à ce qu'au commencement et pendant la durée de l'année scolaire tous les élèves et toutes les écoles soient pourvus des livres et du matériel prescrits. Les instituteurs leur en signalent immédiatement les dégradations, pertes, etc. — Les livres prescrits sont tellement obligatoires que le code civil les a déclarés insaisissables. Les écoliers pauvres en sont pourvus gratuitement, non pas par la commune, mais par l'assistance publique, et l'allocation n'entraîne pas, comme ce serait le cas pour d'autres secours d'indigence, la radiation des listes électorales générales. Dans les villes, c'est l'administration municipale, le « magistrat », qui veille à ce que tous les élèves arrivent en classe munis des livres nécessaires. Elle en pourvoit d'office les enfants, dont les parents ou les tenant lieu négligeraient de le faire immédiatement après avoir reçu un premier et unique avis à cet effet. Elle agit en cela en vertu de ses pouvoirs de police sur les écoles. Elle fait recouvrer l'avance faite comme s'il s'agissait d'une imposition communale. Sans doute, elle peut renoncer au recouvrement, si elle se trouve en présence de parents insolvables, mais elle n'est pas tenue à cette charité même dans de tels cas; elle a la ressource de se faire rembourser par le bureau de bienfaisance qui peut, cependant, refuser de payer s'il juge qu'il n'y a pas lieu de considérer l'avance comme un secours. Car, l'obligation des parents d'envoyer leurs enfants à l'école comportant celle de leur procurer les livres prescrits, l'indigence seule peut être admise comme excuse. S'il y a négligence, les inspecteurs locaux mettent les parents en demeure de la réparer, sans retard, sous peine de contrainte. Les délais passés, les livres sont achetés d'office par la commune et payés sur les fonds de la caisse scolaire; les avances ainsi faites sont recouvrées, nous l'avons dit, par le percepteur.

Naturellement, toute recommandation ou pression de la part de qui que ce soit, toute réclame ou toute spéculation morale ou matérielle, quelles qu'elles soient, en faveur d'un livre scolaire sont rigoureusement interdites.

En résumé, *les livres scolaires destinés à l'enseignement primaire sont approuvés par le Ministre. L'usage d'un livre prescrit est obligatoire, en vertu de la loi sur l'obligation scolaire générale. La contrainte est parfaitement et légalement admissible à l'égard des élèves comme des parents. Elle est exercée comme une mesure de police par les autorités administratives.*

Un mot encore sur les livres devant servir à l'enseignement religieux. Cet enseignement fait partie du programme primaire — une heure par jour, — il est par conséquent obligatoire et gratuit. Il est, en première ligne, l'affaire des ministres des divers cultes, puisqu'il fait partie de leur ministère. On recommande aux maîtres et aux maîtresses d'école d'être toujours les collaborateurs de leurs collègues du clergé, en cultivant chez les élèves le sentiment religieux; ils peuvent même les suppléer temporairement dans l'instruction religieuse proprement dite. Dans les écoles protestantes, le pasteur se contente en général de deux heures par semaine, laissant les quatre autres heures au maître d'école pour l'enseignement de l'histoire sainte. Or, pour le catéchisme de toutes les confessions, comme pour l'histoire sainte, les livres sont prescrits par les autorités ecclésiastiques. Celles-ci approuvent même le programme, le plan et la méthode de l'enseignement. Notons aussi que les autorités ecclésiastiques insistent beaucoup sur la culture du chant religieux. A côté du catéchisme, diocésain pour les catholiques et luthérien pour les protestants, et d'un livre d'histoire sainte, des livres de cantiques surtout dans les écoles protestantes, font partie des livres obligatoires.

LA SUISSE (1)

La Constitution fédérale de 1874 ordonne, par son article 27, que « les cantons ont à pourvoir à une instruction primaire suffisante, qui sera obligatoire et gratuite dans les écoles publiques ». Celles-ci doivent pouvoir « être fréquentées par les enfants de toutes les confessions religieuses, sans préjudice pour leur liberté de croyance et de conscience ».

Jusque-là, l'enseignement primaire avait été abandonné au bon vouloir des cantons et des communes. L'activité des communautés religieuses et des congrégations enseignantes s'y exerçait librement, surtout dans les localités pauvres. A présent, c'est une obligation politique pour les cantons de l'organiser partout selon les principes énoncés dans la Constitution. Nulle part, l'obligation n'a été appliquée avec plus de fermeté que dans les cantons suisses. Chaque canton a sa législation scolaire propre, mais toutes les lois cantonales parlent au nom de « l'État ». L'enseignement primaire est un service de « l'État », et la démocratie suisse, qui l'a sanctionné par referendum, entend que tous les citoyens

(1) D'après le *Jahrbuch für das Unterrichtswesen in der Schweiz* (Zurich, 1898-1910) et des notes personnelles.

le considèrent comme tel. Les uns après les autres, les cantons ont assuré la gratuité de l'école primaire, certains même pour les fournitures scolaires obligatoires, les livres classiques, etc. La gratuité sera bientôt complète partout grâce à une subvention annuelle que le gouvernement fédéral a insérée dans son budget général des dépenses permanentes en faveur des administrations cantonales pour les besoins de leurs institutions scolaires. En exécution du principe de l'interconfessionnalité de l'école primaire, les autorités cantonales font donner l'enseignement religieux — cet enseignement continue à faire partie du programme primaire — par leurs maîtres, laissant aux ministres des divers cultes l'instruction religieuse spéciale, c'est-à-dire le catéchisme et les pratiques religieuses en vue de la première communion. Or, les divers cultes ne s'accommodent pas de cet arrangement avec la même satisfaction; il y a des fidèles qui jugent trop précaires les facilités loyalement et libéralement consenties par les pouvoirs publics aux églises pour leur permettre l'exercice de leurs fonctions enseignantes. La paix religieuse est loin de régner dans le monde scolaire suisse. Et c'est l'Église catholique qui semble la moins disposée à renoncer à ce qu'elle croit être son droit intangible. Elle ne veut admettre qu'un enseignement religieux général, non confessionnel ou interconfessionnel, puisse être donné par des instituteurs laïques, fonctionnaires de l'État.

Le 1er novembre 1908, les habitants du canton de Tessin ont refusé de sanctionner par referendum la nouvelle loi scolaire élaborée par le gouvernement. L'évêque du canton avait déclaré que cette loi contenait des dispositions, relatives à l'enseignement de la religion dans les écoles, qu'il jugeait contraires aux principes de l'Église catholique, et qu'elle « constituait un danger pour la conservation de la Foi dont il était, lui, le gardien ». Le même cas s'est produit naguère en Argovie. Le parti catholique conservateur a recommandé à la population de rejeter une nouvelle loi scolaire à moins que l'enseignement religieux par les membres du clergé soit de nouveau introduit dans les classes de l'école publique. La question de l'enseignement religieux à l'école primaire a été portée devant une des dernières conférences d'instituteurs. Plusieurs orateurs, pour épargner à l'école publique cette agitation irritante, ont proposé de rayer une fois pour toutes l'enseignement religieux du programme et de le laisser entièrement aux ministres des églises. La majorité de cette assemblée d'instituteurs s'est prononcée en faveur du maintien de l'enseignement religieux interconfessionnel tel qu'il existe; la seule concession à laquelle ils consentirent, c'était de le rendre facultatif dans toutes les classes. Mais, en aucun cas, cet enseignement ne devra être soustrait à la surveillance de l'État qui seul a qualité pour le contrôler; il ne pourra être donné que par des instituteurs publics. Le corps enseignant lui-même mettra au concours un manuel approprié, qu'on déclarera obligatoire et qui sera inséré dans la liste des livres du dépôt officiel.

L'État, en la personnalité des cantons, est le maître absolu de l'enseignement primaire. Les écoles privées n'échappent pas à son contrôle. C'est lui qui règle et surveille le choix et l'emploi des moyens d'enseignement à mettre entre les mains de la jeunesse scolaire de toutes les écoles quelles qu'elles soient.

Presque tous les cantons de Suisse fournissent gratuitement, ou à des prix excessivement réduits, le matériel scolaire « individuel » et « général », c'est-à-dire aussi bien les livres et cahiers que les tableaux noirs, le mobilier, etc. A cet effet, les cantons ont presque tous institué un dépôt cantonal d'édition et de vente. C'est le Conseil d'État ou Conseil de Gouvernement de chaque canton qui fournit les premiers fonds de roulement à ce dépôt et, si besoin est, accorde une subvention annuelle. Les administrateurs des dépôts éditent ou font éditer ou achètent, dans le canton, les fournitures scolaires aux écoles du canton. Leur gestion est soumise au contrôle public.

Le canton de Zurich, qui passe pour être le plus minutieusement organisé au point de vue de l'enseignement primaire et qui peut servir de type pour l'organisation adoptée dans les cantons de langue allemande, a inséré, dans la loi sur l'école primaire du 11 juin 1890, un titre spécial (§§ 42-44) relatif au matériel et aux fournitures scolaires.

Le choix des fournitures scolaires pour l'école primaire est arrêté par le « Conseil de l'enseignement ». Ces fournitures sont exécutées d'après un plan qui comprend tous les degrés de l'école primaire et toutes les matières d'enseignement (1). C'est le « Conseil de l'Enseignement » qui déclare obligatoires les fournitures scolaires individuelles, ainsi que la plupart des fournitures générales, qui sont nécessaires à l'exécution du plan d'études. Pour les fournitures scolaires obligatoires l'État entreprend, autant que possible, lui-même l'édition et le dépôt. Pour la confection des fournitures scolaires nouvelles, il est ouvert, presque toujours, une compétition libre.

Afin d'apprécier les fournitures scolaires qui doivent être nouvellement introduites ou éditées à nouveau, le « Conseil de l'Enseignement » institue, en temps utile, des commissions d'experts. Les fournitures nouvelles ne doivent être définitivement introduites *qu'après une expérience de trois années* et *après avis du personnel enseignant.* Les fournitures et le matériel scolaire sont achetés par les communes et donnés gratuitement aux élèves.

C'est donc le « Conseil de l'Enseignement », c'est-à-dire la plus haute autorité scolaire du canton, qui

---

(1) Exception est faite pour les fournitures, etc., qui doivent servir à l'enseignement de l'histoire sainte et de la morale dans la 7e et la 8e classes de l'école primaire; celles-ci, avant leur adoption définitive, sont soumises à l'approbation du Conseil ecclésiastique.

choisit les livres et le matériel à mettre en usage dans les écoles primaires. Les commissions d'experts, auxquelles le Conseil a recours pour chaque livre ou pour chaque objet, se composent d'instituteurs et d'institutrices d'écoles urbaines et rurales; chacune de ces commissions n'est constituée et ne fonctionne qu'en vue de l'expertise qui lui est demandée. Très souvent la composition d'un livre de classe est mise au concours parmi les membres du personnel enseignant. Ainsi, en avril 1909, le conseil a décidé de mettre au concours la composition d'un livre pour l'enseignement de la langue française pour la 3e classe d'une école primaire supérieure.

Le canton de Zurich s'est constitué son propre « Lehrmittelverlag », c'est-à-dire qu'il est son propre éditeur et dépositaire des fournitures scolaires dont il a besoin. Un tarif imprimé donne la liste des livres approuvés; il y en a dont l'usage est obligatoire; d'autres sont simplement recommandés. Le bilan annuel est publié dans le *Bulletin scolaire administratif du canton.*

Pour que le dépôt officiel d'éditions scolaires (livres et matériel) n'apparaisse pas comme une concurrence à l'industrie privée (car le but du dépôt est aussi de livrer aux communes les fournitures au meilleur marché possible), l'administration du dépôt ne manquera pas de s'adresser aux industriels du canton. Le papier sera fabriqué par la papeterie zurichoise, suivant les indications données par le Conseil sur la qualité, la couleur, etc. Les travaux d'impression sont également mis en adjudication parmi les imprimeurs locaux; la grandeur des lettres, la justification des pages, etc., sont prescrites par le Conseil. Pour la reliure, le Conseil a établi un traité avec l'Association des maîtres relieurs. Dans ce traité, on a fixé le genre de reliure pour chaque espèce de livre, le prix, etc. De cette façon, les différentes maisons de reliure du canton, qui font partie de l'Association, participent à la reliure du stock total. Le brochage au laiton est interdit.

Les autorités scolaires communales font parvenir tous les ans, au printemps, leurs commandes au dépôt d'éditions. Chaque commune paye pour les livres et le matériel qu'elle achète, mais l'État contribue à ces dépenses conformément à la loi. Les dépenses des communes pour l'acquisition du matériel et des livres scolaires sont publiées chaque année dans le Bulletin officiel.

La loi sur l'Enseignement primaire du canton de Neufchatel (1), du 18 novembre 1908, article 22, alinéa E dit ceci : « Elles (les commissions scolaires) choisissent, après avoir entendu le personnel enseignant, parmi les manuels du matériel scolaire gratuit des écoles primaires adoptés par le Conseil d'État, ceux à employer dans leurs classes. »

---

(1) Textes de loi, circulaires officielles, etc., etc., publiés dans l'Annuaire de l'Instruction publique de la Suisse. (Zurich, 1910.)

Cette disposition appelle quelques explications, que nous empruntons à la loi elle-même. Le Conseil d'État est l'autorité supérieure, à laquelle appartiennent la haute direction, la surveillance générale et le contrôle de l'enseignement primaire. Le Conseil exerce ses fonctions par le Département de l'Instruction publique et par une « Commission consultative », qui est chargée de donner son préavis sur toutes les questions concernant l'instruction primaire ». Cette « commission consultative » est composée de membres désignés par le Conseil d'État, par les commissions scolaires et par le personnel enseignant des écoles primaires. A côté de cette « commission consultative », le Conseil d'État peut nommer, s'il le juge nécessaire, des « commissions consultatives restreintes », pour l'examen des questions spéciales concernant l'enseignement primaire. Quoique la loi n'indique pas expressément, parmi les questions soumises à la « commission consultative », le choix des manuels scolaires, le fait que ceux-ci doivent être adoptés par le Conseil d'État indique que c'est la « commission consultative » qui propose à l'approbation au Conseil d'État les livres à introduire dans les classes.

Le canton de Glaris, par un règlement du 15 septembre 1904, a institué une « Commission du matériel scolaire », conformément à la décision du Conseil d'État du 2 septembre 1887, pour les écoles primaires et pour les écoles de répétition, y compris l'école générale de perfectionnement. — Les pouvoirs de cette Commission sont renouvelables tous les trois ans. — La « Commission du matériel scolaire » se compose de 9 membres au plus; le président et le premier membre sont choisis par le Conseil d'État; les « conférences affiliées » du Pays bas, du Pays moyen et de la Grande Vallée choisissent chacune 2 membres, la « conférence » de la Petite Vallée, un membre. La Commission choisit son secrétaire parmi ses membres. — La « Commission du matériel scolaire » est adjointe à la « Direction de l'enseignement ». Elle occupe vis-à-vis du personnel enseignant une situation indépendante et décide, en toute liberté, des questions qui lui sont soumises. — La « Commission du matériel scolaire » examine et apprécie toutes les questions que la « Direction de l'Enseignement » lui renvoie. En particulier, elle a le devoir d'examiner et d'apprécier le matériel scolaire individuel et général, les plans d'études et les formulaires administratifs, tels que certificats, registres de présence, etc. — La « Commission du matériel scolaire » se réunit sur la convocation de son président. — La Commission est libre de se subdiviser en sections, et de nommer des rapporteurs sur des questions en préparation, mais toutes les propositions et appréciations destinées à la « Direction de l'Enseignement » sont adressées à celle-ci au nom de la Commission plénière. — Les éditeurs du matériel scolaire qui ne sont pas membres de la Commission, peuvent être invités aux séances où ils ont voix consultative. — A l'usage de la « Commission du matériel scolaire », il est conservé, dans les bureaux de l'inspection scolaire, une collection du matériel obligatoire. Il peut y avoir également dans cette collection des fournitures non obligatoires.

La part qui est faite au personnel enseignant suisse dans la production et le choix des livres classiques pour l'enseignement primaire est considérable, mais la responsabilité vis-à-vis des familles demeure toute entière aux autorités chargées de l'application de la loi scolaire. La création d'un organe officiel d'édition ou de vente n'a pas d'autre signification; il constitue, à la fois, une protection contre des productions défectueuses ou répréhensibles, et une défense contre les critiques tendancieuses qui pourraient se produire au sujet de celles qui sont admises sur ses catalogues.

L'ITALIE (1)

En Italie, l'évolution de l'instruction primaire et populaire a été singulièrement rapide dans ces temps derniers. Les hommes qui, aujourd'hui, dirigent le pays, apportent aux questions scolaires une ardeur

---

(1) D'après le *Bulletino ufficiale del Ministero dell'Istruzzione pubblica*, 9-16 mars 1905, pp. 567 suiv.

et une clairvoyance qui fait le plus grand honneur aux continuateurs du risorgimento. Le souffle national qui anime l'enseignement supérieur et l'enseignement secondaire, pénètre profondément le personnel enseignant primaire. Il s'est fondé de nombreuses associations pédagogiques qui, tout récemment, se sont unies en une puissante fédération nationale. Le personnel enseignant s'efforce de vaincre l'indifférence du public à l'égard des questions d'enseignement, en montrant que la grandeur politique et la richesse économique de la patrie dépendent de la bonne organisation et de l'efficacité de l'enseignement primaire. Le progrès économique constaté partout dans le pays donne au réveil pédagogique une justification éclatante et les moyens de se manifester efficacement. Plusieurs des hommes qui ont provoqué ce réveil ont eu la bonne fortune d'arriver aux plus hautes charges gouvernementales; ils en profitent pour réaliser des réformes scolaires fécondes. Certes, les écueils n'ont pas manqué, mais, chose curieuse, dans la nouvelle Italie ce n'est pas l'Église qui oppose à la transformation de l'enseignement primaire la résistance acharnée et directe qu'ont eu à constater les gouvernements d'autres pays. Si, par hasard, cette opposition a osé se manifester, elle est restée sans effet. L'Église semble hésitante en présence de l'esprit national, presque résignée, même, et là peut-être plus qu'ailleurs, dans les provinces qui constituaient naguère les États pontificaux. Les pouvoirs publics trouvent devant eux l'ignorance et surtout l'indifférence, qui sont, sans doute, l'une et l'autre les legs d'une Église qui, de tout temps, a eu moins d'occasions de s'affirmer et de se défendre que dans les pays au Nord des Alpes.

Les programmes des écoles élémentaires, qui sont en vigueur actuellement, ont été approuvés en 1905. En les promulguant, le Ministère a eu soin de régler, conformément à ces programmes, la question des livres à mettre en usage dans les écoles primaires.

Ce règlement commence par déterminer les livres qui sont obligatoires dans chaque classe ou groupe de classes.

Dans la *première et la deuxième classe*, un livre de lecture et d'arithmétique; aucun livre facultatif. Dans la *troisième et la quatrième classe* un livre de lecture et d'arithmétique; sont facultatifs : un livre de notions variées (leçons de choses), d'éléments de grammaire, d'histoire et de géographie, de morale et d'instruction civique (1). Lorsque l'obligation scolaire cesse à la fin de la troisième ou de la quatrième classe, le livre de « droits et devoirs » y devient obligatoire.

Les livres obligatoires dans les classes de *cinquième et de sixième année* sont : un livre de lecture, un livre d'arithmétique, de notions de géométrie et de comptabilité, un livre d'histoire et de géographie, un livre

(1) En Italie : manuel des droits et devoirs.

sur les institutions de l'État et sur la morale civique, un livre sur les éléments des sciences physiques et naturelles, d'hygiène et d'économie domestique. L'enseignement de l'agriculture, ainsi que de quelques autres matières, étant facultatif, les livres dont on se servira seront facultatifs. Il en est de même des manuels qui peuvent être employés dans l'enseignement des travaux manuels de filles.

Il appartient aux instituteurs, dit la circulaire ministérielle, de proposer pour leurs écoles les livres qu'ils entendent adopter. Cette faculté étant intimement liée à la pleine responsabilité du maître au sujet de son enseignement, n'est soumise à aucune autorité, ni à aucune restriction autres que celles qui sont déterminées par le règlement.

Les maîtres notifient leur choix par lettre, vers le 15 août, au « proviseur d'études » (nous dirions au directeur départemental ou à l'inspecteur d'Académie) (1).

Lorsqu'il s'agit d'un livre déjà approuvé antérieurement par une autorité compétente, le proviseur d'études prend purement et simplement acte de la

(1) Le « Proviseur d'études » est un fonctionnaire nommé par le Ministre. Il réside au chef-lieu de la province. Avant la loi Credaro, du 4 juin 1911, il était vice-président du Conseil scolaire provincial (départemental) dont le Préfet était le président. Il n'est pas complètement, mais beaucoup plus indépendant du Préfet aujourd'hui. M. Credaro a donné au Conseil scolaire de la province une autorité pédagogique plus large à l'égard de l'autorité administrative et politique.

communication. Lorsqu'il s'agit d'un livre nouveau, il soumet les propositions des maîtres à l'examen de la « Commission provinciale ». Vers le 30 septembre de chaque année, le proviseur d'études fait connaître aux maîtres l'avis de cette commission.

La *Commission provinciale des livres de classe* comprend : le proviseur royal des études, qui en est le président; un professeur de pédagogie des écoles normales de l'État ou, à son défaut, un professeur des écoles moyennes; un inspecteur scolaire royal (ces deux membres sont désignés par le Ministre); un directeur « didactique », c'est-à-dire un directeur d'école, choisi par le syndic du chef-lieu de la province; enfin, un maître élémentaire choisi par le proviseur d'études, parmi les instituteurs du chef-lieu de la province.

Aucun auteur ne peut faire partie de cette commission, car le règlement défend en principe l'adoption, pour une circonscription ou pour les écoles, d'un livre, lorsque les auteurs y exercent des fonctions scolaires. Il peut être permis, cependant, à des instituteurs d'employer leurs propres livres, pourvu que l'autorisation et l'approbation en soient acquises conformément au règlement.

Les « Commissions provinciales » examinent donc les livres qui leur sont proposés. Elles résument dans un bref rapport les décisions prises au sujet de chaque livre. Ces rapports sont transmis au Ministre avec la liste des livres approuvés. L'examen devra porter aussi bien sur la forme, qui doit être facile et simple, sur la pureté et la « propriété » de la langue, que sur la valeur éducative et didactique du contenu, qui doit être conforme aux programmes; il ne doit en rien dépasser la compréhension, le développement intellectuel, le degré d'instruction des élèves. Il est superflu d'avertir, dit le Ministre, qu'on devra absolument rejeter les livres qui, par leur contenu, pourraient troubler en quoi que ce soit la « sérénité » de l'école.

La liste des livres approuvés dans chaque province est immédiatement publiée dans le *Bulletin de la préfecture* et communiquée aux inspecteurs et aux communes, qui la portent à la connaissance des maîtres. On répète tous les ans, en publiant les listes des nouveaux livres approuvés, les listes qui ont été approuvées antérieurement; la liste complète doit paraître chaque année dans le *Calendrier scolaire.* Le Ministre de l'Instruction publique insère, vers le mois d'octobre, dans son *Bulletin officiel*, la liste des livres approuvés dans toutes les provinces.

Le « proviseur d'études » donne communication verbale de la décision de la Commission aux auteurs et aux éditeurs dont un livre a été approuvé; cette communication doit se faire par écrit lorsqu'un livre a été écarté. Les maîtres, les auteurs et les éditeurs peuvent en appeler de la décision de la Commission, aussi bien des décisions favorables que défavorables, au Ministre qui jugera, dans le plus bref délai possible, après avoir entendu la section permanente du Conseil supérieur de l'Instruction publique.

Ce sont donc en première ligne les instituteurs qui soumettent les livres classiques à la « Commission provinciale » par l'intermédiaire du « Proviseur d'études ». Dans les communes où il y a des directeurs d'école, ceux-ci auront soin que les maîtres, auxquels appartient le choix des livres pour l'année suivante, fassent leurs propositions motivées vers le 30 juillet, et ce sont eux qui, vers le 15 août, transmettent ces propositions au « Proviseur d'études », avec leurs propres observations s'il y a lieu. Dans les écoles de garçons ou de filles qui ont plusieurs classes parallèles, par exemple deux ou plusieurs premières ou secondes, etc., les maîtres de ces classes doivent s'entendre pour l'adoption d'un même livre. Si l'entente ne peut se faire, on votera, et on proposera à la Commission provinciale le livre qui aura réuni le plus de voix. Dans le cas d'égalité de voix, le directeur d'école décidera ou bien, à son défaut, le directeur ou l'inspecteur général des écoles de la commune ou, à leur défaut, l'inspecteur scolaire. — Les auteurs peuvent envoyer leurs livres imprimés directement à la « Commission provinciale » et en demander l'examen. Dans ce cas, la décision favorable aura la même valeur et le même effet que si les livres avaient été proposés par des membres du corps enseignant.

On n'a pas prescrit et on ne prescrit pas l'adoption

des séries de livres d'un même auteur pour toutes les classes, de la première à la quatrième ou à la sixième, d'une même commune ou d'un même groupe scolaire. Sans doute, des raisons pédagogiques valables pour un endroit, mais pas pour un autre, peuvent recommander l'adoption d'une série graduée d'un même auteur. Mais on prendra, dans un tel cas, comme règle que la série adoptée pour les classes 1-4 inclusivement, doit être indépendante de celle qu'on adoptera pour les classes de 5e et de 6e année. Ainsi les élèves suivront un même auteur pendant les quatre premières années, et un autre pendant les deux dernières. Mais la tolérance d'adopter une « série » ne pourra en rien affecter le libre choix des maîtres. Si, par hasard, il y avait entre eux divergence de vues, la majorité ne décidera pas, comme lorsqu'il s'agit de classes parallèles; les dissidents ont le droit d'adopter les livres de leur préférence. Naturellement, cette disposition ne s'applique qu'aux écoles dont toutes les classes sont réunies sous un même toit, pour ainsi dire, car dans ces cas seulement il peut y avoir des cycles complets de six classes et un collège de maîtres nombreux.

Un livre adopté et dûment approuvé ne l'est pas pour toujours. Un livre classique doit rester en usage au moins pendant trois ans. Avant cette période, un livre ne peut être remplacé par un autre que dans des cas spéciaux. Ainsi, un instituteur qui vient d'être nommé à un poste, a le droit de choisir des livres différents de ceux qu'il trouve en usage, sauf lorsqu'il s'agit de livres adoptés pour des classes parallèles, auquel cas il s'entendra avec ses collègues. Évidemment, il faut que ces livres soient dûment approuvés, et qu'il les désigne avant la rentrée des classes et à temps pour que notification puisse en être donnée aux élèves. Un maître qui voudra faire un changement de cette nature, à son arrivée dans un poste, devra donner connaissance de son intention et adresser ses propositions à l'Inspecteur scolaire, soit directement, soit par l'intermédiaire de son Directeur, s'il en a un. Il est encore permis de changer un livre avant la période de trois ans révolus, si l'on constate que le livre adopté ne répond pas aux besoins de l'enseignement. Dans ce cas, le maître enverra au « Proviseur d'études » une proposition motivée de changement de livre pour l'année scolaire suivante. Il indiquera les raisons pédagogiques qui dictent ce changement, les défauts du livre en usage et les avantages de celui qu'il entend lui substituer. Le Proviseur soumettra cette proposition à la Commission provinciale, qui décidera en temps utile. Toutefois, aucun changement de livre classique ne peut être fait pour quelques raisons que ce soit au courant de l'année scolaire.

La « Commission provinciale » examine à nouveau des livres déjà approuvés, lorsque les auteurs y ont apporté des modifications, en faisant, par exemple, une nouvelle édition. Ces livres peuvent être adoptés dans les écoles de la province, même par des maîtres qui ne les ont pas originairement proposés, à condition que le Proviseur d'études et l'Inspecteur en soient dûment avertis. Dans les communes où il y a une population de 100.000 habitants et au-dessus, le choix des livres à mettre en usage peut se faire à l'ouverture de l'année scolaire; il faut, bien entendu, que les livres adoptés soient pris dans la liste des livres approuvés. Mais le Ministre recommande de ne faire cette désignation tardive que dans des cas exceptionnels, et s'il y a eu impossibilité de la faire aux environs du 15 août, date ordinaire. Il est naturel qu'on évitera tous les retards, qui pourraient troubler le fonctionnement de l'enseignement.

Ce règlement a donné, nous assure-t-on, de bons résultats jusqu'à présent. L'Église ne critique guère les choix des commissions. Certains journaux cléricaux ont essayé de protester contre l'adoption de tel manuel, mais sans succès. On n'a pu nous citer un seul cas de refus d'un élève de se servir d'un livre adopté, ni d'un père de l'acheter. Aucun prêtre n'a jamais interdit un manuel adopté ni provoqué des élèves à l'indiscipline sous prétexte qu'un livre de classe quelconque offensait la conscience religieuse. Les auteurs ont-ils eu soin de ne pas provoquer des protestations? Le clergé se désintéresse-t-il ou sait-il que ses protestations resteraient sans écho dans les masses populaires (1)? Il y a peut-être de tout cela, mais il y a surtout le puissant sentiment de la patrie reconstituée au fond de la tranquillité avec laquelle l'administration civile peut choisir et mettre en usage les livres proposés par le personnel enseignant.

Les livres en usage dans les écoles privées sont contrôlés par une Commission centrale du Ministère. Cette Commission a eu, mais rarement, l'occasion d'interdire un livre.

L'ANGLETERRE

L'évêque d'Hereford a dit un jour que ses concitoyens ne s'occupaient de la religion que pour en faire un objet de leurs disputes. En matière scolaire, il y a là plus qu'une boutade. La préparation de la loi qui fit de l'enseignement primaire un service public (1870), fit naître une controverse religieuse d'une intensité extraordinaire. Depuis, aucune nouvelle loi scolaire n'a pu être discutée par le Parlement sans

---

(1) Quelques polémiques assez vives ont éclaté dans les quotidiens au moment de la discussion, à la Chambre des Députés, de la loi Credaro sur l'enseignement primaire. On a prétendu qu'en enlevant aux communes le droit de l'organiser — si elles l'organisaient — à leur gré et en y réglementant l'enseignement religieux, on violait la liberté religieuse des populations. Mais à part quelques « spécialistes », « l'indifférence du public s'abaisse vite sur des questions de ce genre. »

que les Églises, d'une part l'Église officielle, de l'autre les dissidents, l'eussent au préalable critiquée par le menu devant l'opinion publique. Les dignitaires ou porte-paroles des confessions mobilisent leurs troupes, ils négocient avec les gouvernements ou avec les leaders politiques. Si c'est grâce aux libéraux que l'enseignement primaire est devenu un service public, aucun gouvernement libéral n'a pu encore aller jusqu'au bout et tirer de ce fait les conséquences logiques. Par deux fois, le gouvernement libéral actuel a dû retirer de l'ordre du jour des Communes un projet de loi établissant l'école neutre, ou défaisant, pour le moins, les tendances confessionnelles que le précédent gouvernement conservateur a fait triompher naguère.

Il est vrai que la controverse religieuse se ravive, en Angleterre, à propos des principes capitaux, confessionnalité ou neutralité des écoles primaires, répartition des impositions scolaires et entretien des écoles confessionnelles, « test » religieux exigé des maîtres, maintien de l'enseignement religieux dans les programmes et admission dans les bâtiments scolaires des membres du clergé pour donner cet enseignement, etc. On n'a guère, que je sache, essayé de soulever l'opinion publique à propos d'un livre de classe. Ce genre de querelles n'a jamais dépassé, dans les rares cas où elles se sont produites, l'enceinte du comité local qui avait arrêté la liste des livres à mettre en usage dans les écoles de son ressort.

On sait qu'avant la loi de 1906 les affaires scolaires incombaient à des « school-boards », comités locaux assez restreints et très indépendants. Actuellement, ces comités se confondent davantage avec l'administration locale politique. Leur action s'étend sur un plus grand rayon, elle est plus puissante, et au moins aussi indépendante que jadis, du moins vis-à-vis de l'Administration centrale, du Board of Éducation. Celle-ci n'a rien à voir ni à dire dans le choix des livres de classe. Chaque autorité locale choisit les livres qu'elle juge utile à mettre entre les mains des élèves; chacune emploie, à cet effet, le moyen le plus propre. Voici quelques exemples.

L'ancien comité scolaire de Liverpool, qui est aujourd'hui remplacé par l'autorité scolaire nettement municipale, avait fait dresser une première liste. Depuis la mise en vigueur de la loi scolaire de 1906, des révisions périodiques en ont été faites dans des intervalles de deux ans ou de trois ans au plus. Cette révision est faite par *deux* sous-commissions de l'autorité scolaire.

La première sous-commission est nommée par cette autorité, qui est elle-même un sous-comité de l'autorité administrative, c'est-à-dire un Town-Council de Liverpool et district, et qui est chargé spécialement de l'administration des écoles primaires; cette première sous-commission se compose de trois inspecteurs locaux et de sept instituteurs en chef.

La deuxième sous-commission est composée de

membres dudit sous-comité municipal chargé de l'administration des écoles primaires; le Directeur de l'Enseignement en fait partie.

La première sous-commission élimine des livres surannés, ou des livres que l'expérience a fait reconnaître comme insuffisants, et examine les livres nouveaux proposés par les éditeurs. Chaque livre est soigneusement analysé par cette première sous-commission; on en discute les avantages ou les désavantages; on le rejette ou on le choisit *provisoirement* pour être ajouté à la liste révisée. Les instituteurs qui font partie de cette première sous-commission sont pris dans les différentes écoles municipales, anglicanes, catholiques, dissidentes, etc. De cette façon, il est possible d'entendre les opinions des différentes communautés religieuses. On nous dit que, dans la pratique, cette sous-commission a fort bien rempli ses fonctions, que jamais aucun froissement n'a suivi ses délibérations et que tous les partis ont été satisfaits.

Lorsque la première sous-commission a terminé son travail préparatoire, la liste est soumise à la seconde. Dans celle-ci siègent aussi des membres du clergé de l'Église anglicane et un prêtre catholique. Là encore, nous dit-on, les diverses opinions se sont manifestées sans heurt. Jamais aucune difficulté ne s'est élevée. Il arrive rarement que l'autorité administrative locale ait à changer quelque chose dans la liste revisée par sa deuxième sous-commission. Le Directeur de l'Enseignement public de la ville et du district de Liverpool nous assure que cette procédure a fonctionné extrêmement bien. Jamais, d'ailleurs, les membres catholiques des sous-commissions n'ont formulé la moindre objection à un livre proposé, et depuis que cette procédure est en vigueur, ils ont demandé une seule fois qu'un livre fût ajouté à la liste. Cela prouve qu'on s'est toujours arrangé de façon à satisfaire à leurs désirs.

D'autre part, le Directeur se rappelle qu'une seule fois les membres catholiques ont demandé eux-mêmes la radiation d'un livre qu'ils avaient d'abord recommandé, et cela parce que ce livre avait été très peu demandé !

L'autorité scolaire locale de Manchester n'imprime même pas de liste des livres et du matériel scolaire à utiliser dans ses écoles primaires. Les directeurs et les maîtres ont le pouvoir le plus étendu pour choisir les livres de lecture et autres. L'autorité scolaire de la municipalité se réserve simplement *le droit de veto*, le droit d'interdire un livre qu'elle jugerait ne pas convenir. Jusqu'à présent, nous dit-on, cette procédure a donné de bons résultats et « a certainement empêché l'autorité scolaire d'être exploitée par des personnes ayant intérêt à faire adopter un ouvrage ». Le Directeur de l'Enseignement primaire du district de Manchester nous assure qu'aucune difficulté n'est survenue, et qu'aucun parent n'a eu à réclamer.

A Leeds, autre grand centre du nord de l'Angleterre, l'Inspecteur en chef de l'autorité scolaire locale a arrêté la liste des livres susceptibles d'être adoptés dans les écoles de la ville et du district. Cette liste a été approuvée et publiée par les soins et sous la responsabilité du comité scolaire. C'est sur cette liste que les instituteurs des écoles publiques choisissent les livres pour leurs élèves. Cette liste est contrôlée annuellement et des listes supplémentaires sont publiées. Les grands éditeurs soumettent, de temps en temps, à l'autorité scolaire des ouvrages qu'ils désirent faire adopter et ajouter à la liste. L'autorité scolaire reçoit volontiers des propositions de la part des instituteurs. Les livres proposés sont soigneusement examinés par les inspecteurs du Comité.

A Londres, un sous-comité spécial du Comité scolaire du Conseil du comté est chargé du choix des livres classiques, qui doivent être employés dans les écoles municipales. Ce sous-comité peut demander conseil à tout expert qu'il juge utile de consulter. Les maîtres peuvent proposer à l'agrément de ce sous-comité les livres qu'ils désirent voir employés dans leurs classes. De même, les éditeurs lui soumettent leurs nouvelles publications. Le sous-comité jouit donc d'une grande liberté. On n'a pu nous citer un seul exemple d'un livre au sujet duquel la décision du comité ait été attaquée.

En Écosse, le régime des livres de classe a rarement suscité des difficultés entre l'administration scolaire et les parents. Beaucoup de school-boards mettent gratuitement à la disposition des élèves les fournitures scolaires obligatoires, y compris les livres. Ceux qui ne le font pas, *obligent les parents de les acheter. En cas de refus de ceux ci, l'enfant qui se présente sans livres, n'est pas admis à l'école et les parents sont poursuivis, en vertu de la loi sur l'instruction obligatoire, « pour ne pas donner à leur enfant l'instruction prescrite par les actes du Parlement* ». C'est la même procédure qui, chez nous, a causé les premiers conflits, Elle n'en a pas provoqué en Écosse parce que la loi sur l'obligation a été vigoureusement appliquée dès le début. Les Écossais ont la réputation d'être des procéduriers raffinés et tenaces. Mais, s'ils n'admettent jamais qu'on touche aux libertés de l'individu et s'ils défendent fermement la conscience religieuse, ils jugent très sévèrement toute résistance contre la loi scolaire.

Ce sont, en règle générale, les maîtres qui proposent l'adoption d'un livre de classe à l'appréciation du school-board local. Il n'y a rien qui empêche n'importe qui de dénoncer un livre jugé dangereux ou contraire à la liberté religieuse. Pareille plainte s'adresserait d'abord au school-board local. Celui-ci est une autorité élue et comprend d'ordinaire, en même temps que des pères de famille, des représentants autorisés de chaque confession religieuse de la circonscription. Il est donc peu probable qu'un livre qui offusquerait une partie des électeurs et que le représentant de ceux-ci proposerait au school-board d'interdire, trouve des défenseurs parmi les autres membres du comité. Aucun auteur ni aucun éditeur ne s'aventure, par conséquent, à publier un livre courant de tels risques. D'autre part, un school board local peut très bien débouter un plaignant. En pareil cas, c'est l'administration scolaire centrale qui examine l'affaire. Que le parti plaignant soit un père de famille ou un membre du clergé, soit toute une communauté religieuse, l'administration juge en toute souveraineté, pour ou contre le maintien du livre incriminé. Des parents qui, perdant leur cause, voudraient boycotter une école et en éloigner leurs enfants, s'exposeraient aux sanctions prévues pour l'inobservation de l'instruction obligatoire. Sans doute, des protestations contre un livre en usage se sont produites, mais l'administration centrale écossaise n'a pas souvenir qu'il en soit résulté des disputes sérieuses ou qu'un arrangement à l'amiable n'ait manqué d'y mettre fin. D'ailleurs, la loi de 1872 ordonne que les écoles publiques soient ouvertes aux enfants de toutes les croyances indistinctement; elle permet aux parents de ne pas envoyer leurs enfants aux classes où sont enseignées des matières religieuses, et elle défend aux maîtres de « désavantager un enfant en matière d'instruction séculière à cause de la croyance des parents ou parce que ceux-ci le retiennent des classes consacrées à l'enseignement touchant à la religion. »

CONCLUSIONS

Quels enseignements pouvons-nous tirer de notre étude comparative?

L'Église n'abandonne nulle part ses prétentions sur l'enseignement de la jeunesse. Cependant, les législations scolaires continuent à évoluer partout conformément au principe de la suprématie des pouvoirs civils. Les pays les plus démocratiques, ceux qui sont le moins prévenus contre la liberté de l'enseignement, ceux, enfin, qui sont les plus jaloux des libertés communales ou individuelles, se montrent les plus décidés à sauvegarder les droits souverains de l'État en cette matière.

Les règlements scolaires édictés par les Gouvernements ont le caractère de mesures d'administration publique générale. Ils sont exécutés comme telles par les organes, régionaux ou communaux, du pouvoir administratif général et par l'Administration de l'Instruction publique, qui est encore, dans certains pays, un département du Ministère de l'Intérieur.

L'usage de livres choisis et approuvés par les autorités compétentes fait l'objet d'une mesures que les législations étrangères ont incorporée dans *la loi générale sur l'obligation*, de sorte que toutes les peines et sanctions prévues pour l'exécution de celle-ci s'appliquent, sans contestation possible, à celle-là. Ces sanctions sont autrement efficaces que les peines disciplinaires mises à la disposition de l'inspecteur ou de l'instituteur.

L'obligation est à la fois l'affirmation péremptoire des droits de l'État sur l'instruction et l'éducation des citoyens et le principe de vie et de force de l'enseignement primaire. Si l'État a triomphé des oppositions violentes qu'a suscitées son application, et si l'obligation est « entrée dans les mœurs », c'est que, d'une part, le pouvoir civil a su mettre à la disposition de l'Aministration scolaire le concours constant et réel de ses organes d'administration générale, et que, d'autre part, l'Administration de l'Instruction publique est dotée d'un corps d'inspecteurs qui ne relèvent que d'elle, suffisamment nombreux et armés pour surveiller de près le fonctionnement de toutes les écoles, publiques ou privées. Aussi voyons-nous que là où l'obligation générale est bien appliquée et contrôlée, la réglementation des livres de classe ne saurait devenir un prétexte pour soulever contre l'école publique la conscience des parents.

II

La Réorganisation des Écoles primaires supérieures en Prusse

On a reconnu en Prusse, comme ailleurs, que l'école primaire élémentaire, même avec la scolarité obligatoire prolongée jusqu'à l'âge de treize ans révolus, ne suffisait point aux enfants qui se destinaient au commerce local et à la petite industrie, aux métiers d'utilité et d'art, ou aux fonctions subalternes dans les administrations publiques (1). D'autre part, l'enseignement secondaire, avec ses tendances à la culture générale et désintéressée et avec ses méthodes scientifiques plus caractérisées, ne saurait convenir aux enfants de la petite bourgeoisie, qui n'ont d'autre ambition que de rester dans leur milieu et de se consacrer utilement à une tâche limitée par les besoins de leur condition.

Dès 1872, le Gouvernement de Prusse sanctionna un type d'enseignement intermédiaire entre le pri-

(1) L'administration prussiennne a, pour la première fois cette année, demandé à l'administration française un certain nombre de jeunes maîtres primaires pour remplir les fonctions d'assistants dans les écoles primaires supérieures réorganisées. La tâche de ces assistants consiste à faire des exercices de conversation avec des petits groupes d'élèves. Ils contribueront à la réalisation du programme des langues vivantes tel que le tracent les nouveaux règlements. C'est à leur usage, autant que pour les amis de notre enseignement primaire supérieur, qu'il nous a paru utile d'analyser le statut de l'enseignement « moyen » de 1910.

maire et le secondaire : l'enseignement dit *moyen*, que nous appelons primaire supérieur (1). Cet enseignement prospéra, surtout dans les localités éloignées des grands centres. Il attira presque tous les enfants de petits commerçants et d'ouvriers aisés, auxquels ni un progymnase ni une petite école réale à six classes ne pouvaient rendre service. Cette école « moyenne » comportait au début six classes, dont la première, la plus basse, correspondait à la quatrième classe de l'école primaire élémentaire. Mais elle s'allongea par en bas, pour ainsi dire, et s'annexa un degré élémentaire de trois années. Ainsi se forma un type indépendant et complet d'enseignement primaire, mitoyen entre le primaire élémentaire et le secondaire (moderne), plus proche, cependant, de celui-là que de celui-ci par son objet et son but, par son allure et ses méthodes, et aussi par sa clientèle. Il est « supérieur » par rapport à l'enseignement élémentaire en ce qu'il comporte une année de scolarité de plus, et parce qu'on y enseigne un peu plus de choses (par exemple, des langues étrangères) avec, aussi, un peu plus de détails qu'à l'école « populaire ». On ne l'a pas appelé *supérieur* parce qu'en Allemagne c'est l'école secondaire qui a accaparé ce qualificatif, et qu'on ne voulait à aucun prix qu'il fît double emploi ou qu'il entrât en concurrence avec le secon-

---

(1) Dans certaines parties de l'Allemagne et en Autriche on a conservé à cette même école *moyenne* le nom d'école *bourgeoise*.

daire, comme cela s'est vu ailleurs. On semble si peu craindre ce parallélisme qu'on fait, parfois, de l'enseignement moyen un enseignement préparatoire aux écoles réales, voire aux gymnases classiques.

La plupart de ces écoles moyennes furent organisées et entretenues par les municipalités. Il y en a qui ont été fondées par des particuliers. C'est le cas surtout pour les écoles moyennes de filles. Comme aucun programme commun ne pouvait leur être imposé, chacune prit le caractère spécial que lui indiquaient ses intérêts propres ou les besoins locaux. Toutes donnaient un enseignement général, mais quelques-unes y ajoutèrent la préparation soit à l'enseignement secondaire, soit aux écoles pratiques et professionnelles, aux écoles normales d'instituteurs, etc... Leur succès a été pour beaucoup dans la prolongation de la scolarité primaire, dans le développement de l'enseignement complémentaire obligatoire, dans la création des nombreuses écoles professionnelles primaires de tout genre, enfin, dans la réorganisation et la multiplication des écoles spéciales qui préparent aux écoles normales. Aujourd'hui, après plus de trente ans d'évolution féconde, au milieu des créations nouvelles qui lui font concurrence, il a paru nécessaire de reviser le statut des écoles « moyennes » et de mettre leur enseignement en harmonie avec les autres enseignements existants. Une enquête, qui a duré plusieurs années, a abouti à un arrêté ministériel (du 3 février 1910), qui fixe d'une façon générale, mais plus définitive que jadis, le but des programmes et les méthodes de l'école « moyenne ». Ce nouveau statut, d'après lequel toutes les écoles moyennes de Prusse devront être organisées désormais, est entré en vigueur au commencement de l'année 1911. En voici les lignes directrices et les dispositions par ordre de matières.

Le cours d'études complet est de neuf années, c'est-à-dire qu'une école moyenne de plein exercice aura, en principe, neuf classes : trois de chaque degré, inférieur, intermédiaire et supérieur. Une école moyenne est tout à fait indépendante, ou elle est combinée avec une école primaire élémentaire de telle sorte que le degré inférieur reste commun aux deux écoles. Ainsi un enfant ayant parcouru avec succès le degré inférieur d'une école primaire ordinaire quelconque doit pouvoir entrer, sans examen, dans la première classe du degré intermédiaire d'une école moyenne. Désormais cette classe devra partout être organisée et conduite de façon à ce que les enfants provenant d'une école élémentaire puissent s'adapter, sans difficulté et sans perdre de temps, au mode d'enseignement de l'école moyenne. Il sera d'ailleurs permis d'organiser des écoles moyennes n'ayant pas de degré inférieur, et même de n'organiser que des *classes* d'enseignement moyen, qui se greffent, par exemple, sur la cinquième année de l'école élémentaire. Ces classes, au nombre de trois ou de quatre, n'ont souvent d'autre but que de prolonger d'une année l'enseignement primaire au delà de la scolarité obligatoire, tout en l'élargissant quelque peu.

L'organisation nouvelle n'est, cependant, pas obligatoire. Les écoles de l'ancien type, avec ou sans caractère individuel, pourront subsister comme par le passé. L'initiative privée, qui a si heureusement développé cet enseignement, doit rester libre à l'avenir, comme elle l'a été jusqu'à présent.

L'enseignement dans les écoles moyennes n'est pas gratuit. Cependant, les taux des taxes à percevoir doivent être approuvés par le Gouvernement. D'autre part, les municipalités encourageront par des dégrèvements ou par des bourses les enfants peu fortunés, qui sont jugés capables de recevoir une instruction plus large que celle de l'école élémentaire gratuite.

Les élèves peuvent entrer dans une école moyenne dès l'âge de six ans au plus tôt et, s'ils entrent au degré intermédiaire, dès l'âge de neuf ans.

Le nombre des élèves dans une classe des degrés inférieur et intermédiaire peut aller jusqu'à 50, et dans le cours supérieur jusqu'à 45. Lorsque les élèves sont trop peu nombreux dans une classe, il sera permis de combiner deux années. De même, on pourra réunir les garçons et les filles dans les cas où le nombre d'élèves de chaque sexe ne justifierait pas la séparation qui, autrement, est de règle.

Le travail journalier ne doit pas dépasser la *moyenne de cinq heures*. — L'étude d'une langue étrangère est obligatoire. Les bons élèves peuvent être autorisés à apprendre, mais à titre facultatif, une deuxième langue étrangère. — Dans l'enseignement de l'arithmétique, on aura soin de toujours songer aux applications pratiques, à la comptabilité, etc. — Les élèves, garçons et filles, doivent avoir l'occasion de s'exercer à toutes sortes de travaux manuels. Tandis qu'à l'école primaire les seuls travaux manuels enseignés et obligatoires sont les travaux de couture, dans les écoles de filles, il convient d'organiser à l'école moyenne les travaux manuels proprement dits pour les garçons, l'enseignement ménager pour les filles et l'enseignement horticole pour les garçons et les filles. Ces enseignements ne sont pas généralement obligatoires; les autorités des écoles demeurent libres de les rendre tels, si cela se recommande.

Afin d'éviter le surmenage, mais aussi dans la pensée de ne pas rebuter les enfants par un travail de classe trop absorbant, on ne permettra pas aux élèves de prendre part à plus d'un enseignement facultatif. Pour l'enseignement des langues, des mathématiques, des sciences naturelles et physiques et du dessin, le Ministre a fixé un minimum d'heures. Dans ces limites chaque école fixera elle-même l'horaire qui convient à sa clientèle. On pourra ainsi consacrer un plus grand nombre d'heures à telle matière plus directement utile aux élèves. Cependant, le Ministre recommande de ne pas accorder à une matière déterminée le maximum d'heures dans le but d'en étendre l'étude, mais afin de l'approfondir. De même, lorsqu'on voudra diminuer le nombre d'heures, il conviendra de réduire en proportion la matière à étudier pour que l'étude ne perde rien de son intensité. La qualité importe plus que la quantité.

Naturellement, la question de la spécialisation ne pouvait pas ne pas se poser dans des écoles dont les unes auront une clientèle destinée au commerce, à l'industrie ou à la petite administration, tandis que les autres auront des élèves qui se voueront à l'agriculture, à la navigation, à l'industrie minière, etc... En conséquence, le Gouvernement invite les autorités des écoles moyennes à approprier le plan d'études du degré supérieur, c'est-à-dire des trois dernières années de l'école, aux besoins particuliers des enfants. L'enseignement du premier et du seconde degré garderont un caractère général.

L'emploi du temps et le plan d'études des écoles moyennes pour jeunes filles sont les mêmes que dans les écoles de garçons, sauf les modifications que rendent nécessaires, d'une part, la constitution plus délicate des filles et, d'autre part, l'inscription au programme de l'enseignement de la couture et des travaux ménagers. Là aussi, l'enseignement des classes du degré supérieur devra s'adapter aux professions que choisiront les élèves.

Certaines de ces écoles moyennes ont pour but de

préparer aux écoles secondaires de garçons, gymnases classiques, gymnases réaux, écoles réales ou aux écoles supérieures de filles. Dans celles-là, le plan d'études s'éloigne davantage, dès le degré moyen de celui de l'école primaire élémentaire. On y cherche à gagner du temps pour certains enseignements, notamment pour l'étude des langues vivantes. Mais, pour que le plan d'études des écoles moyennes de cette catégorie ne perde pas trop le caractère d'un enseignement primaire, on y poursuivra moins la préparation aux gymnases classiques ou réaux de l'ancien type, dans lesquels l'étude du latin commence de bonne heure, que celle aux gymnases classiques et réaux du type moderne qui donnent jusqu'à la troisième un enseignement général commun, sans langues classiques, et plus encore celle aux écoles réales. Les familles habitant des petites villes ou des bourgs peuvent ainsi garder près d'eux leurs enfants jusqu'à treize ou quatorze ans, sans avoir à redouter des difficultés ou des retards lors de leur passage à l'enseignement secondaire. A l'école moyenne, un élève a six années pour étudier les matières qu'un élève d'un établissement secondaire doit parcourir en cinq; pour certaines matières, telles que la langue maternelle et les langues étrangères, un élève d'école moyenne peut acquérir même une avance sérieuse sur son camarade de lycée. Toutefois, il ne sera pas interdit d'enseigner le latin à l'école moyenne à des élèves qui voudront plus tard entrer dans un gymnase classique ou dans un gymnase réal; ailleurs, on donnera plus d'importance à l'enseignement de l'anglais au profit des élèves qui voudront passer de l'école moyenne directement dans une école réale.

Cette souplesse ne nuit pas, pense-t-on, à l'unité de l'enseignement moyen. En organisant autant que possible de la même façon le plan d'études des six premières années dans toutes les écoles de cet ordre, on sauvegarde leur caractère propre, c'est-à-dire primaire. Il n'y a que la liberté d'adapter l'enseignement du degré supérieur aux exigences particulières des élèves, professionnelles ou autres, qui conférera à l'école moyenne sa véritable « supériorité » sur l'école primaire ordinaire. On ne craint nullement, nous l'avons dit, qu'il en résulte une tendance à imiter les enseignements secondaire ou technique.

En aucun cas, même en entrecoupant les leçons de récréations suffisantes, on ne permet de retenir en classe les élèves pendant six heures de suite. Le maximum de cinq heures par jour ne pourra être dépassé que dans les cas où il ne sera pas commode pour tous les élèves de revenir à l'école dans l'après-midi. On recommande, surtout pour le degré inférieur, de ne consacrer que des demi-heures à certaines matières, telles que le calcul, la géographie, la religion, de même qu'à la gymnastique et au chant, mais journellement, afin de pouvoir reviser le plus souvent possible les parties déjà étudiées. Cela permettra non seulement de choisir pour ces matières les moments les plus convenables de la journée, mais d'y faire prendre aux élèves une part active et plus personnelle que si les leçons duraient une heure entière et ne se répétaient que deux ou trois fois par semaine. *Le nombre limité des leçons journalières doit rester le principe fondamental de l'enseignement moyen ou primaire supérieur.*

***

L'INSTRUCTION RELIGIEUSE. — En tête des matières du programme continue à figurer l'instruction religieuse. On lui consacre une demi-heure par jour dans les trois classes du degré inférieur, et deux heures par semaine dans chacune des classes suivantes. L'enseignement est à la fois général et catéchétique. Ce qu'on cherchera surtout, c'est à conserver et à fortifier le sentiment religieux chez les élèves, quelle que soit leur croyance.

LA LANGUE MATERNELLE. — Mais c'est l'enseignement de la langue maternelle qui demeure au centre du plan d'études. On lui consacre, pendant les trois premières années, jusqu'à dix heures par semaine, et, dans les classes du degré moyen et du degré supérieur, de cinq à sept heures. Le but à atteindre est l'intelligence de la langue allemande, parlée et écrite, et l'aptitude à l'écrire et à la parler couramment, correctement et avec clarté. De la littérature on enseigne ce qu'il faut pour éveiller chez les enfants le sentiment de ses beautés et l'amour de la patrie. Dans toutes les classes du degré inférieur, l'enseignement sera uniforme. On apprend aux enfants à exprimer dans un langage simple, naturel et correct les idées qu'on leur communique dans les leçons de choses; on leur fait faire de petits récits sur les événements de la vie quotidienne. Les maîtres veillent tout particulièrement à ce que la prononciation soit pure et nette; ils corrigent avec soin les mauvaises habitudes; ils encouragent les timides et laissent à tous la plus grande liberté d'expression. La lecture succède aux exercices de la parole. Ce sera une autre occasion pour obtenir une bonne prononciation et une intonation correcte des mots et des phrases que de faire raconter aux enfants ce qu'ils ont lu. Afin de ne pas perdre de temps à expliquer les morceaux de lecture, on écarte rigoureusement tous les textes que les enfants ne peuvent comprendre d'eux-mêmes. Les maîtres ne doivent pas oublier que la prononciation correcte et la lecture attentive sont les meilleurs exercices pour préparer les enfants à écrire leur langue maternelle. On aura des résultats d'autant plus rapides et d'autant plus sûrs qu'on aura mis plus de soin à choisir, pour la conversation et pour la lecture, des sujets empruntés à la vie et au milieu même des enfants.

Dans les classes du degré moyen et du degré supérieur, on se tiendra de préférence à des morceaux faciles en prose. Peu importe que les auteurs soient anciens ou modernes. Il faut même, sans le moindre scrupule, renoncer aux grands classiques si les enfants se montrent incapables de les comprendre, ou si l'on s'aperçoit que leur lecture exige des explications nombreuses et compliquées. On donne à apprendre par cœur des poésies et des passages en prose pour exercer les élèves à les réciter convenablement. On trouve ainsi maintes occasions de redresser la mauvaise prononciation, et on encourage les enfants à bien parler devant d'autres personnes. On peut mettre, enfin, entre les mains des enfants des lectures appropriées qu'ils lisent chez eux et dont ils rendent compte en classe.

L'enseignement grammatical doit avoir pour but de rendre les enfants capables de connaître et, partant, d'éviter les fautes et les incorrections dans l'usage de la langue maternelle parlée ou écrite. On enseigne l'orthographe, afin de les mettre à même de rédiger sans faute des pièces ou des actes de la vie courante. Dans les classes du degré supérieur, l'orthographe n'est plus l'objet d'un enseignement à part, mais on y continue à faire des dictées; on revise l'enseignement des classes précédentes, si les devoirs écrits des élèves le rendent nécessaire. Comme on n'a pas l'intention, ni dans l'enseignement grammatical, ni dans celui de l'orthographe, de communiquer aux élèves des connaissances dont ils n'auront pas l'occasion de faire usage dans leur milieu, on ne fait pas de ces enseignements l'objet de leçons spéciales. On leur assigne des moments déterminés, mais on ne s'y arrête jamais durant une heure entière. On les coordonne aux leçons qui ont pour objet la langue allemande en général. Bref, on essaye de faire comprendre aux élèves du degré inférieur ce qui est grammaticalement et orthographiquement correct, et on veille à ce qu'ils appliquent ces connaissances en parlant et en écrivant.

On continuera ces exercices dans les classes du degré moyen et supérieur, en réservant pour ces dernières les détails difficiles, les irrégularités, les idiotismes, etc. Avant tout, il convient de viser à l'emploi aisé et sûr du langage. « Ce serait perdre du temps que de s'attarder à des exercices dans lesquels les tendances des enfants à commettre une faute de grammaire ou d'orthographe ne risquent pas de se manifester. Il faut approfondir et répéter tout ce qui, notoirement, peut créer des hésitations quelconques dans l'intelligence enfantine. Ainsi, on signalera les particularités dialectales les plus saillantes, puisqu'elles sont de nature à donner à des enfants des habitudes d'un langage incorrect. On expliquera la formation des mots, les changements de forme et de signification. On fera l'éducation de l'œil et de l'oreille. Une discipline linguistique rigoureuse est nécessaire dès le début. Les fautes individuelles doivent être corrigées devant toute la classe et avec la participation de tous les élèves. Les mots d'origine étrangère, sauf quelques termes techniques courants, doivent être évités. La terminologie grammaticale, avec ses vocables savants, ne sera employée qu'au degré supérieur, mais là encore dans une mesure limitée; on ne saurait s'en passer entièrement, parce qu'elle deviendra nécessaire dans l'enseignement des langues étrangères. »

Après avoir exercé les élèves à copier, on leur apprend à prendre des notes et à faire des rédactions. L'orthographe et la ponctuation jouent un rôle important dans ce genre d'exercices et doivent être surveillées avec soin. Les sujets de rédaction sont toujours pris dans le cercle des idées et des notions accessibles aux facultés enfantines. Point de rédactions proprement dites dans les classes du degré inférieur; il suffit que, dans toutes les leçons, les enfants apprennent à rédiger correctement une phrase. Au degré moyen, on fait une rédaction toutes les trois semaines, et dans les classes du degré supérieur, tous les mois. Deux ou trois fois par an, les grands font des rédactions en classe. Pour habituer les élèves à arranger dans un ordre naturel, logique et clair, leurs propres idées ou celles qu'on leur aura données dans les leçons de choses ou par des lectures, les maîtres préparent la rédaction en classe et donnent des conseils sur la forme, le plan, l'étendue, etc. Dans les classes supérieures, cette préparation devient de plus en plus sommaire, pour cesser tout à fait quand elle sera jugée inutile. Les maîtres encouragent par un intérêt sympathique les élèves à penser et à s'exprimer d'une façon personnelle, mais en leur montrant aussi combien sont déplacées la phraséologie creuse, les idées fantaisistes ou mal comprises, etc. Le corrigé des travaux devant toute la classe fournit de nouvelles occasions pour des conseils de ce genre. En donnant à ces rédactions la forme d'une lettre ou d'une pièce d'affaires, les élèves ne manqueront pas de reconnaître par eux-mêmes l'utilité de ces exercices et la nécessité pratique de la forme convenable.

Il va de soi que l'enseignement de toutes les autres matières du programme sert constamment à l'application pratique des règles d'orthographe, de grammaire et de style qu'on aura données dans les classes d'allemand.

Les langues étrangères. — L'enseignement de la langue maternelle ne peut que gagner par l'étude d'une langue étrangère. Ce principe, recommandé à ses compatriotes par Gœthe, a été remis en honneur dans les écoles primaires supérieures. Deux langues étrangères figurent dans le nouveau programme de ces écoles : l'anglais et le français, mais une seule sera enseignée obligatoirement : « Le choix entre les deux langues dépendra des conditions et des besoins des régions et des élèves. L'Allemagne ayant avec les nations de langue anglaise des relations commerciales plus suivies et plus importantes qu'avec la France, on donnera la préférence à la langue anglaise surtout dans les écoles de garçons. Si c'est le français qu'on voudra enseigner, on n'oubliera pas qu'il est impossible d'atteindre le but de l'enseignement dans le même nombre d'heures qui suffisent pour l'anglais. »

Le but que doit viser l'enseignement d'une langue étrangère à l'école moyenne est ainsi déterminé : sûreté des connaissances grammaticales indispensables, aptitude à comprendre exactement de l'anglais ou du français parlés et à lire des ouvrages faciles écrits dans ces langues, enfin, moyens suffisants pour parler et écrire l'une ou l'autre (1).

Cet enseignement ne commence qu'à la seconde classe (la cinquième). Dans les classes de ce degré, le programme comporte la prononciation correcte des sons par des exercices d'accentuation et de lecture soigneusement gradués, et l'acquisition d'un vocabulaire usuel, des règles de la flexion régulière et des principes de la flexion irrégulière.

On commence donc en cinquième par apprendre les sons, dont on fixera la prononciation par des mots typiques et par de courtes phrases formées à l'aide de ces mots; puis on passe à la lecture de phrases et de morceaux arrangés en vue de la prononciation. On fait réciter de petits morceaux en prose ou en vers et chanter des chansons faciles, puis on essaye de

(1) Dans les écoles primaires supérieures qui préparent à des établissements secondaires, le programme des langues vivantes se façonnera sur l'enseignement dans les écoles réales ou classiques.

faire parler les élèves sur les objets qui les entourent, sur des événements de la vie courante, sur des images ou sur le contenu des morceaux lus. Chemin faisant, on leur apprend des mots usuels, les règles de la flexion régulière des mots, ainsi que les quelques règles de syntaxe dont ils auront besoin pour la construction de phrases simples. Comme devoirs, des dictées, des copies et des transcriptions de textes expliqués.

En quatrième, on revise, en les complétant, le vocabulaire et les règles appris l'année précédente. Le maître se montre plus exigeant pour la prononciation correcte et courante; il tâche d'élargir le cercle des idées à exprimer, lorsqu'il fait répéter les textes lus et expliqués. Il en est de même pour les dictées et pour les reproductions écrites des morceaux étudiés en classe. C'est le moment aussi de commencer des traductions et des versions.

Dans les classes du degré supérieur, on continue ce genre d'exercices en les rendant plus difficiles et en les approfondissant, mais il est bon de se tenir toujours aux matières vues en classe. Les élèves essayent de lire un auteur facile. En grammaire on aborde la flexion irrégulière. Les devoirs écrits consistent en rédactions simples et en petites lettres.

Ainsi, en troisième, on donne, pour exercer la prononciation, des textes un peu plus compliqués; des morceaux de prose moderne pourront être choisis pour la lecture. Tout en augmentant le vocabulaire connu de mots nouveaux, on esquisse un classement d'après l'étymologie et d'après le sens. On consolide la connaissance des verbes irréguliers et on termine autant que possible la morphologie pour pouvoir commencer la syntaxe. Les exercices écrits sont les mêmes que dans la classe précédente. En seconde, des locutions usuelles et des synonymes viennent s'ajouter au vocabulaire. L'étude de la syntaxe continue. Les dictées portent sur des textes que les élèves n'auront pas vus. Des traductions, des rédactions sur ce que les élèves auront lu ou observé et quelques lettres d'affaires complètent les exercices écrits. Enfin, en première, les exercices de prononciation et d'élocution prennent la forme de conversations sur le pays dont on étudie la langue, sur ses habitants, etc. On habitue les élèves à se questionner et à se répondre mutuellement. Les morceaux de lecture doivent se rapporter à la future profession des élèves. Le vocabulaire s'enrichira de mots et de locutions du même ordre d'idées. Les exercices écrits sont plus étendus, et en même temps plus indépendants et plus variés. Les lettres qu'on fait composer se rapportent davantage au domaine commercial et industriel. Une revision totale de la grammaire achève l'enseignement formel de la langue.

Cette distribution sur les différentes classes est celle que doit suivre l'enseignmeent de la langue anglaise. Pour le français, elle sera la même par rapport aux exercices oraux ou écrits, mais l'enseignement de la grammaire devra avoir pour objet, au degré moyen la flexion régulière, au degré supérieur la flexion irrégulière et la syntaxe. Voici comment :

En cinquième : les verbes *avoir* et *être* et la première conjugaison; l'article et le substantif; l'adjectif; les nombres; les principaux pronoms. On amorce la syntaxe par la règle sur l'ordre des mots dans la phrase.

En quatrième : Le pronom; les prépositions et les conjonctions les plus usitées; la deuxième et la troisième conjugaisons; les verbes pronominaux. On exerce sans cesse les élèves dans l'emploi affirmatif, négatif et interrogatif des verbes réguliers.

En troisième : les irrégularités de la déclinaison; les verbes irréguliers les plus usités.

En deuxième : les verbes irréguliers moins fréquents ; en syntaxe l'ordre des mots et les principales règles sur l'emploi des temps et des modes, notamment du subjonctif.

En première : les principales règles sur l'infinitif, le participe et le gérondif; la syntaxe de l'article, de l'adjectif et du pronom; les prépositions. On résume les observations faites en cours de route sur la division des syllabes, sur la ponctuation, etc.

La répartition de l'enseignement grammatical d'une langue vivante en vue de l'usage pratique est chose malaisée lorsque le temps est mesuré aussi parcimonieusement, par principe, nous l'avons dit, que dans la nouvelle organisation des écoles primaires supérieures prussiennes. D'une façon générale, le français se prête plus que n'importe quelle autre langue moderne à l'enseignement méthodique, en raison de la structure logique et claire de sa grammaire. Sa plus grande valeur « culturelle », comme disent les Allemands, est également reconnue. Aussi ne croyons-nous pas que ce soit pour décourager les autorités scolaires d'opter pour le français que les instructions ministérielles rappellent que « pour la langue française le nombre d'heures hebdomadaires prévues pour l'anglais ne suffirait pas », puisqu'on fait appel, officiellement, à la collaboration d'assistants français pour donner à l'enseignement théorique de la classe le complément pratique des conversations.

Des instructions méthodologiques très détaillées accompagnent la répartition indiquée. Pour bien insister, l'administration prussienne a jugé utile de les récapituler à part. En tête figurent les recommandations les plus pressantes en vue de la bonne prononciation : il faut constamment la surveiller et la corriger, y revenir sans cesse, jusqu'à ce que les élèves la possèdent, courante et correcte. A côté des exercices d'entraînement par des lectures, récitations ou chants en chœur, on doit pratiquer surtout la conversation dès qu'il sera possible et dans toutes les leçons. « Mais on ne laissera point ces conversations au hasard, encore moins devront-elles dégénérer en un jeu insipide de questions et de réponses entre le maître et l'élève. L'enfant trouvera plaisir à s'exprimer dans une langue étrangère si, en phrases d'abord toutes simples, on le fait parler d'objets ou d'événements qu'il connaît, qui lui sont familiers, dont il parlerait aisément dans sa langue maternelle. Selon la nuance spéciale de l'école, on étendra petit à petit le cercle d'idées en parlant des métiers, du commerce et de l'industrie, des moyens de communication, chemins de fer, postes et télégraphes, etc., etc. Si on ne dispose pas de moyens d'observations directes, on se servira de cartes, d'images, de photographies. »

En plus des exercices de conversation qui doivent garder, toujours, la place la plus large, on a recours aux lectures et aux traductions. On se sert au début des morceaux que contient la grammaire, puis on met entre les mains des élèves un livre de lecture et des éditions scolaires d'auteurs faciles, même autres que les auteurs purement littéraires, par exemple des auteurs technologiques. Naturellement, on donnera la préférence aux textes en prose. On habitue les élèves à reproduire des descriptions lues par des récits qu'ils feront eux-mêmes de mémoire. La lecture ne doit pas servir de prétexte pour des explications grammaticales ou pour des exposés sur la forme des mots. Le principal résultat à atteindre demeure le débit courant, vivant, bien accentué des mots et des phrases de la langue étrangère. Si on fait traduire, on exigera rigoureusmeent une traduction allemande correcte, pour bien faire sentir aux élèves les propriétés caractéristiques de l'idiome étranger. La récitation de morceaux en prose doit être expressive, mais naturelle. On fera de même chanter des chansons faciles, dont les mélodies ont été apprises pendant les leçons de chant. Tous ces exercices contribuent à faire acquérir, puis à étendre petit à petit, mais sûrement, le vocabulaire usuel. Des collections de mots classés d'après leur signification peuvent rendre de grands services.

L'enseignement grammatical ne doit jamais porter que sur les règles indispensables, que l'on déduira des formes détachées ou des phrases. En les répétant souvent et en les illustrant chaque fois d'exemples typiques, on arrive à les fixer dans l'esprit des élèves. Toutes les particularités peu importantes ou rares passent au second plan, et doivent être expliquées à part quand l'occasion s'en présentera. On fera beaucoup d'analyses grammaticales. Comme langue d'enseignement, on se sert, en règle générale, de la langue maternelle.

Afin de consolider les connaissances grammaticales et de fournir aux élèves l'occasion de les appliquer, on fait faire des devoirs écrits. On commence par des copies, par des reproductions de mémoire et par des dictées. Puis on fait des « transpositions » de petits morceaux ou de lettres, en changeant le nombre des noms, le temps des verbes, etc., etc., enfin des traductions. Dans les classes supérieures, on passe aux rédactions libres, surtout épistolaires; les sujets doivent être toujours de ceux qui répondent à la profession que pourront choisir les élèves.

Si, dans les trois classes supérieures, le nombre d'heures destinées à l'enseignement de la langue vivante était réduit pour une raison ou pour une autre, il conviendrait de restreindre la matière d'enseignement en conséquence, afin d'obtenir, de toute façon, une acquisition sûre des connaissances et l'aptitude convenable à les employer pratiquement.

L'Histoire et la Géographie locales. — De l'histoire et de la géographie, on a séparé l'étude de la « petite patrie », la *Heimatkunde*. Cet enseignement, qui a pour objet la connaissance du lieu où est né l'enfant et de ses environs immédiats, est la meilleure introduction à l'histoire, à la géographie et à l'histoire naturelle générales. Il convient d'ailleurs parfaitement à des élèves du degré inférieur (septième et sixième classes). Les maîtres font avec les élèves le tour de l'endroit et du voisinage, pour leur faire connaître les curiosités naturelles, artistiques, architecturales, industrielles, qui s'y trouvent. En déterminant la situation géographique d'un site et en la traduisant par un croquis, ils préparent les enfants à comprendre ce que c'est qu'une carte. Les animaux, les plantes, les pierres de la région leur seront montrés sur place. On en profite pour les entretenir des saisons, des époques de l'année, de la division de la journée, du système solaire, etc. « A propos de l'histoire régionale, les maîtres ne manqueront pas de parler de l'empereur et de la famille impériale. »

Dans la classe suivante, la topographie de la « petite patrie » sert à expliquer les principaux termes géographiques ainsi que les notations courantes employées dans les cartes orographiques et hydrographiques. Les prétextes ne manquent pas pour ajouter des causeries intéressantes et utiles sur la météorologie, la chronographie, l'histoire naturelle, la cosmographie. « Le maître fera souvent devant les élèves des croquis auxquels il donnera petit à petit l'aspect de cartes. Éviter les abstractions, les noms et les chiffres qui ne disent rien à des enfants, leur apprendre, au contraire, à voir et à saisir la réalité environnante, en d'autres termes leur faire des leçons de choses sur les objets de leur région, et le faire de la façon qui rende les idées déduites accessibles à leur esprit », tel est le but de la géographie et de l'histoire locales. A propos de l'anniversaire des souverains ou de quelque autre fête nationale, on fait un peu d'histoire locale et nationale en termes simples et appropriés. « On parlera du roi Frédéric-Guillaume III et de la reine Louise, de Frédéric-le-Grand et du Grand-Électeur. » Si quelque personnage a illustré l'endroit ou la région voisine, on en évoque le souvenir, par exemple de Luther pour Wittenberg, de Krupp pour Essen, etc., etc. Enfin, le livre de lecture peut devenir un complément utile, mais ne doit jamai servir de point de départ ni de source pour des idées nouvelles en matière d'histoire ou de géographie locales.

L'Histoire. — Après cette préparation, on peut aborder l'enseignement historique et géographique général. En histoire, il suffit de faire connaître aux élèves d'une école « moyenne » les grandes époques de l'évolution nationale, la grandeur de la patrie, les mérites de ses princes et de ses grands hommes. On ne traitera que sommairement les faits les plus saillants de l'antiquité et du moyen âge.

L'enseignement commence donc, au degré moyen, par des récits sur les principaux événements de l'histoire de la Prusse, groupés autour des personnages qui en marquent les époques. Aussi le programme de la cinquième classe ne comporte-t-il que des tableaux de l'histoire prussienne depuis le Grand Électeur. Et c'est dans la classe suivante, en quatrième, qu'on remonte au passé éloigné par des récits de la mythologie gréco-romaine, par un aperçu de l'histoire grecque depuis les guerres des Perses jusqu'à Alexandre-le-Grand, puis de l'histoire romaine depuis les guerres puniques jusqu'à Auguste, c'est-à-dire jusqu'à l'époque des premiers contacts des Romains avec les Germains.

L'histoire de la migration des peuples jusqu'à la dissolution du Saint-Empire et le développement de l'empire allemand jusqu'à l'époque présente font l'objet de l'enseignement du degré supérieur. En troisième, on étudie l'histoire allemande jusqu'aux traités de Munster et d'Osnabrück; en seconde, plus spécialement, l'histoire prussienne depuis 1648; enfin, en première, on reprend cette même période de l'histoire prussienne en ajoutant des considérations sur l'évolution intellectuelle et économique. « Le maître doit montrer aux élèves la situation que l'Allemagne occupe actuellement dans le monde grâce aux princes de Hohenzollern. Il complètera son enseignement par un aperçu sur la constitution, l'administration et la legislation sociale de la Prusse (1). »

Depuis la quatrième classe jusqu'à la seconde, l'enseignement historique suit l'ordre chronologique des événements. S'il devenait nécessaire de faire des coupures, on ne les fera jamais aux dépens de l'histoire des temps présents. En fait de noms propres et de dates, il est recommandé de ne donner que le strict indispensable et, pour que ce minimum soit su à fond par tous les élèves, de reprendre systématiquement, dans chaque classe, la tâche de la classe précédente. Seuls les faits importants doivent être exposés par le détail, tout ce qui est secondaire sera mentionné en passant. On fera allusion à l'histoire des pays étrangers lorsque l'occasion s'en présentera; enfin, on ne

(1) Dans les écoles primaires supérieures qui préparent aux écoles secondaires, le programme d'histoire du degré supérieur se conforme à celui des classes correspondantes de ces dernières.

séparera jamais les progrès de la civilisation des événements politiques.

La méthode suivie est donc plus pratique que scientifique.

Au degré moyen, l'enseignement se fait exclusivement par biographies et tableaux détachés. Les personnages célèbres restent également le centre des exposés et des développements qu'on recommande pour les classes du degré supérieur. L'amour de la patrie allemande et le loyalisme envers la maison royale pénètre tout l'enseignement. C'est en parlant des membres de la dynastie régnante qu'on met les enfants au courant du développement social et économique de la patrie, afin de leur montrer constamment le rôle bienfaisant qu'y ont joué les Hohenzollern. Les questions religieuses doivent être traitées avec beaucoup de tact, et on évitera tout à fait celles qui touchent aux partis politiques. Pour mettre à la portée de l'intelligence enfantine les leçons de l'histoire de la petite et de la grande patrie, on rattache autant que possible les exposés à un événement, à une image, à une poésie, etc., que l'enfant peut avoir vus ou connus. On fait faire des croquis et des cartes, dans lesquels on inscrit les noms historiques.

Le récit est la forme constamment employée dans l'enseignement, mais on « développe » davantage dans les classes supérieures. Les récitations des élèves ont toujours la forme de la narration. Les élèves ne doivent pas, cependant, répéter mot à mot l'exposé du maître; celui-ci laissera se manifester autant que possible l'individualité de chacun. Pour éviter la monotonie, on a recours à des comparaisons entre les personnages, les époques et les pays. Ce procédé aide à fondre les événements, à raccorder les époques, à rappeler des personnages, sans créer la confusion. Il en résulte pour les enfants une image complète de l'histoire nationale, qui fortifie chez eux le sentiment patriotique et les met à même d'étendre, par des études personnelles, les connaissances historiques acquises et de mieux comprendre l'histoire de nos jours.

La Géographie. — Au degré moyen, on commence aussi l'enseignement de la géographie proprement dite. Il doit se faire indépendamment de l'histoire.

La patrie allemande, sa configuration physique, sa « nature » et les rapports entre cette « nature » et les habitants, voilà le premier et le principal objet d'étude dans les classes du degré moyen. Plus tard, on verra, sans trop de détails cependant, le reste de l'Europe. On donnera alors des notions sommaires sur les autres continents, en ajoutant, pour les élèves de la dernière année, les éléments de la cosmographie générale.

Voici d'ailleurs comment on propose de répartir ce programme sur les cinq classes. En cinquième, on étudie la Prusse et les petits États allemands du Nord et du Centre, puis la Belgique et la Hollande; on apprend aux élèves à comprendre le globe et la carte. En quatrième, la géographie de l'Allemagne est complétée; on ajoute celle de l'Autriche-Hongrie et de la Suisse.

Dans la première classe du degré supérieur, on revise d'abord la géographie de l'Allemagne, puis on passe aux pays européens non encore étudiés. En seconde, on fait connaissance avec les continents étrangers et plus particulièrement avec les colonies allemandes qui s'y trouvent. Enfin, en première, dernière révision de la géographie de l'Allemagne, en commençant par la petite patrie; le maître expose les principes de la vie économique allemande, il parle des industries et du commerce mondial de l'Empire, et il termine par une brève explication des principaux phénomènes de la cosmographie générale.

Dans toutes les classes, le maître doit s'abstenir des exposés purement théoriques. Il doit travailler avec les élèves et leur demander constamment l'effort personnel qui assure l'intelligence et l'acquisition sûre des notions qui font l'objet de son enseignement. Les régions et les pays doivent être étudiés dans leur suite naturelle, en allant du plus proche au plus éloigné. La géographie physique et la géographie politique ne sont jamais séparées l'une de l'autre. Les occasions ne manquent pas pour parler de géographie commerciale, de géographie céleste, etc., mais les explications de ce genre peuvent se faire pendant des promenades. « Aux croquis et dessins qu'ils font eux-mêmes ou qu'ils font faire par les élèves au tableau noir, les maîtres pourront ajouter des cartes, de bonnes illustrations, des cartes postales, des collections d'objets, etc., etc. Pour animer l'instruction géographique, ils rappelleront à propos les légendes locales, les souvenirs historiques, artistiques, littéraires ou autres qu'évoquent un lieu ou une région.»

LES MATHÉMATIQUES. — En fait de mathématiques, le programme des écoles primaires supérieures comporte l'arithmétique et la géométrie; cette dernière est enseignée à partir du degré moyen.

En calcul, on vise la facilité et la sûreté, surtout du calcul mental, avec nombres entiers et fractions, dans toutes les opérations qui peuvent se présenter dans la vie courante. Dans les classes du degré inférieur, on familiarise les enfants avec les opérations fondamentales à nombres entiers, abstraits et concrets, de 1 à 1.000. Dans les classes du degré moyen, les mêmes opérations sont reprises avec des nombres plus grands et des fractions, appliquées à des problèmes de la règle de trois. On donne les indications nécessaires sur les monnaies, les poids et les mesures allemands. L'entraînement systématique au calcul pratique, écrit et mental, continue à travers toutes les classes. La divisibilité des nombres, avec toutes les règles et opérations qui s'y rattachent, constitue le programme de la cinquième. Dans la classe suivante, ces mêmes exercices se répètent, plus compliqués et plus variés, avec application aux opérations décimales, au calcul d'intérêts et à d'autres problèmes du même ordre. On fait connaître aux élèves les éléments de la notation algébrique. Dans les trois classes supérieures, les problèmes d'arithmétique portent sur le calcul des profits et pertes, sur les opérations d'assurance en tout genre, sur l'escompte, sur les comptes de sociétés commerciales, sur les alliages et les mélanges, sur les intérêts composés, sur les valeurs d'État, sur les actions, obligations, traites, chèques, etc., etc. Dans les écoles supérieures de filles les problèmes sont toujours ceux de la vie pratique. L'algèbre n'y a aucune place. On ne l'enseigne que dans les écoles de garçons, aux élèves des trois dernières années; parmi les exercices figurent des équations du premier degré avec une et plusieurs inconnues, des équations du deuxième degré à une seule inconnue, des problèmes sur les puissances et les racines, les rapports et les proportions.

Les instructions méthodologiques relatives à l'enseignement de l'arithmétique contiennent des conseils fort judicieux. Les développements des règles doivent se faire toujours de façon à ce qu'il reste le plus de temps possible pour les exercices pratiques. Jamais les opérations ne doivent se faire machinalement d'après les règles; au contraire, l'intelligence précise des règles doit mener les élèves à leur emploi conscient et personnel. Toutefois, on ne permettra lès solutions spéciales et les procédés expéditifs que lorsque les moyens normaux seront bien compris et employés. Aussi n'est-ce que dans les classes supérieures qu'on mettra les élèves au courant des manières de calculer en usage chez les commerçants et les industriels, ou des méthodes, telle que la méthode de soustraction dite autrichienne, etc. On débute toujours par le calcul oral avec des nombres réduits et simples. On veut que les élèves en quittant l'école sachent calculer, sans avoir recours au crayon, avec les nombres de 1 à 100 quels qu'ils soient, simples ou composés, entiers ou fractionnés. Le calcul se fait par écrit pour les opérations avec les nombres au delà de 100, mais les chiffres trop grands et trop compliqués doivent être évités toujours. Il en sera de même pour les problèmes de calcul appliqué; on ne choisira jamais que ceux qui sont susceptibles de se présenter dans la vie.

Géométrie. — En géométrie, le programme a des visées non moins pratiques. Le but de l'enseignement est de faire connaître aux élèves les théorèmes de la géométrie plane et de la géométrie dans l'espace dont ils pourront avoir l'usage et le besoin dans la vie, et de leur apprendre à les appliquer avec précision à des problèmes de construction et à la mesure des figures rectilignes et du cercle. On commence, au degré moyen, par familiariser les élèves avec les idées fondamentales de l'espace; cela leur permet d'en comprendre les diverses formes et figures qu'on leur fait dessiner et mesurer avec la règle et l'équerre, et qu'on leur fait voir sur des objets, meubles, etc. Lorsque ces éléments sont bien saisis, on peut commencer, en sixième, la théorie des lignes droites et des angles, l'étude des principaux théorèmes du triangle, et l'application à des constructions géométriques fondamentales.

Les théorèmes et leurs applications à la mesure et à la construction des quadrilatères et du cercle, de l'égalité et de la similitude, le calcul trigonométrique très simple et les premiers éléments de la stéréométrie forment le programme du degré supérieur.

Parmi les principales applications pratiques, on préconise des exercices sur le terrain, tels que l'arpentage, le lever de plans, le nivellement, etc., et le dessin graphique. Il est rappelé aux maîtres de développer avant tout chez les élèves la notion exacte de l'espace, par la mesure, la construction, le dessin, la confection de figures et de solides réguliers, et de leur montrer, à toute occasion, comment, dans la vie, ces connaissances et aptitudes sont applicables. On laisse de côté, comme pour l'arithmétique, qui d'ailleurs doit constamment pénétrer la géométrie, tout ce qui n'est pas utilisable. Les méthodes qu'on suivra doivent répondre aux besoins réels. Dans les écoles de filles, l'enseignement géométrique se borne aux notions nécessaires pour comprendre et pour mesurer des surfaces et des solides simples.

Histoire et sciences naturelles. — En histoire naturelle, le but à atteindre est déterminé de la façon suivante : faire connaître et comprendre l'anatomie et la biologie des plantes, des animaux et de l'homme; les rapports des êtres de la nature entre eux et avec l'homme; les minéraux les plus importants pour l'homme, de telle sorte que les élèves, en quittant l'école, soient capables de compléter cette instruction par la lecture d'ouvrages populaires sur les sciences naturelles. « C'est le meilleur moyen pour leur inculquer l'amour de la nature. »

Les maîtres ne doivent exposer que les faits et les phénomènes les plus typiques, et exclure de leur enseignement tout ce que les élèves n'ont pas absolument besoin de savoir. Ainsi ils ne feront connaître que les êtres et les choses qui ont une importance pour la manière de vivre rationnelle et saine, pour le ménage, pour le commerce et l'industrie, pour l'agriculture. « Apprendre aux enfants à reconnaître une plante vénéneuse est beaucoup plus important que de leur parler de plantes qu'ils n'auront peut-être jamais l'occasion de voir. » Aussi met-on au premier plan la nature qui les entoure et à laquelle leur propre vie doit s'adapter. Des excursions fréquentes fournissent les occasions voulues pour un pareil enseignement. En étudiant sur place la flore locale, les maîtres font connaître les plantes utiles, les plantes à protéger, les plantes rares, les plantes qui font l'objet de mesures administratives, etc. Pour faciliter les observations biologiques, on recommande de doter chaque école d'un jardin, et, si possible, d'un petit aquarium, d'une petite enceinte ou d'une volière pour l'élevage de quelques mammifères et de quelques oiseaux. On s'aide aussi de préparations anatomiques, de modèles, de planches et surtout de dessins au tableau noir. « Chaque maître devrait avoir à sa disposition un microscope. » En arrangeant l'enseignement de la zoologie de la même façon, il est facile de constamment attirer l'attention des enfants sur les rapports qui existent entre les animaux et les plantes. En fait de minéralogie, on se borne aux qualités des minéraux qui tombent sous les sens; leur composition fait l'objet de la chimie.

L'anatomie humaine doit faire connaître les fonctions des différents organes. Il doit résulter de cet enseignement la compréhension des lois de l'hygiène.

Selon les circonstances locales, les maîtres sont invités à insister plus particulièrement sur l'horticulture, l'agriculture, la culture des arbres fruitiers, et à mettre à profit les notions pratiques que les enfants ont pu acquérir dans leur entourage; ils stimuleront l'activité individuelle en les encourageant à dessiner, à mesurer, à évaluer, à collectionner.

L'enseignement de l'histoire naturelle est distribué sur les classes de la sixième jusqu'à la première de la manière suivante.

Après avoir fait connaissance pendant les deux premières années, dans les causeries sur la géographie et l'histoire locales, avec les principaux représentants des trois règnes qu'on trouve dans la région, les enfants sont amenés à observer de plus près les mammifères, les oiseaux et les plantes qu'ils rencontrent le plus souvent, par leur anatomie, leurs habitudes et particularités, leur utilité ou leur nocuité, etc. En leur parlant de la nature du sol, on leur montre comment on y cultive les plantes utiles, les fleurs et les plantes d'ornement.

L'année d'après, on continue l'examen des plantes et des fleurs, en choisissant toujours celles que les enfants peuvent comprendre facilement. En zoologie on étudie quelques reptiles, des amphibies et des poissons; en minéralogie, les minéraux importants pour la vie usuelle. On commence la description du corps humain, des fonctions des principaux organes et des soins qu'ils exigent. En quatrième, on décrit les plantes dont l'étude est plus difficile, les minéraux qui servent à l'industrie régionale, et on établit des comparaisons entre quelques vertébrés typiques. En cinquième, on initie les élèves au classement des plantes d'après un système naturel, on étudie les insectes, et on leur fait connaître les plus importants éléments minéraux qui entrent dans la constitution du corps humain.

En seconde, on résume les notions anatomiques et biologiques des plantes; on examine quelques cryptogames et les plantes étrangères qui sont importantes pour les cultures ou les industries de l'Allemagne. La description des minéraux les plus intéressants au point de vue cosmographique et de quelques représentants du règne animal dont on n'aura pas encore parlé, mais qui jouent un rôle dans l'économie humaine (trichine, ver solitaire, huître, etc.), complète l'enseignement de cette classe. On réserve pour la dernière classe l'hygiène du corps humain et, en botanique, les indications générales sur les maladies des plantes et les microorganismes qui les causent, sur la répartition géographique des plantes et des animaux, etc.

L'histoire naturelle reçoit son complément indispensable par les sciences naturelles, dont l'enseignement est, cependant, réservé aux trois classes supérieures. En troisième, on ne fait que de la physique (équilibre, mouvement, théorie de la chaleur, météorologie), mais dans les grandes lignes seulement et en se bornant aux phénomènes simples et aux lois essentielles. En seconde, on explique la théorie du son et de la lumière, et les principes du magnétisme et de l'électricité statique. On commence l'enseignement chimique par les notions élémentaires de la chimie inorganique, et on fait voir aux élèves l'application de la science chimique aux industries de la région, à l'analyse des minéraux qui composent l'écorce de la terre et le sol des environs. Dans la classe suivante, on y ajoute les éléments de la chimie organique et la chimie des produits alimentaires. En physique on étudie, dans cette classe, les faits simples de la mécanique, des corps solides, fluides et gazéiformes et des courants électriques.

Cette répartition peut être modifiée selon les régions et suivant les besoins des élèves, mais toujours de façon à réserver pour la dernière classe l'étude des chapitres de la physique et de la chimie qui sont les plus utiles à la vie pratique. Dans les écoles de filles, on n'enseigne que les notions pouvant servir dans la maison, à la cuisine, dans le jardin, dans l'économie domestique et dans les soins du ménage.

Tout cet enseignement est orienté vers l'application pratique des sciences naturelles à la vie domestique, industrielle et commerciale et à la météorologie usuelle. Il importe qu'on fasse état, à tout instant, de l'expérience acquise par l'observation de la vie journalière. Pour compléter cette instruction et corroborer les commentaires théoriques faits en classe, on a recours à l'expérimentation avec des appareils qui doivent être simples et que les élèves construisent, autant que possible, eux-mêmes, ou dont ils établissent les croquis. C'est la meilleure méthode pour apprendre aux enfants à bien observer les phénomènes de la nature qui se passent autour d'eux, à bien les comprendre et à en rendre compte avec clarté et précision.

La calligraphie. — La calligraphie a pour but une écriture courante, adroite, claire et propre, même lorsque l'exécution en est rapide. On commence par apprendre aux élèves à former et à décrire exactement les lettres. Les exercices se font toujours en classe. Les attitudes que prennent les élèves en écrivant, doivent être constamment surveillées et corrigées. On rompt la fatigue du corps et de l'œil en faisant changer de place aux élèves et en leur faisant regarder des objets plus éloignés. Afin d'obtenir des résultats durables, il est recommandé aux maîtres d'exiger sévèrement l'exécution bonne et nette de tous les devoirs écrits. Les caractères allemands (gothiques) et latins sont enseignés simultanément, ainsi que les chiffres arabes, dès la première année, mais au courant des classes d'allemand. On en fait un enseignement calligraphique à part, avec plume et encre, qu'à partir de la huitième classe. Dans les classes du degré moyen, on entraîne les élèves à écrire vite et bien. Dans celles du degré supérieur, seuls les élèves ayant une écriture mauvaise restent astreints à suivre l'enseignement calligraphique spécial.

Le dessin. — L'enseignement du dessin est l'objet de prescriptions très détaillées, aussi bien le dessin à main libre que le dessin linéaire. Le dessin libre doit mettre les élèves en mesure de bien observer par eux-mêmes les formes et les couleurs des objets, et de reproduire simplement et avec goût ce qu'ils ont vu. En dessin linéaire, on exerce les élèves à voir un objet dans l'espace et à établir géométriquement des dessins de travaux à exécuter. Jusqu'à la quatrième année, inclusivement, on ne fait que du dessin de mémoire. Le dessin d'après un modèle est enseigné à partir de la cinquième; dans cette classe commence aussi le dessin linéaire. Ce dernier est, cependant, combiné, en cinquième et en quatrième, avec l'enseignement de la géométrie. On ne lui consacre une leçon spéciale, d'une heure par semaine, qu'à partir de la troisième.

Le dessin de mémoire doit être tout d'abord, dans les classes de neuvième et de huitième, un moyen pour aider d'autres enseignements, surtout les leçons de choses. « Il se rattache directement et naturellement aux imitations naïves des enfants lorsqu'ils cherchent à représenter des objets ou des événements simples qui entrent dans le cercle de leurs idées. » On se sert de préférence de l'ardoise. En septième et en sixième, on choisit, selon la saison ou suivant l'occasion, un objet décrit dans une leçon ou que l'élève connaît bien (fruit, jouet, maison, etc.), et qu'il reproduira sans préparation, pour ainsi dire; ou bien on le lui fait regarder et examiner avec soin avant de lui demander de le reproduire de mémoire. Le maître fait la critique de plusieurs des dessins qu'il juge les mieux réussis, en les comparant avec l'objet; il en fait ressortir lui-même les traits caractéristiques, que tous les élèves n'auront pas vus et que, par conséquent, ils auront omis dans leur travail. Les élèves reproduisent alors le même objet pour la deuxième fois, au tableau noir ou sur le papier. Si la même faute revient souvent, la forme manquée doit rester sous les yeux des élèves jusqu'à ce qu'ils arrivent à la forme exacte. Les fautes sont expliquées par le maître au tableau noir. Les élèves dessinent d'abord à la craie blanche, à la craie de couleur, sur du papier d'emballage, par exemple, puis, plus tard, au crayon sur du papier à dessin.

Du dessin de mémoire, on passe à la reproduction des formes plates, une feuille, un papillon, une plume d'oiseau, etc., avant d'aborder la reproduction d'un objet ayant du relief. Là, l'observation directe des élèves prend toute son importance puisqu'il s'agit de leur apprendre à reproduire avec goût et justesse ce qu'ils auront observé et à retenir l'image nette de ce qu'ils auront dessiné.

On donne, par exemple, à chaque élève ou à un groupe d'élèves une feuille de lierre qu'ils examineront attentivement, pour en découvrir eux-mêmes les signes caractéristiques, et qu'ils reproduiront de mémoire, au fusain ou à la craie, sur du papier d'emballage. Le maître prend ensuite les trois ou quatre dessins les plus réussis à des points de vue différents, il les explique en les comparant à la feuille naturelle, puis tous les élèves refont le même dessin de mémoire, au tableau noir ou au crayon sur du papier.

Lorsque le maître donne un modèle, il recommande de toujours commencer par l'esquisse de l'ensemble ou des parties essentielles, de ne jamais imiter servilement de faire le détail seulement lorsque l'esquisse générale sera achevée. De temps à autre, il fait dessiner de mémoire des formes déjà étudiées.

En troisième, en seconde et en première, on fait dessiner des objets quelconques, objets usuels simples, meubles, parties de la maison d'école, formes naturelles ou artistiques, offrant de la perspective et montrant des effets de lumière et d'ombre. C'est dans une allée, sur une ligne de chemin de fer, dans la salle de classe, dans les corridors, que le maître fait comprendre la perspective, les jours et les ombres. L'élève dessine de mémoire ce qu'il a vu, et le maître corrige en plaçant le dessin à côté de l'objet; il explique au tableau noir les fautes que l'élève ne parvient pas à découvrir de lui-même, puis le même objet est dessiné à nouveau dans la même leçon ou dans la leçon suivante.

Le maître doit veiller à ce que les élèves s'habituent à des mouvements de main aisés et naturels. Lorsqu'il les fait travailler au chevalet, il ne cessera de corriger leur maintien, la prise des distances, etc., il les encouragera à manifester leur façon de faire ou leur goût personnel. Aux plus avancés, on permet l'emploi des couleurs à l'eau.

Les exercices de dessin linéaire commencent par des figures géométriques. Ces dessins se font d'abord dans la classe de géométrie ou dans les leçons de travaux manuels. L'année d'après, les élèves dessinent d'après des mesures et une échelle données. En seconde, ils font des exercices de projections, d'intersections de solides dans des cas simples, etc. Dans les leçons de travaux manuels, ils établiront, dans des dimensions indiquées d'avance, des croquis d'objets ou de meubles peu compliqués. Ces exercices continuent en première, en se faisant plus difficiles (développement de surfaces, intersections de solides ronds, etc.).

L'emploi de planches ou de tableaux est exclu. On fait dessiner directement d'après le modèle, qui est remplacé, dès que les élèves pourront le comprendre, par un croquis donné par le maître. Il importe que les élèves apprennent à lire un dessin géométrique.

Les moyens et instruments de travail dont on permet l'usage sont des plus simples, à savoir le crayon, le centimètre, la règle plate, l'équerre, le compas et, si possible, la planche à dessin, le tire-ligne et l'encre de Chine.

Dans les écoles de filles, la moitié du temps prévu pour le dessin linéaire peut être consacré à des projets pour travaux de femme, si la maîtresse de dessin est à la fois chargée des travaux manuels et si elle a été diplômée, avec la mention satisfaisante, pour les travaux décoratifs.

Le chant. — L'enseignement du chant a pour but de rendre les élèves capables de chanter en famille, dans un cercle d'amis et aux offices. On veut aussi développer chez eux l'oreille et le goût pour la musique, pour qu'ils puissent plus tard, dans la vie, se perfectionner et prendre part à des réunions de musique et de chant. Les mélodies qu'on aura étudiées dans la leçon de chant, peuvent servir dans les leçons d'allemand ou de langues étrangères, de religion et de gymnastique.

Dans les classes du degré inférieur, on se borne à diriger la tendance naturelle des enfants à exprimer leurs sentiments par la voix. On leur enseigne, mais uniquement d'après l'oreille, des rondes enfantines, des chants populaires simples et des cantiques. On leur apprend à bien prononcer, à bien respirer, à trouver le ton juste. Ces exercices de formation et de développement de la voix continuent au degré moyen en même temps qu'on habitue les enfants à la notation visuelle, à la mesure, au rythme.

Jusqu'à la quatrième, on se tient aux chants à une voix. Au degré supérieur on exerce les élèves à chanter d'après les notes. La chanson populaire prédomine toujours, mais on forme des chœurs pour chants à plusieurs voix. Les morceaux qu'on fait étudier doivent, par le texte et par la musique, avoir une valeur reconnue et durable, et les enfants doivent arriver à les chanter par cœur. Des recueils appropriés peuvent être mis en usage dans chaque école, mais les chansons doivent répondre à l'organisation des études, aux coutumes locales, aux fêtes du calendrier, etc. Les mélodies des cantiques sont celles qui sont adoptées aux offices. En général, le chant est choral, mais tout en tenant compte de la susceptibilité enfantine, les maîtres doivent encourager les élèves à chanter seuls. Dans les classes supérieures, les solis peuvent être plus fréquents, à condition qu'on évite toute attitude maniérée et forcée. Le maintien, la forme de la bouche, la respiration, la prononciation, la justesse du ton sont soigneusement exercés dans toutes les classes. Dans les séances de chant doivent régner l'entrain et la gaieté. Naturellement, on veillera, dans les classes supérieures, aux précautions qu'exige la période critique du changement de la voix.

La gymnastique. — La gymnastique fortifie la santé, développe la force et l'adresse, rend naturels et gracieux les mouvements et les attitudes, éveille la confiance et le courage, produit l'endurance, habitue à la discipline. Pour les garçons, la gymnastique est la préparation au service militaire.

Cet enseignement est organisé dans les écoles primaires supérieures d'après les mêmes instructions (de 1895 et de 1909) que dans les écoles primaires élémentaires.

Dans chaque séance, on cherche à fortifier toutes les parties du corps et à faire les exercices appropriés au développement des organes internes. Les exercices fondamentaux doivent être exécutés très exactement avec toute la force dont l'enfant est capable. « On les considérera comme parfaits lorsque la force et l'énergie s'allieront à l'aisance et à la grâce. » Pour ordonner les mouvements, on fait des exercices simples et appropriés. Selon les conditions, on peut employer quelques appareils.

Autant que possible les exercices d'ensemble sont pratiqués en plein air, sous la direction du maître lui-même. Le gymnase, s'il y en a un, doit toujours être bien balayé et aéré. On veille à ce que les enfants portent des vêtements aisés. Il doit régner dans les séances de gymnastique un esprit gai, un entrain naturel, qui s'accentue par l'entraînement en commun, par la croissance des forces et la maîtrise du corps. Ainsi naîtra chez les enfants le désir de continuer la gymnastique au delà de l'école.

Les enfants des petites classes trouvent satisfaction à leur besoin de mouvement dans des jeux ordonnés, jeux d'émulation, courses, jeux accompagnés de chant, etc.

Au degré moyen, les jeux sont plus en rapport avec l'âge. Les exercices libres doivent servir surtout au développement du thorax. En fait d'exercices d'ordre on n'en pratiquera que ceux qui servent à des formations rapides. On peut remplacer les exercices libres par des exercices de canne ou de barre de fer. Aux appareils, on cherche à développer le courage et l'adresse.

Au degré supérieur, les mêmes jeux et exercices libres continuent en se compliquant par rapport à la force et à l'adresse acquises. Les exercices d'ordre prennent, pour les garçons, la forme d'exercices militaires, pour les filles, celles de danses. Des marches et des jeux en dehors de l'école complètent l'enseignement. Partout où on le peut, on cultive la natation et le patinage.

La comptabilité. — La comptabilité fait partie de l'enseignement du calcul dans les classes du degré supérieur; on ne l'enseigne donc pas dans des leçons à part. Le but qu'on se propose est de mettre les élèves à même de tenir une comptabilité exacte et soigneuse d'un ménage ou d'un petit commerce, de placer avantageusement les économies qu'ils peuvent faire, et de « savoir se procurer, le cas échéant, des moyens et ressources plus considérables ». On cherche constamment à éveiller et à développer l'esprit d'ordre et d'économie. On apprend donc aux élèves à tenir un livre de recettes et de dépenses, on leur donne des informations sur les institutions financières, sur les lois et la pratique relatives aux assurances, caisses d'épargne, placements, escomptes, crédits, profits et pertes, etc. On tient compte, naturellement, des conditions régionales et personnelles, afin de ne parler aux enfants que de choses qu'ils connaîtront et de leur donner des notions utiles avant toutes autres.

Travaux manuels. — Une importance particulière a été donnée dans les nouveaux programmes aux travaux manuels, (c'est parmi les pédagogues allemands que les travaux manuels, en tant que sujet d'éducation pédagogique, avaient trouvé naguère les adversaires les plus acharnés !), à l'enseignement ménager pour les filles et aux travaux horticoles pour les garçons et les filles.

L'école moyenne ou primaire supérieure doit fournir aux élèves des occasions suffisantes pour développer la dextérité manuelle. Dans les classes du degré inférieur, ces occasions sont fournies par le dessin et le modelage, par des travaux faciles de cartonnage, etc., etc. Au degré moyen, on consacre des leçons spéciales aux travaux manuels et, si possible, aux travaux horticoles. Chaque école choisit et arrange les travaux à sa convenance, sous réserve de l'approbation de l'autorité scolaire. En général, on se tient au modelage, aux travaux de carton, de bois et de métaux. On s'arrange pour rattacher ces travaux à certains enseignements qui s'y prêtent, mais sans les laisser jamais dégénérer en une sorte de jeux récréatifs. La quantité des morceaux qu'on fait exécuter importe peu, l'essentiel est de les faire exécuter proprement et adroitement.

Les travaux manuels pour filles sont avant tout des travaux d'aiguille. Le but à atteindre est de leur apprendre à confectionner et à raccommoder des pièces de lingerie pour le ménage. Les fillettes de la petite classe commencent par des travaux de tressage. En huitième et en septième on leur apprend à coudre, à tricoter et à faire du crochet; en sixième et jusqu'à la quatrième, elles confectionnent ou raccommodent du linge de ménage et commencent à faire des travaux de broderie. L'emploi de la machine à coudre, la coupe, le raccommodage, le reprisage, le retissage, etc., ainsi que des causeries sur le prix et l'achat du linge usuel, font l'objet des classes supérieures. L'instruction se fait en classe, mais on permet aux élèves habiles de faire des travaux chez elles. Les élèves choisissent elles-mêmes les étoffes, la coupe, les patrons, etc. Dès qu'un genre de travail est bien compris, les élèves l'appliquent à une pièce qu'elles confectionnent toutes seules. On ne doit pas faire faire des travaux de luxe. Pour former le goût et répondre à la mode du jour, on insiste sur l'importance du choix de l'étoffe, de la coupe et de la confection, même pour les choses usuelles. Le linge employé à la cuisine de l'école est raccommodé par les élèves. Lorsqu'on permet des ornements et des garnitures, on les fait choisir conformément au but qu'ils doivent remplir, en harmonie avec la couleur, la taille, etc., de l'objet à embellir.

Il est aussi dans le rôle de l'école d'initier les jeunes filles à tous les travaux que la femme doit savoir faire ou ordonner dans un intérieur. A cet effet, l'école doit être pourvue d'une cuisine scolaire. Il est important que les enfants prennent conscience des raisons et de l'utilité des travaux ménagers. Les locaux d'habitation, les meubles, le nettoyage, l'aération, le chauffage, l'éclairage sont des sujets dont il faut absolument leur parler et qu'on doit leur montrer, si une installation *ad hoc* peut être établie à l'école. En matière d'alimentation et de cuisine, on leur fait connaître la valeur nutritive des aliments, la composition des repas, la préparation des mets, la conservation et l'utilisation des restes, le prix de revient des denrées, le mode d'achat et l'avantage du paiement au comptant, etc. Chaque élève tient un carnet de recettes et un livre de compte. Puis, on la met au courant des soins à donner au linge (lessive, cylindrage, repassage, dégraissage, etc.). Le nombre d'heures que les jeunes filles passent à la cuisine peut être augmenté, selon les besoins, aux dépens des leçons d'autres travaux manuels, ou aux dépens de l'enseignement des sciences naturelles. Le programme et l'horaire changent selon les conditions de chaque école. Si les mets préparés sont destinés à être consommés par les élèves, les leçons de cuisine ont lieu aux environs de midi.

L'enseignement horticole a en vue la culture, l'entretien et l'amélioration d'un jardin potager, d'un verger et d'un jardin de fleurs; il doit être essentiellement pratique.

***

Ce programme des écoles primaires supérieures de Prusse est loin d'être aussi détaillé, aussi précis que e programme français; il est aussi moins étendu, moins bien ordonné, et partant moins imposant. C'est peut-être un avantage. Étant donné le principe suivi en Prusse que l'école moyenne doit retenir les élèves le moins de temps possible pendant la journée, on a bien fait d'éviter la surcharge. Qu'importe, en effet, la belle apparence si, dans la réalité, l'exécution entraîne le surmenage des élèves, rebute les parents qui ont besoin de leurs enfants, entrave la liberté des maîtres, oblige les municipalités à renoncer à telle modalité qui eût eu sa préférence ! A défaut d'autres qualités qu'on pourrait désirer, le programme prussien est modeste et souple, il est bien celui qui convient à une école qui se dit « moyenne » et qui tient à son caractère primaire.

III

La Question des Écoles normales en France (Documents)

La préparation professionnelle du personnel primaire en France est, à quelques détails près, la même que celle des instituteurs et des institutrices des autres pays d'Europe : c'est la préparation dite normale (1).

L'école normale du type « séminaire », c'est-à-dire l'école spéciale réunissant dans un internat les élèves-maîtres pendant trois années, nous est arrivée d'Allemagne, en passant par Strasbourg, au commencement du XIXe siècle. Comme dans son pays d'origine et partout où elle a été adoptée, cette institution n'a pas manqué d'affirmer, dès le début de son existence, des tendances d'émancipation démocratique et libérale. Elle y est portée d'ailleurs presque naturellement par l'origine populaire de ses élèves et par sa mission de préparer des instructeurs et des éducateurs du peuple. Sa destinée s'est confondue, au cours du siècle dernier, avec les vicissitudes politiques et religieuses du pays. A certains moments la réaction a failli étouffer les écoles normales. C'est une à une que les entraves qui les tenaient enserrées

---

(1) Voir *La préparation professionnelle des instituteurs dans les Universités à l'étranger*, dans *La Pédagogie dans les pays étrangers* (Paris, Roustan, 1910), pp. 134-277.

depuis 1850, ont été relâchées par les libéraux. La troisième République leva définitivement la tutelle et plaça d'un coup les écoles normales au premier rang des établissements scolaires du pays. Jules Ferry alla jusqu'à déclarer qu'il « n'y avait pas d'enseignement public sans les écoles normales ». Est-ce à dire que Jules Ferry et les républicains qui ont toujours défendu ces écoles, eussent refusé d'améliorer un organisme aussi important, fût-ce par des réformes radicales, si on leur en avait démontré la nécessité. Cette nécessité apparut, pourtant, impérieuse à la fin du siècle dernier. Elle est la conséquence du développement prodigieux que le même Jules Ferry et ses collaborateurs ont donné à l'enseignement public de notre pays, en particulier à l'enseignement primaire. Les écoles normales ont été l'instrument de ce développement. Il n'y a donc pas lieu de s'étonner que cet instrument ait eu besoin d'être remis à point, à son tour, afin que les écoles normales pussent continuer à produire un personnel capable de suffire aux besoins actuels de l'école primaire française. Ces besoins, c'est partout l'évolution sociale et économique des pays modernes qui les dicte. Ailleurs, en Suisse, dans les pays anglo-saxons, en Allemagne, en Belgique, l'enseignement public a pris un essor analogue au nôtre, et par les mêmes causes. Et presque simultanément se sont posées dans ces pays les mêmes grandes questions de réformes scolaires qu'en France, entre autres celle des écoles normales. Comment mettre en harmonie avec les nouvelles organisations de l'enseignement primaire l'école normale qui en prépare les maîtres et qui fournit le personnel enseignant pour la vaste majorité d'enfants? Les uns préconisaient des réformes partielles, la révision des programmes, le renouvellement des méthodes. Les autres se prononcèrent en faveur d'une mesure radicale : ils demandèrent la suppression d'un organisme vieux d'un siècle, et le remplacement des écoles normales par l'École secondaire et par l'Université. Cette suppression répondra mieux, disent-ils , aux tendances modernes de l'école vers un enseignement et vers des méthodes plus scientifiques, vers le rapprochement des enseignements secondaire et primaire; elle sera plus conforme aussi aux aspirations démocratiques et égalitaires de l'État moderne.

La conception radicale n'a pas triomphé jusqu'à présent, du moins pas partout ni dans toute son étendue. L'école normale « séminaire » a résisté à l'assaut en Allemagne (1). Les différents pays de l'Empire, en dernier lieu la Prusse, ont révisé les programmes des écoles normales, en faisant, il est vrai, des concessions appréciables aux idées modernes; mais le principe de l'école spéciale, avec le régime de l'internat, est maintenu. Il en a été de même en France. Les nouveaux programmes appliqués depuis

(1) Voir *La Pédagogie dans les pays étrangers*, p. 220, suiv.

1906 marquent un progrès considérable. Ils assurent, pour l'instant, l'existence des écoles normales.

Il n'est pas inutile, cependant, de revoir la thèse radicale ajournée. Elle constitue un chapitre intéressant de la politique scolaire contemporaine.

En restant dans les limites de la période des réformes pédagogiques accomplies en France depuis 1870, c'est à M. Philippon « docteur ès sciences, professeur à l'école primaire supérieure Turgot et au Lycée Henri IV, inspecteur général honoraire de l'enseignement du travail manuel », que revient la priorité d'un projet de suppression des écoles normales (1). M. Philippon a développé son projet dans une conférence faite, à la salle Gerson, en 1883. Autant qu'il ressort d'une lettre par laquelle il rappelle son initiative aux lecteurs du *Manuel général de l'instruction publique* (11 novembre 1905), il n'a songé qu'à un simple transfert des écoles normales dans les établissements secondaires; il a essayé de présenter « cette mesure administrative dans ses avantages économiques, le mot économique étant pris dans sa double acception ».

Un autre docteur ès sciences, professeur agrégé au Lycée Janson-de-Sailly de Paris, mais qui fut insti-

(1) Les titres de M. Philippon ont de l'importance pour ceux qui voudraient qu'une réforme de l'enseignement primaire eût pour auteur un « primaire ».

teur-adjoint à Montluçon avant d'appartenir à l'ordre secondaire, M. Pizon, a publié, en 1902, dans le *Bulletin trimestriel du Cercle pédagogique montluçonnais*, un article de protestation contre « les cloisons étanches entre lesquelles, sous couleur d'autonomie, on voudrait aujourd'hui renfermer les trois ordres d'enseignement ». Il n'est pas superflu de rappeler les principaux arguments de cet article (1).

« A plusieurs reprises, dans ces dernières années, des hommes autorisés ont déploré l'isolement dans lequel se trouve confiné l'enseignement primaire avec son esprit particulier, son personnel, son cadre et ses méthodes propres, sans liens intimes et sans rapports définis avec les autres ordres d'enseignement. Ils déplorent, et nous déplorons tous avec eux, que dans notre démocratie les études secondaires et supérieures sont extrêmement coûteuses et restent inabordables pour les intelligences d'élite qui éclosent dans les écoles primaires. »

M. Pizon a parcouru les divers ordres d'enseignement. Il a expérimenté sur lui-même les difficultés du passage de l'un à l'autre, et il a reconnu non seulement la nécessité, mais les avantages d'un raccordement par des transitions logiques et aisées. « Il est bon, dit-il, il est nécessaire devrais-je dire, que le maître de l'enseignement primaire s'abreuve aux sources de l'enseignement secondaire, tout comme le

(1) D'après le *Manuel général* (Paris, Hachette), 10 février 1906.

professeur du Lycée se forme aux leçons des maîtres de l'enseignement supérieur. » Et comme il sait parfaitement que ce n'est qu'en forgeant qu'on devient forgeron, il propose d'envoyer les élèves-maîtres faire un stage pratique dans des écoles primaires importantes sous la conduite des directeurs et directrices éprouvés de ces écoles, après avoir passé trois ans dans un Lycée comme boursiers de leur département. « Le baccalauréat sans latin serait le couronnement des études générales des futurs instituteurs. » Les futures institutrices passeraient de même trois années dans un Lycée de jeunes filles où elles obtiendraient le diplôme de fin d'études. Après le stage aurait lieu l'examen du certificat d'aptitude pédagogique, qui resterait la condition *sine qua non* de la titularisation.

Avec cette organisation, la suppression des écoles normales n'offrirait plus aucune difficulté, écrit M. Pizon; il estime qu'au point de vue financier, l'État économiserait environ 7.954.000 francs (budget de 1902) et les départements chacun environ 25.000 francs par an, ses boursiers et ses boursières ne lui coûtant plus que la moitié des dépenses que fait chacun pour ses deux écoles normales et qui s'élèvent à environ 50 ou 60.000 francs. L'État pourrait utiliser l'économie pour améliorer les traitements du personnel primaire, pour installer dans les bâtiments devenus vacants des écoles primaires supérieures ou des Lycées de jeunes filles. On dédommagerait le personnel actuel des écoles normales en le versant dans l'inspectorat, dans les écoles primaires supérieures, etc.

Ce projet est intéressant. Il pose le principe de la séparation de l'éducation professionnelle et de la culture générale. Les moyens pratiques de réalisation sont également séduisants. Mais il aurait fallu démontrer que des études et un baccalauréat secondaires conviennent à des « primaires ».

Le remplacement des écoles normales par un institut pédagogique dans le genre du pœdagogium bâlois, c'est-à-dire par une école d'application à créer au chef-lieu académique, a été préconisé dans un projet qui ressemble beaucoup à celui de M. Pizon, et qui fut l'objet d'un vœu adopté à l'unanimité par les professeurs de l'Académie de Caen, réunis en congrès dans cette ville, le 1er août 1904, Ce vœu fut rédigé par MM. Mathiez et Gauthier.

Le voici avec ses considérants :

« Le Congrès,

« Considérant que si l'enseignement secondaire et l'enseignement primaire se sont jusqu'ici mutuellement ignorés, la raison primordiale en est dans la constitution de l'enseignement primaire en enseignemnet fermé, absolument distinct des deux autres et se suffisant à lui-même;

« Considérant que si l'enseignement secondaire a pris le caractère d'un enseignement aristocratique et de classe, c'est qu'il lui est présentement impossible de se recruter dans l'enseignement primaire;

« Considérant que les trois enseignements, primaire, secondaire et supérieur, ne devraient en réalité en faire qu'un, qu'il est illogique et antidémocratique de maintenir entre eux des cloisons étanches;

« Considérant qu'une même méthode critique et un même esprit devraient animer l'Université toute entière du haut en bas;

« Considérant qu'il n'en sera ainsi qu'autant que les maîtres de chaque degré d'enseignement seront formés par les maîtres du degré immédiatement supérieur, de la même manière que les professeurs des Lycées et Collèges sont formés aujourd'hui par les professeurs des Facultés;

« Considérant que pour rappeler l'enseignement secondaire et l'enseignement primaire à leurs relations normales, il est assez vain de les exhorter, dans des Congrès plus ou moins mixtes, à se rapprocher les uns des autres;

« Considérant que le seul moyen vraiment efficace de résoudre la question posée, c'est de supprimer ou de transformer les institutions qui font de l'enseignement primaire un enseignement autonome;

Le Congrès émet les vœux :

« 1° Les écoles normales primaires départementales seront supprimées;

« 2° Les élèves-maîtres et les élèves-maîtresses seront répartis entre les Collèges et les Lycées des départements. Ils y suivront : les garçons, les cours du cycle supérieur; les filles, les cours de 3e, 4e et 5e années (même 6e année). (Tous devront suivre un cours de philosophie);

« 3° Une école d'application sera créée au chef-lieu académique, et les élèves y passeront une année, après laquelle ils subiront un examen spécial préparatoire aux fonctions de l'enseignement primaire (1). »

Le rôle des Universités prenant une part active et bien déterminée dans la préparation professoinnelle, tant scientifique que pédagogique, des maîtres primaires, n'apparaît dans aucun de ces projets. Cependant, la *Société d'enseignement supérieur* s'était occupée, dès 1898, de ce que les Universités pourraient entreprendre « pour les instituteurs en formation ou en exercice ». En faisant faire par des professeurs de l'Université régionale ou par des professeurs de l'enseignement secondaire, « quelques conférences », d'une part aux élèves-maîtres dans les écoles normales, et d'autre part aux instituteurs en exercice dans les chefs-lieux d'arrondissement, la Société croyait avoir trouvé un moyen de répandre « jusque dans les villages les méthodes et les notions scientifiques »; elle « espérait qu'à leur tour les instituteurs

(1) La preuve a été faite à Bâle. Voir la *R. P.* de 1907.

deviendraient d'utiles auxiliaires pour les Universités dans l'accomplissement de leur œuvre scientifique ».

Ce fut plutôt une extension universitaire que visait la Société jusqu'alors. Elle posa la question avec plus de précision au troisième Congrès international d'enseignement supérieur de Paris, en 1900 : « Les Universités interviennent-elles dans la formation des maîtres de l'enseignement primaire, avant qu'ils commencent à enseigner ou après qu'ils ont déjà commencé à enseigner ? » Un rapport envoyé par M. Lefèvre, professeur à l'Université de Lille, concluait à la nécessité d'imposer une scolarité universitaire au personnel enseignant dans les écoles normales et primaires supérieures, et recommandait de conduire les élèves des écoles normales à quelques cours de l'Université régionale, ou d'organiser pour eux, à l'école normale même, quelques cours faits par des professeurs d'Université. Le temps manqua alors pour discuter ces propositions. La Société y revint ultérieurement, en reprenant la question telle qu'elle avait été posée en 1900. Dans sa séance du 1er août 1906, elle adopta sur la première partie, la seule qui importe ici (1), la résolution suivante :

« 1° La Société d'enseignement supérieur juge dési-

(1) Il est intéressant de prendre connaissance aussi du vœu de la Société au sujet de « l'aide » que les Universités peuvent apporter aux instituteurs et institutrices en fonctions; voyez la *Revue internationale de l'enseignement*, 15 octobre 1906, p. 281-282.

rable, pour la formation des maîtres de l'enseignement primaire, d'établir des relations, dont le détail serait à régler entre les différents ordres d'enseignement;

« 2° Il serait utile que l'enseignement des écoles normales primaires comportât quelques séries de conférences faites par les professeurs de l'enseignement secondaire ou supérieur, pour initier les futurs instituteurs aux procédés propres aux autres ordres d'enseignement;

« 3° Il serait désirable qu'en troisième année, les élèves-maîtres pussent assister à quelques cours et conférences d'enseignement supérieur. »

Ce vœu n'est ni très original, ni très hardi. Il s'inspire visiblement des conclusions de M. Lefèvre, mais il méconnaît les tendances que mettra en relief le débat sur le projet Massé, dont nous aurons à nous occuper incessamment.

Les expériences faites entre temps par plusieurs Universités françaises où des élèves-maîtres avaient été admis dans les cours au même titre que les étudiants, sont recommandées en vue d'une généralisation éventuelle. A ce point de vue, on peut taxer de timide le vote de l'illustre Société puisqu'il se contente de la collaboration des Universités dans la formation des maîtres primaires par « quelques cours » ou « quelques conférences » seulement. Sans doute, l'adoption des programmes révisés de 1905, qui a prolongé pour une nouvelle période, nous l'avons dit, l'existence des écoles normales en France en tant qu'institutions spéciales, rendait platonique un vœu plus radical. Les « grosses difficultés pécuniaires et autres », « l'opposition des départements guidés par des intérêts locaux », « la crainte, enfin, de quelques maîtres de l'enseignement supérieur que leurs élèves de première année ne soient insuffisamment préparés à recevoir leur enseignement » faisaient paraître impossible la suppression des écoles normales.

Ces divers projets n'avaient pas passé inaperçus. L'administration centrale qui poursuivait, depuis 1900, la revision des programmes des écoles normales, a pris note des critiques qu'ils contenaient à l'adresse des études normales. L'opinion fut saisie de la question lorsqu'un homme politique, M. Alfred Massé, la porta à la tribune de la Chambre des Députés. L'honorable député de la Nièvre n'hésita pas à condamner les écoles normales. Mais, venant d'un homme politique, son projet créa des malentendus. Le point faible, qui arrêta aussitôt les politiciens et les pédagogues, était la proposition de remplacer les écoles normales par le Lycée.

Dans son rapport sur la loi portant fixation du Budget général de l'exercice 1905 pour le service de l'Instruction publique (pages 329-330), M. Massé s'exprimait ainsi :

« Un arrêté ministériel du 6 décembre 1900 a chargé une Commission spéciale de reviser les programmes des écoles normales. L'Administration a élaboré un projet qui établit entre tous les maîtres de l'enseignement public élémentaire l'unité d'origine; ce projet est à la veille d'être déposé. Il importe qu'il le soit sans retard et qu'il soit voté rapidement; chaque année, en effet, pendant laquelle le régime actuel est encore appliqué, permet à des maîtres qui n'ont pas le brevet supérieur d'entrer dans l'enseignement où ils seront le plus souvent dans l'impossibilité de rendre les services qu'attend d'eux la République.

« Ceci nous amène à parler des écoles normales qui existent dans chaque département et où les maîtres de l'enseignement élémentaire sont formés. Les élèves qui y entrent, sortent le plus souvent de l'enseignement primaire ou de l'enseignement primaire supérieur. Les études qu'ils y font, si on laisse de côté le point de vue pédagogique, sont identiques à celles qui se font, soit dans les écoles primaires supérieures, soit dans les Lycées et Collèges. On se demande dès lors quelle utilité il y a d'avoir un si grand nombre d'institutions diverses où est donné un même enseignement. Pourquoi parquer ainsi la jeunesse dans des compartiments étanches?

Ces jeunes gens qui aujourd'hui vivent isolés et s'ignorent seront demain des hommes appelés à vivre les uns avec les autres; ne craint-on pas que l'éducation spéciale et particulière qu'ils auront reçue ne fasse naître ou n'entretienne entre eux bien des malentendus?

« C'est l'enseignement supérieur qui forme les professeurs de l'enseignement secondaire; pourquoi l'enseignement secondaire, de son côté, et même l'enseignement supérieur ne formeraient-ils pas les maîtres primaires? Serait-il si difficile d'avoir dans chaque département, ou mieux dans chaque ville de Faculté, un Lycée qui se chargerait de la préparation de nos futurs instituteurs? Ce qui se ferait dans les Lycées de garçons pour les instituteurs aurait lieu également dans les Lycées des jeunes filles pour les institutrices.

« Outre qu'il y aurait pour l'État une économie évidente résultant de la suppression de ces écoles normales qui nécessitent des bâtiments et des locaux spéciaux, un personnel distinct, une administration particulière, quel bénéfice moral la République ne retirerait-elle pas d'un tel état de choses ! Aujourd'hui l'instituteur qui souvent lui est supérieur par le savoir et la valeur, est considéré comme au-dessous de tel propriétaire ignorant, uniquement parce que celui-ci est resté sans profit plusieurs années au Lycée. Le jour où l'instituteur y aura été, lui aussi, où il y aura connu le riche propriétaire de la commune, le notaire, l'huissier ou le juge de paix, le jour où il les tutoiera, où ils auront des souvenirs communs et des amitiés partagées, non seulement il gagnera en considération auprès de ses concitoyens, mais aussi à ses propres yeux.

« La tâche qu'il assume et qui est la plus belle et la plus noble de toutes en sera encore grandie; sa situation dans la commune se trouvera toute différente de ce qu'elle est aujourd'hui, surtout si aux avantages moraux s'ajoutent les avantages matériels que nous vous proposons de réaliser cette année.

« Si bientôt cette réforme importante était décidée, le nombre de ceux qui ambitionneront une situation honorable et honorée dans l'enseignement serait sans doute très considérable, et ainsi pourrait définitivement être conjuré le « péril primaire » (1).

Chargé de nouveau du rapport pour l'exercice de 1906, l'honorable député revint sur son projet, mais cette fois avec plus d'insistance (pages 366-368).

« L'idée que nous avons émise dans notre précédent rapport de supprimer les écoles normales primaires et de faire former les futurs maîtres de nos écoles par l'enseignement secondaire, a été, ces derniers temps, très vivement discutée dans la presse spéciale. Elle y a rencontré des adversaires déterminés, mais elle a eu aussi des défenseurs passionnés.

« Les discussions mêmes dont elle a été l'objet prouvent que tout le monde se rend compte que l'état actuel des choses ne saurait sans graves inconvénients être conservé et qu'il faudra se résoudre à bref délai à des réformes radicales.

---

(1) La carrière d'instituteur est de moins en moins recherchée; c'est ce qu'on appelle en France « le péril primaire », en Allemagne « Lehrermangel ».

« Il est véritablement étrange, alors que les maîtres de l'enseignement secondaire sont préparés par l'enseignement supérieur, alors que l'on réserve à ceux qui, dans l'enseignement primaire, doivent occuper des situations particulièrement importantes, les leçons des meilleurs professeurs de nos Lycées de Paris (1), de vouloir pour la généralité des instituteurs ne s'adresser qu'à un personnel primaire.

« C'est là une première contradiction qu'il importe de signaler. Elle n'est d'ailleurs pas la seule. Les instituteurs au sortir de l'école normale sont investis de la mission la plus haute qui se puisse imaginer. C'est entre leurs mains que sont toutes les espérances de la nation, et l'instituteur véritablement digne de ce nom doit être non seulement pour ses élèves le maître qui leur communique son savoir, il doit encore pour eux et pour les citoyens au milieu desquels il vit être un véritable éducateur au sens le plus élevé du mot.

« Or, quelle éducation a-t-il reçue lui-même? Il ne connaît rien de la vie. Sorti de l'école primaire élémentaire à l'âge de treize ou quatorze ans, il est entré à l'école primaire supérieure ou a reçu dans sa commune les leçons particulières d'un maître qui a consacré tout son temps et tous ses efforts à sa préparation. Jusqu'au moment de son entrée à l'école

(1) Allusion à l'École normale primaire supérieure de Saint-Cloud, où des cours sont faits par des professeurs des Lycées de Paris et de la Sorbonne.

normale il n'a eu aucun loisir. Il lui a fallu travailler sans relâche pour préparer des examens difficiles, sortir victorieux d'un concours redoutable. Le voilà à l'école normale, il va apprendre son métier d'instituteur, appelé à vivre à la campagne au milieu des paysans ou d'ouvriers moins instruits que lui et qui souvent auront recours à ses lumières. Or, pour cette préparation spéciale à la vie on l'enferme dans une sorte de séminaire laïque où à l'exception de ses maîtres il n'aura de rapports avec personne.

« Il est appelé à fréquenter des gens dont la situation sociale sera soit inférieure, soit supérieure à la sienne, et on ne lui permet de vivre qu'avec ceux qui seront comme lui des instituteurs, qui sont issus du même milieu et destinés à rencontrer plus tard les mêmes difficultés.

« On se plaint parfois que le personnel primaire n'ait pas les idées assez larges, ait l'esprit quelque peu sectaire. Comment en pourrait-il être autrement? C'est en prenant contact avec ceux qui ont fait des études différentes, qui ont des aspirations opposées que l'esprit s'élargit, apprend la tolérance, que l'individu devient meilleur. Or, ce contact est interdit au futur instituteur. Quoi de surprenant, dès lors, à ce que ses idées ne se modifient guère? Qu'il n'ait pas suffisamment le sens critique et qu'il demeure quelque peu dogmatique? Quoi de surprenant à ce que les mêmes défauts se retrouvent plus tard chez ceux qu'il aura formés?

« On craint qu'au Lycée les normaliens constituant une section spéciale ne soient l'objet des dédains et du mépris des élèves qui feront des études classiques. Est-il d'abord bien démontré qu'il en soit ainsi? Et si cela était, je serais tenté de dire : « Tant « pis pour ceux qui manifesteront ces dédains et ce « mépris, tant pis pour ceux qui ne comprendront « pas ce qu'il y a de grand et de beau dans ce fait « que des enfants du peuple viendront chercher au « Lycée les connaissances nécessaires pour instruire « plus tard d'autres enfants du peuple, adoucir leurs « misères par le développement de leurs facultés « intellectuelles et morales et s'efforcer de leur rendre « la vie moins dure qu'elle n'a été pour leurs pères. »

« Parmi les jeunes gens, d'ailleurs, qui feront des études classiques, n'auraient-ils pas de nombreux camarades si, comme nous le demandons ailleurs, on réservait la majorité des bourses pour les élèves des écoles primaires supérieures, qui veulent poursuivre leurs études dans le second cycle des Lycées.

« On dit aussi qu'il est à redouter qu'après avoir été en contact au Lycée avec d'autres jeunes gens les futurs instituteurs ne tentent de s'évader de l'Université, ce qui compromettrait le recrutement du personnel. Cet argument ne nous touche guère non plus. Si un garçon intelligent, qui se destinait tout d'abord à l'enseignement, trouve le moyen d'exercer ses facultés dans un autre milieu, il n'y a pas d'inconvénient à ce qu'il le fasse. Là comme ailleurs il sera utile à la société, et si quelques-uns délaissent l'enseignement pour une autre situation, c'est qu'ils n'auront pas en eux le feu sacré qui aurait fait d'eux un maître excellent. Leur fugue sera peut-être tout à la fois une bonne chose pour eux et pour l'Université.

« Quoi qu'il en soit, la question est aujourd'hui posée, et il semble impossible de conserver plus longtemps le système actuel; à ceux qui conçoivent la réforme autrement d'exposer leurs vues et de chercher à les faire prévaloir. »

Presque simultanément, M. Massé publia dans le journal *Le Siècle* un article intitulé *Les écoles normales.* Il y précise son idée et discute les arguments. Le voici :

« Il ne s'agissait de rien moins que de supprimer les écoles normales primaires qui existent dans chaque départmeent pour verser leur contingent d'élèves dans les Lycées. Les discussions auxquelles a donné lieu ce projet ont permis aux deux partis d'exposer les arguments qui militent en faveur de l'une et l'autre thèse, la réforme proposée et le maintien du *statu quo.*

« Je dois avouer qu'aucune des raisons invoquées par les adversaires du projet ne m'a convaincu et je persiste à croire que, pour les maîtres appelés à donner à tous les enfants l'instruction du premier degré, de même que pour l'œuvre à laquelle ils se consacrent, il y aurait avantage à ce qu'ils fussent formés dans nos Lycées par les professeurs de l'enseignement secondaire plutôt que de passer, comme ils le font aujourd'hui, trois années d'études dans un établissement spécial, véritable séminaire laïque, où le personnel, quelles que soient sa valeur, son intelligence et ses qualités pédagogiques, a malgré tout une tournure d'esprit particulière, provenant de ce fait qu'il a été préparé lui-même le plus souvent par l'enseignement primaire supérieur.

« Il est vrai que les professeurs d'école normale ont fait des études secondaires, mais ils les ont faites dans des conditions spéciales et d'une façon incomplète. Il est étrange, alors que l'on se préoccupe de faire former le personnel secondaire par l'élite des maîtres de l'enseignement supérieur, que l'on veuille ne faire préparer les maîtres primaires que par des professeurs issus eux-mêmes de l'enseigneemnt primaire.

« Outre qu'elle est désastreuse au point de vue social, une telle conception est mauvaise également au point de vue politique. Son principal défaut est d'être essentiellement antidémocratique. Alors que le régime républicain se réclame du principe d'égalité nous semblons vouloir conserver tous les privilèges pour les enfants de la bourgeoisie et en vouloir priver ceux du peuple.

« Il y aurait, au contraire, un réel avantage à ce que, si tous les enfants du pays ne peuvent recevoir une instruction aussi complète les uns que les autres, parce qu'il y a des nécessités et des difficultés que l'on ne peut négliger, les maîtres qui les forment soient du moins animés tous d'un même esprit, de telle sorte que du haut en bas du vieux tronc universitaire, ce soit la même sève qui circule, que l'enseignement soit empreint partout du même caractère, inspiré des mêmes idées directrices. Il faut que l'enfant qui sort de l'école primaire pour entrer au Lycée le puisse faire naturellement, sans effort, et qu'il ne perde pas quelquefois plusieurs mois avant de comprendre un enseignement totalement différent de celui qu'il a reçu jusque-là.

« Mais l'avantage de la réforme ne se manifestera pas seulement à l'égard de l'élève sorti de l'école primaire pour faire des études secondaires. Celui-là même qui ne doit jamais connaître d'autre établissement d'enseignement que l'école communale en retirera un profit certain. L'instituteur, suivant qu'il n'aura fait que des études primaires ou qu'il sera passé par le Lycée, ne verra plus les choses de la même façon; son enseignement par suite se modifiera, s'élargira et, beaucoup mieux qu'il ne l'est aujourd'hui, il sera à même de former le cœur et de développer l'esprit des enfants qui lui seront confiés.

« La vertu éducative des vieilles humanités a été proclamée assez souvent pour qu'il soit inutile d'y revenir et d'insister sur ce sujet. Mais si tout le monde est d'accord — même ceux qui ont demandé en 1902 un enseignement plus vivant, des programmes plus modernes et plus conformes aux besoins de la société actuelle — pour reconnaître ces qualités et cette vertu éducatives, pourquoi en vouloir priver les maîtres, entre les mains desquels vont passer la plus grande majorité de la nation? On serait presque tenté d'affirmer que plus que tous autres ils ont besoin de faire des études complètes et désintéressées parce que les enfants qu'ils seront chargés d'instruire n'ont chance de recevoir que d'eux seuls quelques idées générales. Moins les maîtres de chacun d'eux seront nombreux, plus il importe que les leçons qu'ils en recevront soient parfaites.

« On reproche souvent aux instituteurs et le reproche a quelque chose de fondé, de conserver dans la vie un caractère dogmatique qui leur assure un grand empire sur les hommes de faible volonté, mais leur aliène parfois les sympathies de ceux-là mêmes dont ils partagent les idées. On ajoute qu'ils manquent de sens critique et qu'ils s'enflamment pour des systèmes dont ils ne voient que le côté séduisant sans apercevoir en même temps les défectuosités.

« Ce sont là des défauts imputables au régime qui les a formés. A l'âge de dix-sept ou dix-huit ans, au sortir de l'école primaire supérieure où la perspective des examens et des concours les incitait à apprendre plutôt qu'à réfléchir, ils sont entrés à l'école normale où l'on a pris grand soin de ne les laisser jamais en contact avec d'autres jeunes gens de leur âge. Là, ils ont reçu les leçons de maîtres qui, ayant eux-mêmes la tournure d'esprit primaire parce que telle a été leur éducation, se sont beaucoup plus préoccupés de leur enseigner les faits que de remonter aux causes.

« Comme les enfants auxquels ces jeunes gens doivent plus tard faire la classe ne discuteront pas leurs affirmations, on a trouvé superflu de discuter avec eux-mêmes. L'enseignement qu'ils reçoivent a un caractère essentiellement dogmatique comme celui qu'ils donneront un jour; quoi de surprenant que l'instituteur reste un peu dans la vie ce qu'il est dans sa classe? et pourquoi s'étonner qu'il ne possède pas des qualités que ses maîtres ont négligé de développer en lui et que le contact du monde n'a pu lui donner? On a pris soin, en effet, de l'isoler du monde, jusqu'au jour où on l'a transplanté dans une commune éloignée où il ne connaît personne, au milieu de paysans semblables à ce qu'il était lui-même autrefois, mais dont le premier mouvement est de s'éloigner de lui parce qu'ils ne reconnaissent plus en lui un paysan, et à côté de quelques rares fonctionnaires qui ont avec les propriétaires voisins d'excellentes relations parce qu'ils se sont connus au Lycée, mais qui dédaignent l'instituteur avec lequel ils ne se sentent rien de commun, ni origine, ni éducation.

« Mais, dit-on, si vous faites passer les futurs instituteurs par le Lycée, vous vous résoudrez ou bien à ne pas leur donner cet enseignement secondaire que vous rêvez pour eux, ou bien à avoir des jeunes gens qui ne voudront plus être instituteurs et qui d'ailleurs n'auront été préparés en rien à leurs fonctions spéciales.

« Si demain les écoles normales étant réunies aux Lycées, quelques jeunes gens trouvaient là la possibilité de développer leurs goûts et renonçaient à l'enseignement, je crois qu'il ne faudrait pas s'en désoler outre mesure. Ils pourraient fort bien réussir ailleurs et il est douteux qu'ils eussent fait de bons maîtres, puisque leur vocation n'a pas résisté aux sollicitations dc .t ils ont pu être l'objet.

« Mais même si les élèves de l'école normale constituent au Lycée une section spéciale, ils auront du moins l'avantage d'être formés par les professeurs de l'enseignement secondaire, de se trouver en contact journalier avec des jeunes gens qui font des études différentes des leurs, dont les idées, les aspirations, les vues ne sont pas conformes aux leurs; et, ainsi peu à peu, sans qu'il s'en doutent, leur esprit s'habiturea à admettre des conceptions qu'ils repoussent actuellement de parti pris et sans même vouloir les examiner.

« Quant à l'argument qu'ils manqueront de préparation professionnelle, sa valeur n'est nullement démontrée. Je ne vois pas pourquoi l'enseignement pédagogique ne pourrait pas être donné au Lycée aussi bien qu'à l'école normale. Dans certaines villes de Faculté des professeurs de l'enseignement supérieur ont organisé pour les normaliens des conférences pédagogiques, et l'expérience permet de penser que les maîtres ainsi formés ne seront nullement inférieurs à ceux qui n'ont reçu que les leçons du personnel spécial des écoles normales.

« Si, en tout cas, l'administration hésite à se prononcer en faveur d'un système qui n'a pas encore fait ses preuves, il semble qu'il serait possible de tenter l'expérience et de réunir au moins dans un département les élèves de l'école normale et ceux du Lycée. Les discussions les plus passionnées ne sauraient faire faire désormais un pas à la question; tenter l'expérience, au contraire, c'est le meilleur moyen de mettre en lumière les inconvénients et les avantages du système préconisé. »

Cet article, M. F. Buisson, dans le *Manuel général de l'instruction publique* (du 28 octobre 1905), l'a porté à la connaissance des lecteurs intéressés, pour leur permettre de manifester leurs opinions. M. Massé y a répondu. Sa réponse montre comment les « primaires » ont entendu l'invitation de M. Buisson qui, cependant, a porté dans son mandat politique toute la sollicitude qu'il leur avait témoignée lorsqu'il était leur chef au Ministère de l'Instruction publique. Nous publions cette récapitulation parce qu'elle précise singulièrement le débat, tout en lui donnant l'ampleur qu'il doit avoir; elle est du 6 janvier 1906. (*Manuel général*) (1).

---

(1) Les réponses ont été insérées intégralement ou par extraits dans le *Manuel général* aux dates suivantes :

« Je ne m'arrêterai pas aux appréciations un peu vives formulées à mon endroit par quelques-uns des correspondants du *Manuel*. Les épithètes plus ou moins passionnées adressées à un contradicteur n'ont jamais tenu lieu d'argument, et je pourrais tout au plus les retenir comme la caractéristique d'un état d'esprit.

« En lisant ces lettres, dont plusieurs sont fort intéressantes, deux choses m'ont particulièrement frappé : c'est d'abord qu'elles émanent toutes d'une même catégorie de personnes, et en second lieu que ceux qui émettent la prétention de discuter les idées de mon rapport ne le connaissent point et n'ont lu de moi que l'article publié par le *Manuel*.

« A deux exceptions près, tous ceux qui ont répondu à l'invitation de MM. Buisson et Balz et qui ont tenu à leur faire part de leurs réflexions sur ce sujet, appartiennent en effet au personnel des écoles normales primaires. Tous y sont, soit directeurs, soit professeurs, et quelque intérêt s'attache à leur opinion; il eût été utile pour que le débat ait toute l'ampleur désirable d'avoir également l'appréciation d'un

---

11 et 25 novembre : M. Philippon, inspecteur de l'enseignement primaire: *Sur le recrutement des élèves-maîtres* ;

25 novembre : *Vœu du congrès de Caen* (signalé par M. Crouzet, professeur au Lycée de Toulouse);

16, 23 et 30 décembre : Extraits des lettres et articles envoyés au *Manuel général* sur le projet Massé.

Des réponses tardives ont été insérées, en extraits, dans le numéro du 10 février 1906.

plus grand nombre de professeurs de nos lycées, celle de recteurs et d'inspecteurs d'académie et surtout celle de quelques instituteurs.

« Ces dernières font complètement défaut et il est regrettable que les instituteurs semblent par leur silence se désintéresser de la question.

« Quant aux directeurs et professeurs d'écoles normales, ils ne sont peut-être pas très bien placés pour se prononcer en toute impartialité. Outre qu'ils peuvent craindre que la réforme ait un contrecoup sur leurs propres situations, il ne faut pas oublier que c'est leur œuvre qu'il s'agit de juger, de telle sorte que dans le débat ils apparaissent tout à la fois un peu comme juges et parties.

« Est-il besoin de leur donner ici l'assurance qu'il n'est jamais entré dans ma pensée de porter atteinte à des droits acquis? Cela n'est point dans les habitudes du parti républicain et toutes les fois qu'une réforme a été accomplie, des mesures ont toujours été prises pour sauvegarder les intérêts et les droits du personnel.

« Quant à l'œuvre primaire elle-même, je ne pense pas que l'on puisse sérieusement m'accuser de manquer pour elle de sympathie. Dans mes deux rapports sur le Budget de l'Instruction publique des exercices 1905 et 1906, dans maint article de presse j'ai eu l'occasion de dire très haut tout le bien que j'en pensais.

« Mais je ne crois pas que ce soit le rôle des véritables amis de l'enseignement de se borner à admirer en se refusant, sous prétexte qu'il est excellent, à perfectionner notre système universitaire.

« Je suis le premier à rendre hommage aux qualités des maîtres auxquels est confiée notre jeunesse, mais en reconnaissant ces qualités je crois qu'il y en a d'autres qui ne sont pas exclusives des premières et qui cependant leur font défaut : il me semble que l'enseignement secondaire est de nature à les leur procurer; c'est pourquoi j'ai demandé pour nos futurs instituteurs de solides études secondaires.

« On m'a accusé de commettre à la fois une inexactitude et un non-sens en disant qu'actuellement les élèves de nos écoles normales reçoivent un enseignement secondaire à la fois spécial et incomplet; mais ceux-là mêmes qui m'adressaient ce reproche l'ont justifié en affirmant d'une part qu'ils ont eux-mêmes directeurs et professeurs, été formés à Saint-Cloud par les meilleurs maîtres de la Sorbonne et des Lycées de Paris et en ajoutant que cependant ils estiment l'enseignement secondaire mauvais pour nos futurs instituteurs.

« Ceux-ci dans le système actuel ne reçoivent, en effet, cet enseignecmnt que de seconde main, et voilà ce dont je me plains. Si la culture secondaire est bonne, il faut la leur donner directement, si au contraire elle est mauvaise, il importe de faire préparer autrement le personnel enseignant des écoles normales.

« Mais en demandant le transfert de ces écoles dans nos Lycées, je n'ai jamais pensé que ces derniers établissements dussent rester dans l'avenir ce qu'ils sont aujourd'hui. Je crois, au contraire, qu'il importe de les modifier et de les transformer de façon à ce qu'au lieu d'être des maisons d'éducation réservées presque exclusivement aux fils de la bourgeoisie, les portes en soient largement ouvertes aux enfants du peuple.

« Tout cela, je l'ai dit dans mes rapports et aussi dans des articles de presse; malheureusement les lecteurs du *Manuel* n'ont eu sous les yeux qu'un seul de ces articles, ce qui fait que certains ont pu se méprendre et sur mes intentions et sur la portée de la réforme.

« Il ne s'agit pas — car il faut qu'il n'y ait aucun malentendu — d'exclure de nos Lycées la clientèle bourgeoise payante, elle doit y avoir sa place; mais cette place ne doit être que la seconde. Il y a assez longtemps que le personnel de nos Lycées est obligé, jusque dans l'enseignement qu'il donne, de faire preuve de complaisance à l'égard de cette clientèle bourgeoise et riche : nous voudrions que désormais les maîtres y soient libres, tout entiers au service de la vérité scientifique et ne relevant que de leur conscience.

« Je voudrais aussi — et cela je l'ai demandé dès 1902, à la tribune de la Chambre au cours de l'interpellation Ribot — que les divisions élémentaires des

Lycées soient supprimées et que tous les enfants sans distinction de fortune ni de classe soient obligés de fréquenter l'école laïque. C'est un point encore sur lequel je suis d'accord avec plusieurs correpsondants du *Manuel.* Mais je crois que cette réforme accomplie, si au sortir de l'école primaire les enfants de la bourgeoisie entrent au Lycée, tandis que les fils d'ouvriers ou d'artisans se dirigeront vers l'école primaire supérieure pour ensuite passer par l'école normale, presque rien n'aura été fait pour la paix sociale. Si, au contraire, les uns et les autres grandissent côte à côte dans le même établissement et se préparent ensemble à la vie, quelque différentes que soient les routes qu'ils doivent suivre, bien des froissements, bien des malentendus, bien des rivalités et des haines peut-être pourraient dans l'avenir être évités.

« C'est précisément parce que je suis partisan d'une transformation complète de notre système universitaire et parce que je voudrais étendre et prolonger le rôle de l'instituteur que je demande pour lui, dans l'avenir, des études différentes de celles qu'il fait aujourd'hui. L'enseignement secondaire en réalité ne commence pas avant la troisième : jusque-là les enfants ne font que des études primaires supérieures.

« Pourquoi ne pas demander que ces études également soient communes à toutes les classes de la société et refuser de parquer plus longtemps les jeunes gens dans des établissements différents où l'enseignement toutefois est donné d'après des programmes identiques?

« Mais il importe alors de ménager la transition entre le primaire supérieur avec lequel se confondent déjà — au moins pour l'enseignement moderne — les anciennes classes de grammaire de nos Lycées et ce qui constitue en réalité le véritable enseignement secondaire. Rien ne sera plus facile alors que d'accorder par voie de concours la gratuité de ce dernier, si bien que se trouvera réalisée une des plus grandes réformes démoctratiques qui puisse être rêvée : l'égalité de tous les enfants devant l'instruction.

« Mais pour que cette réforme soit possible, il importe qu'il y ait unité de vues, d'aspirations, de méthodes entre tout le personnel enseignant, depuis l'humble instituteur de hameau jusqu'au professeur des plus grands Lycées. Comment ce résultat pourra-t-il être atteint si l'instituteur a contre le professeur de l'enseignement secondaire des préventions analogues à celles qu'ont aujourd'hui contre lui les professeurs et directeurs d'écoles normales?

« Il faut veiller, je crois, à ne pas porter des jugements hâtifs et préconçus. Il se peut faire que dans le secondaire certains professeurs par leurs tendances, leurs aspirations, leurs idées s'éloignent de la démocratie, mais il faut se garder de généraliser. Que diraient les correspondants du *Manuel* si, sous prétexte que certains instituteurs dans des communes réactionnaires pactisent avec les municipalités pour conserver le secrétariat de mairie, quelque intransigeant refusait de reconnaître à l'ensemble du personnel des qualités et des mérites qui cependant sont les siens? N'ont-ils pas été formés par l'enseignement secondaire — quelques-uns même, comme Jaurès, ne lui ont-ils pas appartenu de plus près — tous les hommes qui depuis un siècle ont défendu les droits de la démocratie et fait triompher sa cause? Dans toutes les périodes troublées, lorsque la conscience nationale se cherche et a peine quelquefois à se reconnaître, au premier appel en faveur de la justice et de la vérité, des professeurs de l'enseignement secondaire n'ont-ils pas répondu?

« Mais, dit-on encore, comment ces maîtres secondaires, qui ont un profond dédain pour la pédagogie, pourront-ils donner l'enseignement pédagogique? Mes contradicteurs sont-ils bien certains que les écoles normales aient seules actuellement le monopole de cet enseignement?

« J'ai eu entre les mains, comme rapporteur du budget, des rapports de recteurs desquels il résulte que dans toutes les Universités on s'occupe très sérieusement aujourd'hui de la préparation pédagogique. Un professeur de Faculté en est spécialement chargé et ses leçons sont suivies non seulement par les étudiants qui se destinent à l'enseignement secondaire, mais dans plus d'une académie par des instituteurs et les élèves de l'école normale. Ce professeur d'ailleurs ne se borne pas à donner aux étudiants des notions de pédagogie s'appliquant à l'enseignement secondaire, plus d'une fois il les a conduits dans de simples écoles communales de façon à ce qu'ils sachent exactement quels sont, suivant les cas, l'âge de l'enfant, son développement, ses aptitudes, la méthode qu'il convient d'employer, l'effort qu'on peut demander. Ne sait-on point que, pour Paris, l'unique raison d'être actuelle de l'école normale supérieure est d'être un séminaire pédagogique, et qu'en outre des conférences spéciales sur ce sujet sont faites au Musée pédagogique sous la haute direction de M. Langlois?

« Mais il y a plus : la pédagogie est si peu le monopole de l'enseignement primaire que tous ceux qui ont été les créateurs de cette science ont appartenu à l'enseignement secondaire.

« Le désaccord qui s'est manifesté entre les idées des lecteurs du *Manuel* et les miennes est, au fond, j'en suis convaincu, beaucoup plus apparent que réel. Pas plus qu'eux je ne désire « embourgeoiser » l'enseignement primaire : mon but est tout au contraire de démocratiser l'enseignement secondaire. Pour cela toute une série de mesures m'ont semblé nécessaires. Je les ai indiquées dans mes deux rapports sur le Budget de l'Instruction publique des exercices 1905 et 1906 et aussi dans de nombreux articles publiés par le *Siècle*. Le transfert des écoles normales primaires dans les Lycées en est une. Mais je ne pense pas que ce soit la première qui doive être réalisée. J'estime qu'auparavant il importe de modifier profondément le régime et l'esprit de nos Lycées. Cela est si vrai que si toutes ces mesures sont indiquées dans mon dernier rapport, il n'y en a qu'une encore que j'ai précisée dans un texte législatif. Dans cette proposition il n'est point question des écoles normales, mais seulement de la transformation du Lycée actuel en Lycée gratuit, c'est-à-dire de l'établissement bourgeois que l'on connaît en institution démocratique.

« C'est par là, à mon avis, qu'il faut commencer, le reste ne doit venir qu'après. »

Le complément, la mise en système, si on peut dire ainsi, a été apportée à la propotition de M. Massé (1) par M. Aulard, professeur de l'Université de Paris,

---

(1) Dans le meilleur plaidoyer « Pour les Écoles normales », paru dans la *Revue Pédagogique* du 15 février 1905 sous la signature de M. Francisque Vial, professeur au Collège Chaptal et à l'École normale primaire supérieure de Saint-Cloud, il est fait à M. Massé ce reproche, assez justifié alors :

« Nous ignorons entièrement, nous pouvons à peine prévoir quels fruits porterait le nouveau régime que l'on nous propose. Aucune analogie ne nous saurait fournir d'indication sur ce point, l'organisation projetée n'ayant pas de similaire, s'écartant même tellement de tout ce qui existe que l'on ne parvient pas à nous dire ce qu'elle serait exactement. » (Fr. Vial, loc. cit., page 120.)

On peut se renseigner dans la même *Revue Pédagogique*, où des articles sur la question paru cinq mois avant celui de M. Vial; un autre y a été publié un mois après. L'auteur y a étudié quelques-unes de ces analogies.

(*Dépêche de Toulouse*, 10 janvier 1906; *Manuel général* 27 janvier 1906). M. Aulard se préoccupe des moyens d'exécution, et il signale nettement les Universités comme devant intervenir dans la formation des maîtres primaires. Voici son opinion.

« La question de la suppression des écoles normales primaires a été mise à l'ordre du jour, non pas de la Chambre, mais de l'opinion, par M. Massé, rapporteur du budget de l'instruction publique.

« Dans son rapport de cette année, comme dans le précédent, il se prononce carrément pour la suppression.

« Voici ses raisons :

« Il est véritablement étrange, selon ses propres expressions, alors que les maîtres de l'enseignement secondaire sont préparés par l'enseignement supérieur, alors que l'on réserve « à ceux qui, dans l'enseignement primaire, doivent occuper des situations particulièrement importantes » les leçons des meilleurs professeurs de nos lycées de Paris, de vouloir pour la généralité des instituteurs ne s'adresser qu'à un personnel primaire.

« Ce qui choque le plus M. Massé, c'est que, dans ces séminaires laïques, le futur instituteur, séparé des autres hommes, n'apprend pas la vie.

« Il est appelé à fréquenter des gens dont la situation sociale sera soit inférieure, soit supérieure à la sienne, et on ne lui permet de vivre qu'avec ceux qui seront comme lui des instituteurs, qui seront issus du même milieu et destinés à rencontrer plus tard les mêmes difficultés. »

« A ceux qui disent que le personnel n'a pas les idées assez larges, qu'il se montre parfois un peu sectaire, M. Massé répond : « C'est la faute des écoles normales, avec leur régime de claustration. Comment en pourrait-il être autrement? C'est en prenant contact avec ceux qui ont fait des études différentes, qui ont des aspirations opposées, que l'esprit s'élargit, apprend la tolérance, que l'individu devient meilleur. Or, ce contact est interdit au futur instituteur. Quoi de surprenant, dès lors, à ce que ses idées ne se modifient guère, qu'il n'ait pas suffisamment le sens critique, et qu'il demeure quelque peu dogmatique? Quoi de surprenant à ce que les mêmes défauts soient chez ceux qu'il aura formés? »

« Supprimons donc, dit M. Massé, les écoles normales primaires.

« Et où formera-t-on les futurs instituteurs?

« Dans les lycées.

« Là, ils seront en contact, non seulement avec les enfants de la bourgeoisie, mais aussi avec les enfants du peuple, si on réalise le plan de *lycée gratuit* proposé par M. Massé.

« Je suis d'accord avec M. Massé sur les idées, mais non sur les moyens.

« Il a bien raison de dire que l'ancienne école normale primaire a fait son temps, et que le système du séminaire fermé, de l'internat, de la séquestration, risque de fausser ou rétrécir l'esprit des futurs éducateurs du peuple. Mais je crois que le régime des lycées les préparerait très mal à leur profession.

« Et d'abord ils n'y connaîtraient pas tant que cela la vie et les hommes, puisque les élèves des écoles primaires supérieures n'entrent pas encore de plein pied dans les lycées; ils ne fréquenteraient donc que les enfants élevés dans un autre milieu social que le leur, et dont la fraternité serait peut-être mélangée de quelque condescendance.

« Mais surtout je ne crois pas que les professeurs des lycées soient généralement en état de former les maîtres de l'enseignement primaire. Pour la méthode pédagogique, l'enseignement primaire actuel est fort en avance sur l'enseignement secondaire. Le but essentiel de l'enseignement primaire, à savoir de former des citoyens, les instituteurs y visent et y atteignent en partie, les professeurs de lycée et de collège n'y visent pas tous, et ce n'est pas à cette formation que tendent les programmes de l'enseignement secondaire. »

« Quels que soient les défauts de nos écoles normales primaires, elles ont été en fait jusqu'ici, à en juger par les résultats, un foyer d'esprit laïque, républicain, démocratique : il en est sorti des hommes animés de l'esprit moderne, des hommes d'un civisme ardent, des hommes dont les tendances contrarient les partis de droite.

« Je craindrais, je l'avoue, qu'élevés dans nos lycées et collèges nos instituteurs ne fussent moins redoutables à la politique de l'Église catholique et de la bourgeoisie conservatrice. Cette crainte les journaux modérés (1) la justifient par l'allégresse même

---

(1) Les *Débats*, du 23 janvier 1906, avaient terminé un article de fond (signé par M. Albert Petit), intitulé « La Propagande antipatriotique » par la réflexion suivante :

« M. Massé, dans son rapport sur le budget de l'instruction publique, demande la suppression des Écoles normales et la répartition des élèves-maîtres dans les lycées de chaque département. L'idée n'est pas neuve, mais elle commence à faire son chemin. Cette mesure excellente au point de vue économique, ne le serait pas moins au point de vue social. En mettant les futurs instituteurs en contact avec des jeunes gens de conditions et d'aspirations variées, elle leur enlèverait ce je ne sais quoi d'étroit et de trop pédagogue qui les caractérise parfois; ils acquerraient au lycée plus de largeur et de souplesse d'esprit que dans le séminaire laïque, où ils vivent entre eux, dans un milieu trop spécial et fermé. Sans insister en passant sur une question qui mérite davantage, on peut dire que, pour ramener l'école primaire à son rôle, il faudrait à la fois :

1° Réprimer les écarts des instituteurs antipatriotes;

2° Soustraire le personnel primaire à l'omnipotence préfectorale, c'est-à-dire aux influences politiques;

3° Supprimer les écoles normales où les futurs instituteurs sont élevés en vase clos, entre eux et par eux. »

M. Jaurès y répondit le lendemain par un article de fond de l'*Humanité* (3 janvier) intitulé : « Écoles spéciales », dont voici le passage relatif au projet Massé :

« Mais les Débats veulent autre chose encore. Ils demandent, se référant d'ailleurs au rapport de M. Massé, que les écoles normales d'instituteurs soient supprimées et que les élèves-maîtres soient répartis dans les lycées. En soi cette mesure peut être acceptable ou même excellente. Tout ce qui empêche les hommes de se spécialiser à outrance, tout ce qui les met en communication avec les diversités de la vie est salutaire pour l'intelligence. Mais ce qui

avec laquelle plusieurs d'entre eux ont applaudi au projet de supprimer les écoles normales primaires qui, depuis leur fondation, ont toujours été suspectes aux adversaires de l'esprit laïque, et qu'ils n'espéraient pas voir ainsi condamner par un républicain.

« Je ne veux pas dire par là que M. Massé n'ait pas des raisons vraiment républicaines et qu'il n'y ait pas dans ses projets un sentiment juste des intérêts supérieurs de la démocratie. Je veux dire qu'en dépensant pour ces quelques écoles la même somme que pour toutes celles qui existent, on pourrait y avoir un excellent personnel d'enseignement, un personnel d'élite, et puisque M. Massé désire que ce personnel ne soit pas tout entier primaire d'origine, il serait facile de lui donner satisfaction en introduisant dans ces écoles quelques-uns des maîtres les plus distingués de nos Lycées et de nos Facultés, comme on le fait actuellement pour les écoles normales de Saint-Cloud et de Fontenay.

---

serait déplorable, c'est que l'administration ne vît dans cette mesure qu'un moyen d'isoler les instituteurs les uns des autres, de leur enlever l'esprit de liberté qu'ils contractent à l'école normale et de les tenir sous une surveillance plus rigoureuse. On n'est pas très rassuré quand on constate que les *Débats* proposent ce changement comme une « mesure préventive » contre l'antipatriotisme. Les futurs instituteurs seraient envoyés au lycée comme des suspects. »

M. F. Buisson a d'ailleurs fait justice, à la Chambre des Députés, des accusations d'antipatriotisme lancées contre nos institutions (voir *Manuel général*, du 27 janvier 1906).

« Mais si je parle de réduire ainsi le nombre des écoles normales ce n'est pas uniquement, ni même surtout, pour améliorer sans plus de frais l'enseignement qu'on y donne, d'autant plus que je n'ai aucune raison de croire que cet enseignement soit actuellement aussi médiocre que semble le dire M. Massé.

« Ce que je voudrais, c'est que tous nos instituteurs primaires eussent été étudiants d'Université, qu'ils eussent tous participé à la vie universitaire.

« Ils choisiraient librement, dans les diverses Facultés, quelques cours qu'ils suivraient, soit cours publics, soit cours fermés, tandis qu'à l'école normale, on leur donnerait une instruction plus particulièrement pédagogique, plus particulièrement adaptée à leur future profession.

« Les professeurs d'Université auraient là des auditeurs et des auditrices qui à leur public, souvent peu nombreux, ou, s'il est nombreux, frivole, ajouteraient des éléments sérieux. Ce complément d'auditoire, loin d'abaisser l'enseignement supérieur, le vivifierait et il serait aussi utile qu'agréable aux professeurs de parler devant les hommes qui se préparent à former des hommes.

« Il serait aussi utile qu'agréable aux futurs instituteurs, aux futures institutrices, de vivre parmi les étudiants et étudiantes voués à la science, en vraie fraternité, en apprentissage d'esprit critique, dans la variété encyclopédique des disciplines. Il n'y a que la vie universitaire qui puisse ouvrir et élargir libéralement les intelligences, les cœurs. Il n'y a rien de tel que la vie universitaire pour préserver du sectarisme étroit, de tous les fanatismes, de tous les préjugés haineux.

« Je le demande à M. Massé, ancien étudiant de l'Université de Paris : ne croit-il pas que l'école normale placée près de l'Université, avec une large porte communiquant de l'une à l'autre, serait plus propre que le régime du lycée à préparer les instituteurs aux amples devoirs de leur noble et difficile mission? »

Le projet (1) devint donc le projet Massé-Aulard. C'est sous cette dénomination que M. F. Buisson le

---

(1) Nous empruntons à l'article de M. Picavet, dans la *Revue Internationale de l'enseignement* (15 octobre 1906) les données d'un projet formé par M. Lauraine, député. M. Lauraine voudrait deux sortes d'écoles normales. Les unes, situées dans les villes sans Universités, donneraient l'instruction générale aux élèves des deux premières années; les autres, situées dans les villes d'Université, deviendraient des « Instituts normaux »; là, dans les Facultés et dans les bonnes écoles primaires, les élèves-maîtres de troisième année pourraient parfaire leur préparation scientifique et pédagogique. M. Gérard-Varet, professeur à Dijon, député, termine ainsi un intéressant article, « Y a-t-il un esprit primaire? » (*Manuel général*, 3 février 1906) :

« Deux tendances opposées présentement se dégagent des discussions sur les projets de réforme, les uns voulant l'éducation professionnelle d'abord et, pour finir, une discipline générale : c'est l'opinion, semble-t-il, du Ministère et le maintien des écoles normales en dérive. D'autres demandent à l'éducation générale d'abord, par conséquent, un passage au lycée, puis une année seulement de préparation spéciale. Une troisième solution peut-être serait possible : les écolse normales réduites à deux ans, puis

présenta, à son tour, aux lecteurs du *Manuel général* (le 10 février 1906) :

« Après l'ample controverse qui a rempli d'une façon si intéressante de nombreuses pages du *Manuel*, nos lecteurs ne s'étonneront pas que la rédaction n'ait plus besoin d'un long article pour donner son avis sur le fond du débat.

« A vrai dire, il n'y a plus de débat.

« En se précisant, les thèses qui semblaient d'abord s'opposer avec tant de vivacité se rapprochent au point de se confondre.

« Nous avions, dès le début, exprimé l'avis qu'il fallait lire l'ensemble des projets de M. Massé et non se laisser arrêter par tel ou tel des points particuliers qu'il touche en passant. Nous avions demandé à nos lecteurs de ne pas juger la vaste réforme esquissée par le rapporteur du budget comme s'il s'agissait d'un projet de loi à voter demain, mais d'en voir avant tout le but général et l'inspiration intime, d'en saisir l'esprit, d'en apprécier le caractère sincèrement et profondément démocratique.

« La réponse que M. Massé a faite lui-même dans nos colonnes aux vives critiques de beaucoup de lecteurs à dû faire tomber toute inquiétude, dissiper tout malentendu.

---

toutes les troisièmes années centralisées dans chaque ressort à l'école, chef-lieu et versées avec les élèves sortis des lycées à l'Université. Les instituteurs, après leur sortie du « séminaire », avant leur entrée en fonctions, seraient pendant un an des étudiants. »

« Posons bien, après lui, les données du problème.

« M. Massé veut que les divisions élémentaires des lycées soient supprimées et que tous les enfants sans distinction de fortune ni de classes (sociale) soient obligés de fréquenter l'école primaire laïque.

« Il veut « le lycée gratuit » (voir sa très hardie et très intéressante proposition de loi qui porte ce titre) : il veut « transformer les lycées de façon qu'au lieu d'être des maisons d'éducation réservées presque exclusivement aux fils de la bourgeoisie, les portes en soient largement ouvertes aux enfants du peuple ; » que « la clientèle de la bourgeoisie payante y ait sa place, mais que cette place ne soit que la seconde. »

« Quand on a commencé par supposer les lycées ainsi transformés — transformation plus sociale encore que scolaire — ne peut-on pas se donner carrière et faire, comme M. Massé, de beaux et grands rêves de réforme?

« Le jour où enfants des riches et enfants des pauvres n'auront plus qu'une même école et qu'une même éducation, jusqu'à dix ou onze ans, il est bien clair qu'un grand pas aura été fait vers l'unification de l'enseignement national. La rigide et fausse hiérarchie créée par le premier Empire et qui nous fait sottement distinguer comme d'essence différente, trois enseignements spécifiquement distincts, le primaire, le secondaire et le supérieur, tombera d'elle-même. Les cloisons étanches si laboriuesement construites tout exprès pour bien séparer ces trois mondes s'évanouiront.

« Toute idée de distinction sociale effacée entre les élèves, il faudra bien naturellement l'effacer entre les maîtres. Pourquoi mettre un abîme ou même un fossé entre ces deux mots : *instituteur* et *professeur ?* Ni l'importance de la fonction n'est moindre au point de vue social, ni la tâche plus facile au point de vue pédagogique. D'où viendrait donc la différence? D'une différence dans l'instruction, différence en qualité ou en quantité? Mais c'est précisément là le préjugé que nous devons extirper. L'instituteur, l'agrégé de grammaire, l'agrégé d'histoire, de mathématiques, le professeur de dessin, l'ingénieur ou le contremaître chargé d'enseigner le travail manuel et technique dans une école professionnelle, ce ne sont pas des personnages à classer hiérarchiquement, ceux-ci au-dessous de ceux-là. Ils remplissent des fonctions diverses qui exigent des compétences diverses.

« Mais de quoi est faite la compétence de chacun d'eux ou son autorité pédagogique?

« De deux éléments.

« L'un, c'est la culture générale, celle qu'on appelait autrefois d'un nom trop restreint, la culture « classique » ou les « humanités », et qui aujourd'hui doit comprendre, en outre, essentiellement, une forte éducation scientifique. Voilà le fond commun, la commune et indispensable nourriture de tous les esprits.

« L'autre élément, c'est l'acquisition de talents ou de savoir tout à fait spécialisés, correspondant à un ordre particulier d'enseignement. Il ne vient à l'idée de personne de s'étonner que le médecin ne sache pas le métier de l'avocat, que le mathématicien n'enseigne pas l'histoire, que le peintre ne soit pas musicien.

« Tout comme les autres, l'instituteur a besoin d'abord d'une instruction générale qui peut, qui doit lui être commune avec tous les hommes « cultivés » de son temps et de son pays. Et il a besoin en outre d'une instruction toute spéciale, correspondant aux besoins de son métier, chaque métier comportant un apprentissage.

« D'où cette vue très juste de M. Massé : pourquoi le futur instituteur n'acquerrait-il pas la même instruction générale dans les mêmes condtions que le futur ingénieur, avocat, architecte ou professeur? Quelle nécessité peut-il y avoir de lui enseigner à part la physique et la chimie, l'histoire ou les langues vivantes? Il a cent fois plus de chances de les bien apprendre s'il reste avec tous ses compagnons d'âge et d'études dans ce lycée transformé qu'on nous faisait entrevoir tout à l'heure : c'est l'établissement créé tout exprès avec toutes les munificences du budget national pour être un foyer de vie intellectuelle, le centre de tous les enseignements généraux, le lieu de prédilection où s'accumulent les meilleurs moyens d'étude, d'émulation, d'initiation à tout le patrimoine humain, sciences, lettres et arts. N'est-ce pas là que doivent se grouper, travaillant côte à côte, tous ces jeunes gens de quinze à dix-huit ans, élite de la nation, qui se destinent au service intellectuel de la nation, et tout d'abord ceux qui auront à former dès l'enfance les générations futures?

« Cette première culture générale reçue en commun, que faudra-t-il ajouter pour faire des instituteurs? Des études professionnelles, une préparation pédagogique, l'apprentissage théorique et pratique du métier d'éducateur, et surtout d'éducateur de petits enfants. Incontestablement, il faudra un temps et un lieu réservé à cet apprentissage qui, comme tout autre, suppose un certain degré de spécialisation.

« Où se fera-t-il, cet apprentissage pédagogique?

« On peut répondre d'abord : à l'école normale telle qu'elle existe aujourd'hui, sauf les modifications nécessaires.

« Mais c'est là que se présente, comme complément de la proposition Massé, celle de M. Aulard.

« La science et l'art de l'éducation ont leur place dans les Universités. Instituteurs et institutrices, professeurs de collèges et de lycées des deux sexes ne formeraient-ils pas un merveilleux groupe d'étudiants en pédagogie autour d'un professeur, plutôt de plusieurs professeurs de la Faculté des Lettres?

« Pourquoi refuser l'accès de ces cours aux futurs

maîtres primaires et les réserver seulement au personnel des lycées? L'instituteur et l'institutrice de demain, toujours dans l'hypothèse de la transformation souhaitée, devra faire l'éducation de tous les enfants du pays sans distinction de conditions sociales. Il n'y a aucune raison pour ne pas offrir les mêmes ressources, les mêmes directions, la même forte préparation pédagogique aux éducateurs du premier âge qu'à ceux du second. L'enseignement primaire ne sera plus alors un degré inférieur d'enseignement, mais le premier cycle de l'enseignement national. L'école primaire sera l'école première pour tous. Et ses maîtres feront partie intégrante du personnel universitaire.

« Mais que nous voilà loin de la réalité présente !

« Ces grandes perspectives sont-elles chimériques? Faut-il ne voir là que des utopies?

« Loin de nous cette pensée. Ni M. Massé ni M. Aulard ne se trompent en découvrant à la démocratie ces larges horizons. L'opinion publique peut accélérer singulièrement la marche vers l'idéal qui dès à présent s'affirme et se dessine. Il ne faudra peut-être pas beaucoup d'années pour en faire une réalité.

« Mais, en attendant, nous ne pouvons pas fermer les yeux sur un péril qu'il faut avant tout conjurer.

« Certains esprits ont accueilli avec un extrême empressement les ouvertures de M. Massé, sans déguiser le parti qu'il serait possible d'en tirer.

« — Oui, disent-ils, supprimons les écoles normales, ces « séminaires laïques ». Versons-en les élèves dans les lycées où ils trouveront toutes sortes d'aspirations propres à combattre l'influence trop exclusive de « l'esprit primaire ».

« S'ils ont cru la majorité républicaine capable de suivre ce bon conseil, ils la jugent décidémnet trop aveugle. De ce que nous consentons dès à présent à envisager les perfectionnements que le progrès même de la démocratie permettra d'apporter à l'enseignement national, il ne s'ensuit pas que nous soyons tentés de jeter bas les colonnes de l'édifice. Toucher aux écoles normales dans le sens qu'une certaine presse nous recommande, ce ne serait pas seulement une défaillance, ce serait une trahison.

« M. Massé sera le premier à se défendre contre ces trop zélés partisans de son système. Ou plutôt c'est par là qu'il a commencé. Il a d'avance coupé court à leurs espérances quand il écrivait ici même cette phrase décisive qui était sa conclusion et qui sera aussi la nôtre :

« Mon but n'est pas d'embourgeoiser l'enseignement primaire, mais de démocratiser l'enseignement secondaire. Une série de réformes serait nécessaire, celles des écoles normales en est une. Mais je ne pense pas que ce soit la première... j'estime qu'auparavant il importe de modifier profondément le régime et l'esprit démocratique, de transformer le lycée actuel en lycée gratuit, c'est-à-dire l'établissement bourgeois que l'on connaît en institution démocratique. C'est par là qu'il faut commencer : le reste ne doit venir qu'après. »

Certes MM. Massé et Buisson ont bien fait d'affirmer que la suppression des écoles normales n'était qu'une étape « dans la marche vers l'idéal qui dès à présent s'affirme et se dessine, l'égalité devant l'enseignement et le système d'instruction publique que se prépare la démocratie française ». C'est sur ce large terrain, non sur celui des intérêts personnels, qu'il convient, sans aucun doute, de discuter la question.

Mais est-on bien sûr, au triple point de vue pédagogique, social et politique, que la démocratisation des lycées doive précéder la suppression des écoles normales? N'est-ce pas, au contraire, l'élément démocratique, pour ainsi dire naturel, des écoles normales qui, versé dans les lycées, accomplira dans ceux-ci la démocratisation qu'on juge nécessaire d'y obtenir pour des raisons sociales et politiques? La gratuité de l'enseignement secondaire que préconise M. Massé, n'est-elle pas un moyen très discutable (1) puisqu'il n'a pas encore démocratisé tout à fait l'enseignement élémentaire?

(1) M. Gabriel Séailles, professeur à l'Université de Paris, s'est élevé contre la gratuité du lycée au Congrès des jeunesses laïques à Marseille (1906), « sélection à rebours qui écrémerait la classe ouvrière, lui ravirait chaque année à la sortie de l'école primaire ses individus les plus intelligents, les plus énergiques qui sont sa force et son espérance ». Voyez aussi P. et V. MARGUERITTE, le *Journal* (21 octobre 1906).

On est en droit de se demander pour quels motifs, la raison politique et la considération de l'intérêt immédiat de quelques-uns mises à part, les « primaires » français ont montré si peu d'enthousiasme pour le projet Massé-Aulard ou pour les projets semblables. C'est qu'ils ont une façon à eux d'apprécier les faits qui ont inspiré les projets visant la suppression des écoles normales, et qu'ils ont formulé, de leur côté, un projet diamétralement opposé pour corriger ces mêmes faits.

Il n'est pas possible de dire avec M. Buisson « qu'il n'y a plus de débat ». *Audiatur et altera pars*. Confrontons donc avec la thèse que nous venons de relater celle des adversaires.

Les faits allégués contre les écoles normales et contre la préparation traditionnelle du personnel primaire (c'est en effet celle-ci qui est en jeu) peuvent se classer en trois groupes procédant l'un de l'autre :

1° Régime suranné des écoles normales-séminaires, esprit primaire, préparation scientifique et culture générale insuffisantes (1);

(1) Le *Manuel général* (28 janvier 1906), a publié, à titre de document, l'opinion d'un candidat au brevet supérieur sur l'école normale. L'auteur de cette lettre plutôt sévère dit que les réformes n'ont rien changé à la préparation « déplorable » qui fait de l'élève-maître une sorte de petit monsieur prétentieux et fat. « ... L'école normale devrait être la grande école où l'on formerait non pas tant des têtes bien pleines que des têtes bien faites. Vous a-t-on appris à penser, à réfléchir à l'école normale? Non, on vous a dit, comme pour sauvegarder l'honneur : « Pensez,

2° Impossibilité pour les primaires d'occuper les charges supérieures de leur propre ordre, dépendance professionnelle et incompatibilité vis-à-vis de l'ordre secondaire;

3° Infériorité matérielle et sociale des primaires

---

réfléchissez, raisonnez ! », mais on a omis de vous en procurer le temps.

« Emmagasinez ! » vous crie le brevet supérieur. « Réfléchissez » répètent les professeurs. Et l'on vous dicte des « cours complets, pleins de détails que vous voyez pour la première fois et que vous ne pouvez retenir à la minute et pour toujours...

« ... Cependant, que de maîtres à l'esprit et au cœur élevés auraient été heureux et fiers de répandre dans ces âmes ardentes et jeunes qui leur étaient confiées des sentiments et des idées généreuses, dont elles ne demanderaient qu'à s'imprégner, les attachant ainsi pour toujours à l'école qui les aurait formés et élevés.

« Qu'en reste-t-il au contraire ? Un souvenir amer et une sorte de répulsion pour la « boîte ».

« En connaissez-vous beaucoup de normaliens et de normaliennes qui aiment « leur école » et en parlent avec fierté ?

« Voilà ce qu'est l'école normale d'où sortent les éducateurs du peuple : « une fabrique de diplômés ».

« Était-ce là le but qu'on s'était proposé ?

« Pour ma part, je n'ai jamais pu accepter philosophiquement cet état de choses et maintenant que je suis sorti de l'école, je ne dis pas : « Que m'importe ! »

« J'ai des camarades et des maîtres qui auraient pu être bons et que j'aurais voulu aimer.

« J'ai senti pendant trois ans peser sur mes épaules les hautes murailles de l'école normale, ce « Séminaire laïque », quoi qu'on en dise, et j'ai entendu les plaintes encore plus légitimes des normaliennes ayant vécu, elles, complètement étrangères au monde, sans qu'une gazette franchît jamais le seuil de leur prison, n'ayant eu d'autre horizon que la limite de ses murs. »

par rapport aux représentants d'autres carrières libérales;

Ces faits sont les mêmes, à quelques détails près, en France et en Allemagne. Mais les mouvements qui en résultèrent parmi le personnel primaire des deux pays sont tellement divergents qu'une comparaison s'impose. Elle sera, je pense, instructive.

Réunissant tous les griefs en une seule revendication professionnelle et pédagogique, les instituteurs allemands ont réclamé, nettement et à titre de principe, d'être admis aux études et aux examens universitaires.

La conquête de l'Université, seule dispensatrice de l'éducation scientifique et à la fois seule école professionnelle des carrières libérales, leur paraît garantir *ipso facto* et mieux que tout autre moyen la possession entière et effective du domaine primaire.

Lorsque les instituteurs auront fait des études universitaires, on ne pourra plus réserver certaines fonctions à des non-primaires, sous prétexte que ceux-ci possèdent la culture académique, c'est-à-dire universitaire, jugée indispensable pour remplir les fonctions élevées dans l'enseignement primaire.

Le désir des instituteurs allemands d'être pourvus d'une préparation plus scientifique a séduit bon nombre de professeurs d'Université. La diffusion de l'esprit scientifique dont l'école primaire a besoin, en effet, et dont elle profitera, devait séduire les hommes politiques et les pouvoirs publics.

Il faut reconnaître l'esprit de méthode de cette tactique. Et comme deux États de l'Empire ont fait des commencements vers la réalisation, qui sait si elle ne réussira pas dans un avenir assez proche? L'amélioration de la condition matérielle et sociale qui en résulterait, a groupé autour du problème une armée solide d'instituteurs, qui semblent devoir vaincre la résistance administrative et financière. On espère que l'évolution de l'enseignement secondaire après la réforme de 1901 en vaincra d'autres.

En France, l'effort apparaît moins uni. Le parti des désintéressés, en majorité des professeurs de Lycée ou d'Université, déplorent « l'esprit primaire » et l'absence de relations normales de leur enseignement avec l'école primaire. Ils en accusent les écoles normales fermées à la vie. L'enseignement secondaire plus ouvert et plus scientifique leur semble répondre mieux aux besoins d'un instituteur et d'une école primaire moderne. Les pédagogues préconisent en plus le complément de l'esprit libre qui anime le travail scientifique des Universités. Les hommes politiques se préoccupent davantage des conséquences sociales et mesurent prudemment les réalités qui font obstacle à la réforme. M. Massé s'arrête à la plus considérable de ces réalités, le caractère non transformé encore de l'enseignement secondaire « bourgeois ». Pour lui, le problème primaire devient un problème préalable concernant le secondaire. Son collègue, M. Buisson, aboutit à la même conclusion, mais il découvre le côté général du problème. En indiquant les possibilités il s'élève vers l'état idéal du futur enseignement public de la démocratie française.

Les autres, les plus intéressés, c'est-à-dire surtout les professeurs des écoles normales, reconnaissent les allures fâcheuses de l'esprit primaire. Ils admettent la nécessité de réformes dans leur éducation professionnelle. Mais ils ne voudraient pas qu'on touchât aux écoles normales, *palladium* de l'esprit démocratique. Le secondaire est pour eux l'ennemi, le concurrent, le tuteur. Tous leurs efforts portent sur l'affranchissement corporatif et professionnel de leur « ordre ». Mais au lieu de poursuivre cet affranchissement par la conquête des Universités, où les secondaires cherchent leurs privilèges, et de le préparer en entrant dans l'enseignement secondaire qu'on veut leur ouvrir, ils tendent à se retrancher plus solidement encore dans le primaire : « le primaire aux primaires ». Un manifeste lancé par l'*Association amicale des professeurs des écoles normales de France*, le 14 décembre 1905, est l'expression la plus typique de cette autre tactique : la formation d'un « bloc primaire » pour la lutte en vue de l'autonomie de l'enseignement primaire.

Voici les « vœux » exprimés dans ce document :

« *a*) L'Association amicale..., émue des attaques dirigées contre l'enseignement primaire en général et contre les écoles normales en particulier;

Proteste contre toute mesure qui pourrait porter atteinte à l'existence et à l'esprit qui les anime;

Émet le vœu que tous les futurs instituteurs soient désormais appelés à passer par ces établissements.

« *b*) L'Association amicale..... émet le vœu :

1° Que les classes élémentaires des lycées soient supprimées;

2° Que les collèges soient transformés en écoles primaires supérieures;

3° Que dans ces établissements ainsi transformés il ne soit désormais possible d'enseigner, sauf réserve en ce qui concerne les situations acquises, qu'aux maîtres pourvus de titres de l'enseignement primaire.

c) L'Association amicale... émet le vœu :

1° Que les écoles de Saint-Cloud et de Fontenay, plus largement ouvertes et conservées comme régulateurs de l'enseignement primaire supérieur, ne soient accessibles qu'aux jeunes gens et aux jeunes filles qui compteront au moins deux ans de services effectifs dans l'enseignement primaire public;

2° Que les pouvoirs publics veuillent bien prendre aussi rapidement que possible une mesure assimilant le brevet supérieur et les titres plus élevés de l'enseignement primaire au baccalauréat et à la licence pour l'admission de ceux qui en sont pourvus dans les Universités nationales;

3° Que l'administration de l'enseignement primaire soit organisée de telle sorte que nul ne puisse être appelé à diriger cet enseignement sans y avoir appartenu pendant un temps et dans des conditions à déterminer.

Sauf dans le paragraphe 2 du troisième vœu, il n'est pas question des Universités. Et ce n'est point en vue de la préparation scientifique, la seule que les Universités aient donnée jusqu'ici, que les instituteurs doivent y être admis; puisque l'admission serait subordonnée à la possession du brevet supérieur qui sanctionne déjà la préparation scientifique et générale d'un instituteur acquise par deux années d'école normale.

Les instituteurs allemands ont demandé eux aussi que les Universités fussent ouvertes aux *diplômés* des écoles normales. Ils ont démontré, textes en main, que le programme des écoles normales valait au moins celui des écoles réales secondaires, dont le certificat de fin d'études suffit pour l'inscription dans les Universités. Mais cette admission des diplômés n'est pour eux qu'une mesure de transition. Ils ne désirent point créer une différenciation fâcheuse parmi les primaires eux-mêmes dès le début de la carrière, puisque déjà les professeurs de l'enseignement primaire supérieur se croient au-dessus des simples instituteurs. Ils ne veulent point faire des études universitaires un droit dont les plus heureux et les plus ambitieux useraient comme d'un privilège aux dépens des autres; mais ils ont demandé pour *tous* les primaires l'admission dans les Universités en vue de la préparation professionnelle. Les auteurs du manifeste français ont-ils songé à ce danger?

L'idée dominante du manifeste est l'autonomie de l'enseignement primaire. Elle a été exposée avec vigueur par un des signataires, M. Daniel Vincent, ancien professeur à l'école normale de la Seine, dans les *Pages libres*, n° 233 (17 juin 1905).

Laquelle des deux tactiques servira le mieux et les intérêts corporatifs du personnel primaire et les intérêts plus graves de l'enseignement public? celle qui vise la préparation professionnelle des maîtres primaires par les Universités ou celle qui a pour objet l'autonomie de l'enseignement primaire?

Cette question doit être posée, non pas en France seulement, mais partout où la préparation professionnelle du personnel primaire est discutée.

Ce n'est pas ici le lieu d'examiner par le menu détail la thèse autonomiste. Cela a été fait, et le résultat de la discussion paraît être qu'elle n'est soutenable ni en théorie, ni en pratique. Pour la théorie, citons l'opinion des experts américains, dont on ne suspectera pas l'esprit de décentralisation. Si un des caractères de l'autonomie consiste à préparer les primaires par les primaires, sans rapports avec les autres institutions d'enseignement, sans renouvellement et sans stimulation du dehors, on pratique le « breeding in », sorte de procréation entre proches, qui mène à la routine, à la stagnation, à l'épuisement.

En pratique l'autonomie est condamnée par les

faits. Le même royaume de Saxe, qui se vante d'avoir possédé naguère un excellent directeur de l'enseignement primaire sorti des rangs, a été le premier à admettre dans les Universités les bons élèves maîtres. Ils y préparent et passent des examens organisés à leur intention, et entrent soit dans les fonctions supérieures de leur ordre, soit dans l'enseignement secondaire. Le duché de Hesse-Nassau vient de suivre cet exemple.

Mais le plus décisif des faits qui s'oppose à l'autonomie de l'un des trois ordres traditionnels d'enseignement est que partout l'évolution de l'enseignement public tend à l'association, nulle part à la dissociation. Dans certains pays, non des moins avancés en matière scolaire ni des moins démocratiques, il n'y a plus qu'un système unique d'enseignement dont l'école primaire publique est la base commune. La France n'a pas échappé et ne pouvait échapper à cette tendance. La loi de 1902 sur l'enseignement secondaire proclame dans son article 1er (décret du 31 mai 1902) que l'enseignement secondaire est *coordonné* à l'enseignement primaire, de manière à faire suite à un cours d'études primaires normales de quatre années.

On a tiré de cette coordination des conséquences qui, pour être logiques, ne sont pas moins irréalisables immédiatement. La suppression des classes élémentaires des lycées et collèges en est une. Déjà les autonomistes primaires voient cesser la « concurrence décourageante de cette école primaire payante à l'usage des bourgeois ». Des pays monarchiques y sont arrivés. En Prusse, l'administration scolaire a fini par refuser toute subvention aux classes élémentaires établies auprès des écoles secondaires à une époque où l'école primaire était moins développée. Celles qui ne se suffisent pas à elles-mêmes, sont supprimées. Ailleurs en Allemagne, elles n'existent plus ou n'ont jamais existé. Dans les pays scandinaves et anglo-saxons, en Suisse, etc., on ne les trouve qu'auprès des écoles secondaires privées.

Puis, c'est l'acheminement vers l'école primaire commune et obligatoire pour tous les enfants sans distinction de classe sociale qu'entrevoit aussi M. Buisson. Les pays germaniques, scandinaves et anglo-saxons, s'en accommodent fort bien, et certains d'entre eux l'ont établie solidement. En France, il semble que des préjugés assez forts en retardent l'avènement. Mais en admettant que les autonomistes primaires réussissent à arrondir leur domaine par l'acquisition convoitée des classes élémentaires des lycées et collèges, ne contracteront-ils pas, par là même, l'obligation de coordonner leur enseignement avec le secondaire de telle façon que le passage de l'école primaire au lycée se fasse sans heurt et sans dommage pour les enfants?

De l'autre côté du domaine primaire, dans l'enseignement primaire supérieur, même difficulté de dissocier, même nécessité, au contraire, de collaborer.

Que les primaires l'aient voulu ou non, l'enseignement primaire supérieur s'est développé partout vers le secondaire au point de s'y confondre parfois. Dans les pays allemands, nous voyons fréquemment des écoles bourgeoises (c'est ainsi qu'on y nomme les écoles primaires supérieures) ajouter aux trois classes du début une quatrième, puis une cinquième, etc., et finalement devenir une école réale, c'est-à-dire un établissement de l'ordre secondaire. On sait le développement prodigieux de l'enseignement primaire supérieur en France. Or, malgré les avertissements très pressants de ses fondateurs de se garder de l'imitation du secondaire (D. Vincent, loc. cit., pages 505-6), il y a parallélisme sur bien des points. On ne pouvait l'éviter, pas plus en France qu'ailleurs. Et en France la réforme de l'enseignement secondaire, en créant un premier cycle moderne (B) à côté du cycle classique, a accentué le rapprochement. La souplesse de ce nouveau système secondaire est telle que c'est là précisément, entre le primaire supérieur d'un côté et le premier cycle moderne du secondaire de l'autre, que s'effectuera la chute des cloisons étanches entre les deux ordres d'enseignement. Les autonomistes primaires de France l'ont si bien senti, paraît-il, qu'ils désirent voir quelques collèges faire retour à l'ordre primaire. Dans certains pays du Nord, il y a également au-dessus du degré primaire unique un degré moyen unique, diversement nuancé, au-dessus duquel, enfin, il y a un degré supérieur, analogue au second cycle secondaire français, qui prépare aux hautes études. L'évolution scolaire est orientée dans le sens de l'entente entre le primaire supérieur et le secondaire du premier degré. Et c'est par cette entente aussi que le secondaire se démocratisera, sans qu'il soit besoin de le rendre gratuit.

La nouvelle constitution de l'enseignement secondaire français non seulement rend impraticable l'autonomie de l'enseignement primaire, mais elle recommande la coordination des deux ordres et la collaboration, partant une préparation analogue des collaborateurs. Cette préparation est-elle possible et que sera-t-elle pour qu'elle réponde aux besoins des deux ordres coordonnés?

On a objecté, non sans raison, que la préparation du professeur secondaire comportait la spécialisation, tandis que l'instituteur doit pouvoir enseigner toutes les matières de son programme. Aujourd'hui, seul le maître élémentaire se trouve dans ce cas. Les connaissances générales qu'on se propose de lui donner à l'école secondaire, seront-elles celles dont il aura besoin dans sa petite école primaire? La quantité, dit-on, importe moins que la qualité. Et personne ne conteste sérieusement que l'école primaire élémentaire exige à l'heure actuelle un enseignement plus scientifique. L'instituteur du village ne remplira que mieux son rôle général et spécial s'il a l'esprit formé aux méthodes de la science. Quant aux professeurs de l'enseignement primaire supérieur et normal, les conditions présentes de ces enseignements n'ont-elles pas conduit à la spécialisation : lettres, sciences, langues vivantes, etc.? Et puisque c'est pour ces maîtres-là, sans doute, que les autonomistes demandent l'admission éventuelle aux Universités nationales, quel besoin absolu y a-t-il de ne pas les y préparer entièrement à leur carrière, de ne pas instruire côte à côte dans les Universités, par exemple, les certifiés de l'ordre primaire et secondaire pour l'enseignement des langues vivantes? C'est, semble-t-il, pour cette raison que M. Massé a trouvé que les écoles normales *supérieures*, où des professeurs secondaires donnent un enseignement secondaire et supérieur spécialement arrangé pour des maîtres primaires, ne se justifiaient plus.

Ayant à organiser la préparation professionnelle de son personnel primaire, le canton de Bâle-Ville a résolu de tenter l'expérience avec l'école secondaire. On a consacré l'argent qu'aurait coûté la création d'écoles normales à renforcer l'enseignement théorique de la pédagogie à l'Université et à créer un institut de pédagogie pratique avec un cours d'exercices limité. Les candidats instituteurs sont tous bacheliers de l'enseignement secondaire classique ou réal; les femmes doivent posséder un titre d'école secondaire. Plus tard, à l'Université, les futurs instituteurs s'entendent bien avec leurs camarades, notamment avec ceux qui se destinent au professorat secondaire et dont ils restent les condisciples jusqu'à leur entrée en fonctions. Au-delà des années d'études, l'instituteur conserve avec le professeur de lycée, le juge, le pasteur, etc., des relations que l'ancien normalien ne trouve pas toujours à se créer lorsqu'il prend possession d'un poste. Plus de dix années d'expériences et de résultats satisfaisants ont consacré cette innovation et l'ont fait adopter ailleurs, par exemple, à Zurich. Pourrait-on le suivre chez nous ?

On n'a pas exprimé, en France, la crainte de l'invasion « des hordes barbares » que certains professeurs d'Université allemands ont cru devoir opposer à l'admission des instituteurs parmi leurs élèves. Les Universités françaises ont tendu la main aux instructeurs du peuple. Elles sont en train de préparer un enseignement théorique de la pédagogie qui servira aussi bien aux candidats au professorat secondaire (1) qu'aux candidats du primaire.

La pédagogie générale est une. Il ne saurait y avoir de différenciation dans les disciplines afférentes, telles que la psychologie, la morale, l'hygiène. Des degrés de quantité, non de qualité, sont désirables dans la méthodologie de certaines matières d'enseignement. Il y aurait à peine lieu de différencier dans les cours de législation et d'administration scolaire, puisque la coordination des organismes scolaires rendra utile aux secondaires et aux primaires de connaître les uns le champ d'action des autres.

(1) Arrêté du 23 juillet 1906.

On projette, dans les Universités françaises, la création d'instituts d'histoire, de grammaire, des langues vivantes, à l'instar des instituts de chimie, de physique, etc., qui y existent déjà. La science et les études y trouveront avantage. Des instituts de pédagogie seront aussi nécessaires qu'utiles. Bien des pédagogues primaires, qui à l'heure actuelle exercent dans les écoles normales, seront à leur place, dans ces instituts pédagogiques, à côté des professeurs titulaires de l'Université. Le monopole de l'enseignement pédagogique qu'ils détenaient, grâce à l'indifférence du secondaire en matière d'instruction professionnelle, pourrait leur échapper maintenant que le secondaire a commencé à s'en préoccuper.

Puisque l'autonomie de l'ordre primaire est impraticable, et qu'au contraire la préparation du personnel primaire par les moyens actuels ou futurs des établissements secondaires et universitaires est dans les choses possibles, il est facile de dire laquelle des deux tactiques est la bonne. Celle qui poursuit l'autonomie de l'ordre primaire va à l'encontre des réalités et des tendances de l'évolution scolaire générale; elle est contraire aux intérêts généraux de l'enseignement public et aux intérêts spéciaux du personnel primaire. Est-il nécessaire de montrer combien une préparation analogue à celle des maîtres secondaires faciliterait aux primaires la conquête des charges élevées de leur ordre? Les instituteurs allemands l'ont compris. Les autonomistes français, reprenant une idée de Paul Bert, voudraient remplacer leurs inspecteurs d'académie par des directeurs départementaux de l'instruction primaire. Ces directeurs devraient justifier de la possession du certificat d'aptitude au professorat des écoles normales, ou de titres équivalents à déterminer, et du certificat d'aptitude à l'inspection primaire. Ils seraient recrutés au concours. Les candidats justifieraient de cinq ans d'exercice dans l'inspection primaire ou dans la direction des écoles normales (1). Rien ne semble plus juste à première vue. Les inspecteurs d'académie n'ont pas, surtout pendant les premières années de leur exercice, la pratique professionnelle du primaire. Cependant, il serait difficile aux autonomistes de nier qu'ils arrivent très vite à l'acquérir, et qu'ils y arrivent, grâce à la culture intellectuelle générale qu'ils apportent de leur préparation secondaire et universitaire.

Par l'admission dans les Universités, les primaires seraient qualifiés pour disputer librement toutes les charges de leur ordre aux fonctionnaires d'origine dite secondaire; ils ne subiraient plus la « ruée » des secondaires sur le primaire. L'enseignement primaire ne sera plus un fief du secondaire, mais son égal.

Qui ne voit pas aussi que les « origines roturières » cesseraient de poursuivre les primaires (2)?, que l'es-

(1) D. Vincent, loc. cit., page 504.
(2) D. Vincent, loc. cit., p. 497.

prit de caste (1) qui menace de séparer les primaires des autres ouvriers dans l'œuvre nationale de l'instruction publique, tombera de lui-même?

L'état de défiance entre le primaire et le secondaire a fait que l'enseignement primaire est souvent « incertain de sa voie, perd en visées inutiles le meilleur de ses efforts », et qu'il y a beaucoup « d'artificiel dans les études poursuivies à tous les degrés de l'enseignement primaire des écoles de Saint-Cloud et de Fontenay-aux-Roses à l'école rurale (2) ». La coordination par le personnel et par les programmes fera disparaître ces incertitudes. Le profit en sera pour les forces vives de la nation, pour la jeunesse.

Voilà pourquoi j'ai jugé utile de rassembler les pièces d'un dossier qu'on classera, si l'on veut, sous la rubrique « pédagogie de l'avenir ».

(1) L. Gérard-Varet (*Manuel général*, 3 février 1906), p. 207.
(2) D. Vincent, loc. cit., p. 497.

IV

Les Institutions pour Anormaux scolaires à l'Étranger

La question des anormaux a été discutée, ces temps derniers, avec beaucoup d'ardeur dans tous les pays. Elle a fait éclore une littérature copieuse et touffue (1). Se reconnaître dans cette littérature n'est

---

(1) Les textes officiels seront cités à leur place au cours de notre étude. — Les principaux ouvrages généraux ont été énumérés par les auteurs suivants : F. Buisson, *Nouveau Dictionnaire de Pédagogie*, etc. (Paris, Hachette, 1911), s. v. anormaux, arriérés, etc. — P. Munroe, *A Cyclopedia of Education* (New-York, The Macmillan, Co, 1911), aux articles « defectives » et « Schools for defectives ». — *Hilfsschulen fur Schwachbefähigte*, Otta Mayer, dans Rein, *Encyclopädisches Handbuch der Pädagogik* (2e édit. Langensalza, 1906), vol. 4, p. 385. On trouvera d'excellents travaux dans le vol. II, p. 715-845 des *Transactions* du deuxième Congrès international d'Hygiène scolaire (Londres, 1907) et dans les comptes rendus du troisième Congrès (Paris, 1910), vol. I, p. 533-590, vol. II, p. 456-471; vol. III, p. 741-811. Parmi les ouvrages qui donnent des résumés de la littérature, des statistiques, etc., il convient de mentionner : Fr. Frenzel, *Die Hilfsschulen fur Schulgesundheitspflege, ihre Organisation und Durchführung* (Stirzel, Leipzig, 1912). — P. Stritter, *Die Heilerziehungs- und Pflegeanstalten*, etc., *in Deutschland und den übrigen europäischen Staaten* (Hambourg, 1902). En fait de Revues spéciales nous avons consulté, entre autres, *L'Enfance anormale*, Rev. mens. des questions de médecine, de pédagogie et d'assistance, réd. par le Dr Courjon et L. Grandvilliers (Paris, Maloine et Nathan). Nouvelle série, 1912. Cette revue groupe les principales compétences françaises. — *L'Enfance anormale* (belge), Bulletin trim. de la Société protectrice de l'enfance anormale (Laeken-

pas chose facile. Selon que c'est un médecin ou un pédagogue qui parle, le terme fondamental, c'est-à-dire celui d'anormal, change de valeur (1). On croit avoir compris les pédagogues. Avec les médecins, on reste souvent dans le clair-obscur de la psycho-pathologie; parfois même le clair-obscur s'assombrit jusqu'à l'obscurité totale sous les innombrables

---

Bruxelles, Impr. A. Jonckheere), depuis 1906. — *Eos*, revue trim. pour l'étude et le traitement des enfants anormaux (Vienne, Autriche, Graeser et Cie), depuis 1905. Cette revue contient des renseignements très complets et très autorisés sur toutes les questions de la pédagogie des anormaux. — La *Zeitschrift für Schulgesundheitspflege* (Voss, Hamburg), 25e année. — La *Zeitschrift für pädagogische Psychologie und experimentelle Pädagogik* (Leipzig, Quelle et Meyer), 13e année. — Le *Pedagogical Seminary* de M. Stanley Mall (Worcester, Mass), 18 vol.

(1) Au dernier Congrès de la médecine française, à Lyon (octobre 1911), était annexée une petite section fort intéressante pour « l'étude de l'enfance anormale ». Les pédagogues n'étaient pas nombreux à cette réunion et les médecins, qui se groupaient autour des Drs Beauvisage, de Lyon, et Régis, de Bordeaux, pouvaient à leur aise traiter la question des anormaux comme si elle ne regardait que les médecins. En une des séances, deux congressistes soumirent à l'assemblée les résultats d'un examen qu'ils avaient pratiqué sur plusieurs centaines d'enfants des écoles communales d'une importante ville du Midi. Leurs constatations très méticuleuses et hautement scientifiques avaient quelque chose d'effrayant. Pour schématiser le classement de toutes les anomalies, uniques et multiples, que les deux praticiens avaient découvertes dans l'intelligence, dans le caractère, dans la volonté, etc., etc., des écoliers considérés par eux comme des anormaux, l'énorme tableau noir de l'amphithéâtre suffisait à peine. Ce que voyant, le Recteur de l'Académie de Lyon, qui siégeait au bureau, devint inquiet. Il se demanda si, en vérité, il ne dirigeait pas une Académie d'anormaux.

termes techniques, dans lesquels certains d'entre eux se plaisent à envelopper leurs observations.

— Je ne pense pas qu'il soit absolument indispensable, ici, de répondre à la question préalable : qu'est-ce qu'un enfant anormal? et de me risquer dans les arcanes de la psychiatrie, pour en tirer une définition qui puisse satisfaire les médecins. Cette petite étude a pour but de mettre les membres de notre personnel primaire au courant de quelques organisations publiques destinées à l'instruction des anormaux dans les pays étrangers. Nous trouverons dans les documents officiels qui s'y rapportent des définitions et des descriptions qui nous suffiront, dès que nous nous déciderons à ne pas quitter le terrain de la pédagogie et tout particulièrement celui de la pédagogie primaire (1).

Puisqu'il s'agira ici d'anormaux dont l'éducation et l'instruction demeurent, par la loi, l'affaire de l'école publique, je ne commettrai pas de contre sens en les désignant d'un terme plus commode, quoique moins scientifique, d'*anormaux scolaires*. Ceux-là, je puis les énumérer par catégories, en expliquant pourquoi et comment on les maintient dans le contingent scolaire.

(1) Sur les anormaux dans l'enseignement secondaire, voir *Eos*, (passim).

Dans la plupart des pays étrangers, la clientèle des écoles secondaires appartient à la classe bourgeoise, qui a les moyens de faire soigner et éduquer à part les enfants qui en ont besoin.

Les deux principes qui ont le plus profondément modifié l'école publique, sont la scolarité obligatoire, qui est un fait accompli, et l'hygiène scolaire, qui se généralise de plus en plus. Sans l'une et l'autre, l'éducation et l'instruction des enfants normaux et anormaux n'auraient pu faire les progrès dont se vante notre époque.

L'obligation réunit tous les enfants âgés de six ans en un vaste contingent scolaire, dont 90 % environ restent affectés, par choix ou par nécessité, à l'école primaire publique. Le régime de cette école et la somme de connaissances et d'aptitudes que les enfants doivent y acquérir dans un nombre déterminé d'années, sont imposés par le besoin de plus en plus impérieux des nations modernes de faire des enfants des citoyens libres et des valeurs sociales.

L'hygiène scolaire est venue déterminer les conditions dans lesquelles il devient possible à la majorité des enfants de subir ce régime, c'est-à-dire d'acquérir l'instruction indispensable sans dommage pour leur santé physique et intellectuelle. C'est, sans conteste, l'hygiène scolaire qui donnera à l'école de demain sa constitution définitive, en traçant les méthodes rationnelles qui assureront le plus grand rendement possible de l'instruction et de l'éducation en commun. L'inspection médicale des écoliers, et surtout des recrues scolaires, permettra à la pédagogie de s'affranchir des tâtonnements qu'entraînaient les traditions psycho-philosophiques, et de remplir plus aisément et plus sûrement toute la tâche sociale qui lui incombe. Aussi les législations scolaires, promulguées ces temps derniers dans les pays étrangers, ont-elles subi sans exception cette influence rénovatrice de l'hygiène scolaire.

Sans doute, la pédagogie n'a pas attendu les précisions de la science médicale pour approprier ses moyens et ses procédés aux cas particuliers qu'elle observait chez les enfants. Les tendances philanthropiques au XVIIIe siècle et les recherches psychologiques au XIXe siècle ont amené les pédagogues à s'occuper de certaines catégories d'enfants que, jusque-là, la religion de la Charité elle-même abandonnait à leur triste sort, parce qu'elle voyait dans leur mal un châtiment du ciel ou l'œuvre des mauvais esprits. Ce sont — soit dit en passant — des Français, les Itard et les Séguin, l'abbé de l'Épée et les Haüy, qui ont dirigé dans des voies nouvelles et fécondes les pédagogues du monde entier.

Les progrès de la science médicale et l'intervention directe des médecins dans le fonctionnement de l'école en vue de la préservation de l'enfance auront eu pour effet de modifier les procédés pédagogiques, mais ils n'ont presque rien changé encore dans l'organisation administrative de l'école. C'est aux pédagogues, surtout aux instituteurs, que demeurent confiées l'éducation et l'instruction même des enfants qui, pour une raison ou pour une autre, doivent être éduqués et instruits à part, voire en dehors de l'école.

De même que les enfants normaux, les anormaux dont nous nous occupons ici, ressortissent toujours à l'administration de l'Instruction publique, non pas à celle de l'assistance ou de la santé publiques.

Le contingent scolaire soumis à l'instruction obligatoire comprend donc tous les enfants d'un pays; il se divise *grosso modo* en deux catégories : les enfants qui possèdent les qualités physiques et intellectuelles suffisantes pour subir, non seulement sans inconvénient, mais avec avantage, le régime scolaire, et ceux qui ne remplissent pas ces conditions. Quelle est la situation faite à ces derniers par les législations scolaires à l'étranger? Pour répondre à cette question le mieux est de citer des textes.

Voici *in extenso* l'article sur l'obligation scolaire d'un pays qui passe pour avoir donné les meilleurs modèles de législation et d'organisation relatives à l'enseignement primaire, le royaume de Saxe. Cette loi est la plus récente qu'il y ait : elle n'est même pas définitivement votée, mais elle le sera sous peu. Elle est aussi la plus explicite et la plus exacte :

« Tout enfant est tenu de fréquenter l'école primaire (*Volksschule*) pendant huit ans sans interruption, en général de la sixième année d'âge jusqu'à la quatorzième révolue, dans l'arrondissement scolaire de son domicile. Cette obligation n'existe pas, si la personne responsable de l'instruction de l'enfant prouve qu'elle instruit ou fait instruire l'enfant en famille ou hors de la maison, d'une façon autre, mais suffisante.

« Au commencement de l'année scolaire doivent être amenés à l'école *tous* les enfants qui viennent d'accomplir leur sixième année d'âge. Peuvent être admis, sur le désir des personnes responsables, des enfants qui atteignent l'âge de six ans jusqu'au 30 juin de la même année, et dont on peut préjuger qu'ils pourront satisfaire aux exigences intellectuelles et physiques de la fréquentation scolaire.

« Pour les enfants débiles, maladifs, insuffisamment développés au point de vue intellectuel (*geistig unreif*), l'entrée à l'école à un âge plus tardif ou l'interruption momentanée de la fréquentation déjà commencée peuvent être accordées ou ordonnées.

« Les sourds-muets, y compris les sourds et les muets, les aveugles et les enfants ayant la vue si faible qu'on peut les considérer comme tels, enfin les enfants faibles d'esprit et idiots sont à placer dans des institutions spéciales destinées à les recevoir, à moins que les personnes responsables de ces enfants en prennent soin autrement d'une manière qui réponde aux nécessités particulières.

« Des classes ou des écoles de perfectionnement doivent être instituées pour les enfants *faiblement doués*, auxquels la participation profitable à l'enseignement de l'école primaire est impossible. Là où les institutions nécessaires ne peuvent être organisées, la commune scolaire fera donner à ces enfants, avec l'aide financière de l'État, si besoin est, des répétitions particulières (*Nachhilfeunterricht*).

« Les enfants moralement abandonnés (le terme *verwahrlost* en dit plus) et ceux qui montrent des penchants criminels, doivent être exclus de la fréquentation de l'école, si leur présence à l'école met en danger le bien-être moral ou physique de leurs condisciples.

« Si l'éducation tutélaire n'est pas ordonnée à leur égard, les personnes responsables auront soin de leur procurer autrement l'instruction convenable.

« La même obligation incombe aux personnes responsables d'enfants qui ne peuvent participer à l'instruction générale à cause de maladie persistante ou d'infirmité corporelle. Si les personnes responsables sont indigentes, c'est à la commune scolaire de s'en charger, avec l'aide de l'État, si besoin est.

« Les enfants qui n'ont pas atteint le degré d'instruction de l'école primaire élémentaire dans les principales matières du programme à la huitième année de fréquentation, notamment en religion, langue allemande, lecture, écriture, calcul, continueront à fréquenter l'école pendant un an encore.

« Cependant, l'inspecteur du district peut ordonner la libération si, à l'avis des maîtres et du directeur, la faiblesse intellectuelle d'un pareil enfant fait prévoir qu'une fréquentation ultérieure resterait sans résultats. Dans les cas douteux, le médecin de l'arrondissement ou le médecin du district doivent être consultés. »

Toutes les lois scolaires qui ont été faites dans les pays étrangers pendant les vingt dernières années, comportent des dispositions relatives aux enfants anormaux. Ces dispositions sont semblables partout, quoique inégalement explicites. Notons-en un ou deux exemples de la Suisse, qui offrent quelque particularité administrative ou quelque définition intéressante.

La loi sur l'enseignement public que le grand Conseil du canton de Lucerne a mise en application le 30 novembre 1910 (*Annuaire* (1) 1910, 11 et 12), énumère parmi les établissements *spéciaux* ressortissant au Département de l'instruction publique, en même temps que l'École Normale d'instituteurs et les écoles et cours agricoles, *l'établissement des sourds-muets, celui des aveugles, celui pour enfants morale-*

(1) Je cite ainsi le *Jahrbuch des gesammten Unterrichtswesens in der Schweiz* (Zurich, Orell Fussli, 24 vol).

ment abandonnés, enfin *l'établissement destiné aux enfants « faibles d'esprit »* et les *classes que les communes peuvent juger nécessaire d'organiser pour les enfants « faiblement doués »*.

Dans ce canton, les établissements pour anormaux sont tous des établissements primaires publics. Vu l'obligation générale, les mesures sont prises pour que les enfants indigents y soient placés soit aux frais de l'Assistance publique, soit aux frais de la commune ou du canton.

En exécution de la loi sur l'enseignement primaire du canton de Vaud, qui date de 1906, le règlement de 1907 consacre un chapitre à part à l'instruction des enfants *arriérés*, *aveugles* et *sourds-muets* (art. 2, al. 3, *Ann.* 1906, p. 22 et 1907, p. 55). Je le cite ici à cause des définitions et des particularités administratives qu'il contient. « Un enseignement spécial est donné aux enfants *arriérés* qui, tout en étant susceptibles de développement, sont dans l'impossibilité de suivre avec fruit l'enseignement ordinaire. La demande d'admission à l'enseignement spécial doit être adressée au Département par les parents ou, à leur défaut, par la commission scolaire. Le Département statue après avoir pris l'avis d'un médecin. Dans les localités pourvues d'un médecin des écoles, celui-ci doit être consulté. Lorsque l'enfant est admis à suivre l'enseignement spécial, il est astreint, selon les prescriptions habituelles de la loi, à la fréquentation des leçons qui lui sont destinées. Cet enseignement est organisé par le Département. L'État prend à sa charge une partie des frais à déterminer dans chaque cas. Le Département et les commissions scolaires surveillent les progrès de l'enfant qui reçoit l'enseignement spécial, et décident de son admission dans les classes ordinaires dès que son développement le permet. Les aveugles peuvent être admis dans un établissement spécial et les sourds-muets à l'institut de Moudon. La demande d'admission dans ces établissements est adressée au Département. Il pourra être créé des classes spéciales pour les enfants *retardés*. Ces enfants sont réintégrés dans les classes ordinaires aussitôt que leur développement le permet. La création de ces classes est soumise à l'approbation du Département. » C'est donc le Département de l'instruction publique qui, en vertu de la loi sur l'enseignement primaire, s'occupe des enfants arriérés, aveugles et sourds et muets. Remarquons aussi qu'une différence est faite entre les enfants *arriérés* et *retardés*. On perçoit aisément le sens de cette distinction.

La loi scolaire (primaire) du canton de Neufchâtel (1905) énumère dans son art. 7 les *écoles spéciales destinées aux enfants anormaux* comme des « établissements publics d'instruction primaire ». Dans la circulaire, que le Département de l'instruction publique du même canton a envoyée aux communes pour connaître le nombre des enfants *arriérés*, il est recommandé tout particulièrement aux agents chargés de ce recensement de faire abstraction des *enfants aveugles et sourds-muets;* les enfants arriérés y sont définis comme des enfants qui « tout en étant susceptibles de développement sont dans l'impossibilité de suivre avec fruit l'enseignement ordinaire ». (*Annuaire*, 1908, pp. 24 et 30.)

La législation scolaire anglaise définit avec netteté, d'une part, les catégories des anormaux susceptibles de recevoir l'instruction primaire en partie ou en totalité et, d'autre part, les organisations où, sous la direction des services de l'enseignement public, ils doivent recevoir cette instruction. Elle spécifie expressément que les incurables et les enfants moralement abandonnés ne relèvent pas des institutions scolaires. Cette législation procède directement de la loi sur l'obligation scolaire de 1876, qui établit le devoir des parents de faire donner à chaque enfant une instruction élémentaire suffisante en lecture, écriture et calcul sous peine de sanctions pénales. Cette loi a été complétée en 1893 par une loi relative aux enfants aveugles et sourds, et en 1899 par une autre relative aux enfants « défectifs et épileptiques ». Il est dit, en propres termes, dans le paragraphe final de chacune de ces deux lois qu'on doit les citer l'une et l'autre comme lois sur l'enseignement primaire : Elementary Education (Blind and Deaf children) Act. 1893, et Elementary Education (Defective and

Epilectic Children) Act. 1899, et qu'on doit les lire ensemble avec les autres lois sur l'enseignement primaire depuis 1870 ». Le service d'État auquel le Parlement a confié l'application de ces lois, en lui fournissant les pouvoirs et les moyens budgétaires nécessaires, est le Ministère de l'Instruction Publique (*Board of Education*). Et pour qu'il soit bien entendu que l'instruction et l'éducation de ces catégories d'enfants est exclusivement du ressort de l'autorité scolaire, la loi sur les aveugles et les sourds abolit les pouvoirs des comités tutélaires (*boards of guardians*), qui jusque-là s'en étaient occupés. Cette loi, ainsi que celle de 1899 sur les enfants « défectifs » et épileptiques, stipule, en outre, non moins expressément, que les enfants idiots et imbéciles et ceux que les « guardians » envoyent dans les « *workhouses* » (maison de travail ou de correction), c'est-à-dire les enfants moralement abandonnés, vicieux et criminels précoces ne sont pas justiciables de l'autorité scolaire quelle qu'elle soit, mais resteront confiés, comme par le passé, aux soins des organisations judiciaires tutélaires (1). Cette différenciation est à noter. L'exclusion du domaine scolaire des infirmes incurables est naturelle. On peut trouver moins naturelle celle des enfants moralement anormaux, si j'ose dire ainsi.

(1) Cependant les Comités tutélaires peuvent, dans certains cas, se servir des organisations scolaires, pour faire instruire des enfants dont ils ont la charge, en s'entendant avec l'autorité scolaire et en la désintéressant. —

Comme toutes les lois anglaises, celles qui nous intéressent sont accompagnées d'explications des termes qu'elles emploient.

La loi de 1893 spécifie ce qu'elle veut qu'on entende par aveugles et sourds :

« L'expression « aveugle » signifie trop aveugle (nous dirions « ayant la vue trop faible ») pour lire les livres ordinairement utilisés en classe par les enfants. L'expression « sourd » signifie « trop sourd pour être instruits dans une classe d'enfants entendants dans une école primaire. » Les aveugles et les sourds (1) sont donc considérés comme n'entrant pas dans le contingent scolaire. On les abandonne aux institutions créées à leur intention par la Charité ou par les autorités administratives générales (Local government Board).

Celle de 1889 enjoint aux autorités scolaires locales constitutées par la loi, de s'assurer « quels enfants de leur ressort, n'étant pas imbéciles et n'étant pas purement ternes (*dull*) ou arriérés, sont « défectifs », c'est-à-dire quels enfants pour cause de défectuosité mentale ou physique sont incapables de tirer un bénéfice réel de l'instruction dans les écoles élémentaires publiques ordinaires, mais ne sont pas incapables à la suite de cette défectuosité de tirer profit de l'instruction dans des classes ou écoles spé-

(1) Il n'est question nulle part dans ces lois des enfants « muets comme dans celles qui se rapportent à l'Écosse.

ciales telles que les prévoit la présente loi », puis de s'assurer « quels enfants de leur ressort sont épileptiques, c'est-à-dire quels enfants, n'étant pas idiots ou imbéciles, ne sont pas aptes pour cause d'épilepsie aiguë à fréquenter les écoles primaires publiques ordinaires ».

L'examen des enfants visés par ces lois se fait par un médecin agréé par le Ministère de l'Instruction publique. Les parents sont obligés, sous peine d'amende (jusqu'à 125 francs, prononcée sur « conviction sommaire »), de présenter leurs enfants à l'examen, si l'autorité scolaire les y invite; dans le cas où ils les présenteraient d'eux-mêmes, les autorités ont le devoir, de leur côté, de les soumettre à l'examen médical. Notons ici que les enfants caractérisés de « dull », *ternes*, *apathiques*, et de « backward », *en retard*, *arriérés*, ne sont pas compris parmi les « défectifs ». La loi anglaise ne les considère donc pas comme des anormaux.

Ayant ainsi défini le contingent d'anormaux confiés aux autorités scolaires locales sous la haute direction de l'Administration centrale de l'Instruction Publique, les lois font un devoir aux autorités de pourvoir à l'instruction des enfants « par tous les moyens nécessaires et convenables », classes spéciales ou écoles, et aux parents, c'est-à-dire aux personnes responsables, d'en faire profiter les enfants. La cécité, la surdité, « la défectuosité » et l'épilepsie ne sont pas, lorsqu'il s'agit d'un enfant d'âge scolaire, une « excuse raisonnable pour empêcher l'enfant de recevoir l'instruction ». Les autorités scolaires doivent même procurer des guides et des véhicules là où c'est nécessaire, afin d'ôter aux parents toute excuse de tenir leurs enfants loin de la classe ou de l'école.

J'aurais à revenir tout à l'heure sur la Suisse et sur l'Angleterre. J'arrête ici mes citations, par lesquelles j'ai voulu circonscrire la part que, de nos jours, les législations de l'étranger laissent à la pédagogie scolaire dans l'éducation et l'instruction des anormaux. Elles nous apprennent ceci : Les catégories qui sont mentionnées dans les textes cités, appartiennent administrativement au contingent scolaire, mais tous ne sont *plus* aujourd'hui envoyés et instruits à l'école primaire publique.

Ce n'est pas d'hier qu'on éloigne de l'école publique, comme il n'est que très naturel d'ailleurs, les enfants idiots, les aveugles et les sourds-muets. Les législations modernes ont placé au même degré les enfants ayant la vue si faible qu'ils peuvent être assimilés aux aveugles, les sourds qui parlent, et les muets qui entendent. Depuis longtemps, d'ailleurs, on a reconnu que ces malheureux enfants ne sont pas un déchet absolument perdu pour la société humaine. Les pouvoirs publics de tous les pays ont compris leur devoir d'aider la philantrhopie et la pédagogie qui ont pris soin et pitié d'eux. On soigne donc dans des hôpitaux-asiles ceux pour lesquels il n'y a que cela à faire.

Ceux qui sont éducables et auxquels on peut même donner une certaine instruction, sont recueillis dans des institutions spéciales fondées à leur intention. On leur apprend, par des moyens ou d'après des méthodes inventées pour eux, à développer et à utiliser les capacités qui leur restent ou qu'on arrive à leur restituer. Ils arrivent à n'être plus une charge absolument inutile pour leurs parents et leurs concitoyens. La disgrâce de la nature ne devient plus pour eux une infortune imméritée.

Mais, c'est en les traitant en *dehors de l'école* que ces anormaux profitent de la pédagogie dans les mesures de leurs moyens. Ceux-là nous ne les compterons donc pas parmi les anormaux scolaires proprement dits (ou que je voudrais désigner comme tels), pas plus que ceux qu'une infirmité grave ou une maladie persistante confine à la chambre de malade. Ne doivent pas davantage être mis ou maintenus dans une classe de l'école publique les enfants que l'abandon moral a dépravés ou rendus vicieux. Ceux-là ont fait récemment, un peu partout, l'objet des mesures réclamées par les sociologues. Ce n'est pas ici le lieu de parler des tribunaux d'enfants, des institutions tutélaires ou des établissements de correction qui ont été créés pour les sauver. Je me borne à faire observer qu'il y a, dans les pays étrangers, une tendance de plus en plus accentuée à les soustraire entièrement à l'administration pénitentiaire pour les confier à la tutelle familiale et à la pédagogie.

La place des anormaux n'est donc pas à l'école ordinaire. Les pédagogues de tous les pays sont d'accord à cet égard. Partout les pouvoirs publics se préoccupent de créer en nombre suffisant les établissements spéciaux qui leur conviennent. Nous devons considérer comme un état de transition celui qui existe encore dans certains pays, où les anormaux de cette catégorie fréquentent l'école ordinaire parce qu'on ne peut les mettre ailleurs.

Supposons qu'on puisse, dès maintenant, les retrancher, partout et totalement, du contingent que l'autorité administrative doit envoyer annuellement à l'instituteur ou à l'institutrice. Le contingent qui reste affecté à l'école publique ne comprend-il plus d'autres éléments anormaux? La réponse n'est pas douteuse. Tout instituteur s'aperçoit, dès qu'il met en train la classe des nouveaux arrivés, qu'il y a, dans le nombre, des enfants qui lui « donneront de la besogne ».

Pendant des semaines, il fera des tentatives ingrates, pénibles pour lui et pour les enfants, afin de stimuler la réceptivité limitée des uns, d'éveiller et de concentrer les énergies des autres. Il dépensera beaucoup de patience, d'habileté, de dévouement pour aboutir à quoi? à abandonner à leur sort ces moindres valeurs et à veiller à ce que « ce poids mort de sa classe » ne cause pas un trop grand préjudice aux élèves plus dociles. Or, il est inadmissible que l'école primaire publique réduise ses exigences, sous prétexte que celles-ci dépassent les facultés d'une faible minorité; il est inadmissible aussi qu'elle soit gênée par cette minorité dans l'exécution de toute sa tâche. D'autre part, il y a un danger réel à abandonner ces enfants à eux-mêmes, à les laisser ridiculiser par leurs camarades plus éveillés; non seulement ils n'apprennent rien, mais ce qui leur reste de volonté s'émousse, leur caractère s'aigrit, leurs tendances vicieuses s'accentuent dans l'isolement. Ces enfants-là, qu'on traitait naguère de cancres, sont presque tous des anormaux ou, comme on dit encore, des arriérés, chez lesquels, cependant, le retard et l'infériorité n'ont pas pour cause une fréquentation de l'école volontairement et négligemment différée ou irrégulière, mais une tare cachée de leur constitution physique. Ce sont ceux-là à qui je voudrais qu'on réservât l'appellation d'*anormaux scolaires.*

Dans les pays où les élèves sont soumis à l'inspection médicale au moment de leur première apparition à l'école, le médecin signalera, dès le début, la plupart de ces anormaux à l'attention du maître; il ajournera leur entrée en classe, ou il recommandera un traitement spécial. Cet examen préalable par le médecin est à l'école exactement ce qu'est à l'armée le conseil de révision militaire.

Je n'ai pas à énumérer ici les anomalies variées que présentent les anormaux scolaires. Un enfant dont le développement physique est resté inférieur à celui qui, d'ordinaire, convient, à son âge, un enfant rachitique, scrofuleux, un enfant qui bégaye ou zézaye, qui a la vue très basse ou l'oreille très dure, un enfant affligé d'un mal nerveux, voilà les cas les plus fréquents. Médecins et pédagogues peuvent différer dans leurs appréciations quant aux possibilités ou impossibilités de les améliorer ou de les corriger; les uns et les autres sont d'accord qu'il n'y a pas lieu d'exclure ces enfants-là de l'école publique, mais de les éduquer et de les instruire « spécialement », comme on dit. On a donc imaginé, à leur intention, un *organisme scolaire nouveau : la classe ou école de perfectionnement.*

Puisque cet organisme s'est développé d'une façon systématique, en Allemagne avant et plus que dans d'autres pays étrangers, étudions-en quelques types intéressants.

En Allemagne, les classes et les écoles de perfectionnement sont l'œuvre des municipalités. Les administrations centrales des divers pays allemands les ont «reconnus», et elles interviennent dans leur fonctionnement autant que pour d'autres compléments de l'école publique.

C'est à la ville de Dresde que revient l'honneur d'avoir inauguré, en 1867, la première *classe* de perfectionnement. En 1894, on comptait déjà dans l'empire allemand *trente écoles* de perfectionnement avec cent-dix classes. En 1903, cent trente municipalités avaient créé des institutions du même genre; on y comptait cinq cent quatre-vingt-trois classes recevant environ 12.000 enfants, par moitiés presque égales des garçons et des filles. En 1894, le Ministère de l'Instruction Publique et des Cultes de Prusse demanda aux gouvernements des provinces de la monarchie des renseignements sur le nombre, sur l'organisation et sur la fréquentation des classes instituées pour les enfants « faiblement doués », c'est-à-dire les enfants qui, après une fréquentation d'un ou de deux ans à l'école primaire, avaient été jugés susceptibles de recevoir l'instruction, mais incapables de suivre une classe d'élèves normalement doués. A part Berlin, où les anormaux scolaires étaient alors instruits dans des cours privés ou bien demeuraient mêlés aux enfants des écoles ordinaires, 18 municipalités avaient suivi l'exemple de Dresde. Le Ministre recommandait alors l'intervention des médecins, afin qu'on n'envoyât pas dans des classes d'anormaux trop d'enfants, en considérant, par exemple, comme des anormaux des élèves qu'une maladie ou un accident quelconque avaient momentanément affaiblis ou retardés. Vu les résultats favorables qu'on lui signalait, il promit les moyens budgétaires nécessaires, autant pour multiplier les classes et pour éviter qu'on y réunît plus de 25 enfants, que pour assurer à des maîtres qui voudraient s'y consacrer un supplément de traitement convenable. Par égard pour les parents, le Ministre proposa d'appeler ces classes « classes auxiliaires » ou tout au plus « classes auxiliaires pour enfants faiblement doués (1) ». Il se prononça en faveur des classes d'une demi-heure. Lorsque différentes classes pourront être réunies en une sorte d'école, le niveau de la classe supérieure ne devra pas dépasser le degré moyen de l'école primaire ordinaire. Le Ministre approuva également la méthode suivie, qui consiste à donner la préférence à l'instruction basée sur le développement des aptitudes physiques et du savoir-faire pratique. En 1901, le Ministère revint sur sa circulaire de 1894. Il constata avec satisfaction les nouveaux progrès des classes et écoles auxiliaires dans la monarchie prussienne : leur nombre était monté dans l'espace de sept ans à quatre-vingt-onze institutions, comportant deux cent trente-trois classes et recevant 4.728 enfants de quarante-deux municipalités. Mais le Ministre regretta que sa recommandation de 1894 relative à la collaboration d'un médecin n'eût pas été suivie partout; il insista tout particulièrement sur la nécessité de faire faire par un praticien la sélection des élèves destinés

---

(1) Les enfants eux-mêmes avaient baptisé ces classes « Dummenschule », « écoles des élèves bêtes », et les parents n'étaient pas fiers d'y voir leurs enfants. Dans certaines villes, les parents ont le droit de s'opposer à l'envoi de leur enfant à la classe spéciale. On cherche à obtenir pour les autorités scolaires ordinaires le pouvoir absolu de l'ordonner, même contre le gré des parents, tout comme elles ont le droit de faire avancer ou de retenir un élève quelconque selon ses progrès.

aux classes de perfectionnement (1). Le Ministre déconseilla, cette fois, de faire repasser dans l'école ordinaire un élève instruit dans les classes de perfectionnement; les élèves de cette catégorie sont généralement plus âgés que le sont les enfants de la classe ordinaire dans laquelle, d'après leur degré d'instruction, on pourra les placer; il y a donc non seulement un inconvénient très sérieux qui résulte de la différence d'âge, mais un danger que ces enfants arrivent à l'âge de quitter l'école primaire sans avoir acquis assez de connaissances pour se faire une situation dans la vie (2).

Depuis cette époque, il s'est développé en Allemagne une véritable pédagogie de perfectionnement. En moyenne, les classes ne reçoivent pas plus de 20 enfants (3). L'instruction est, dans la plus large mesure, individuelle. Elle progresse avec la lenteur et avec la simplicité qu'exigent les conditions de chaque élève;

---

(1) Presque partout en Allemagne, un élève signalé par son instituteur comme devant être envoyé à l'école de perfectionnement, est examiné par le médecin scolaire et par le directeur de l'école ou de la classe de perfectionnement, en présence du directeur et de l'instituteur de l'école ordinaire. Les parents sont avertis et souvent conseillés oralement sur la nécessité du renvoi.

(2) Voir dans *Rein*, l. c.

(3) Dans certaines villes pas plus de 15. Garçons et filles sont réunis, sauf dans les classes supérieures, où l'âge recommande la séparation des sexes. On y emploie aussi des institutrices. Toutes les classes sont mixtes au point de vue des croyances religieuses.

elle est le moins abstraite possible. L'enseignement visuel dans des leçons de choses et les occupations manuelles en constituent les moyens les plus féconds en résultats (1). La méthode frœbelienne, les travaux en carton ou en bois, le jardinage, le modelage et autres travaux simples, conviennent bien aux élèves.

Dans la classe unique sont sorties de véritables écoles, comportant jusqu'à quatre, cinq et même six classes, dirigées par un directeur spécial et réunissant un personnel presque toujours préparé en vue de sa tâche. Comme modèle du genre, on cite les écoles de Francfort-sur-le-Mein et de Leipzig. L'école de Francfort comporte six classes. On y enseigne la religion pendant une demi-heure, la langue allemande ainsi que le calcul pendant une heure environ tous les jours. Dans les deux premières classes, on ne fait ni histoire, ni géograhpie, ni histoire naturelle, ni calligraphie. Ces matières sont enseignées depuis la quatrième ou même depuis la troisième classe seulement, et pendant une heure par semaine, sauf la calligraphie à laquelle on consacre deux heures dans les trois dernières classes. Dans les deux premières, les leçons de choses occupent trois heures par semaine. Quatre heures par semaine, dans toutes les classes, sont réservées aux travaux manuels et deux à la gymnastique. Au total, les trois classes inférieures font vingt-quatre

---

(1) Environ 85 % des enfants instruits dans ces classes, en Allemagne, ont été rendus capables de gagner leur vie.

heures et les trois classes supérieures vingt-six heures d'enseignement par semaine.

Un élève qui quitte la classe supérieure d'une telle école, ne possède pas, au point de vue de la quantité, la moitié des connaissances que doit acquérir un élève qui a parcouru l'école primaire ordinaire. Il sait lire; il a appris à s'exprimer convenablement, oralement et par écrit. Qu'importe qu'il fasse des fautes d'orthographe. Il sait calculer avec les chiffres de un à mille, lorsqu'il s'agit d'une opération simple de la vie quotidienne; il sait écrire une adresse, une quittance, une petite facture. Il connaît à peu près le pays natal, ses chemins de fer, son industrie. Il a pu acquérir quelques notions d'histoire. Il connaît ses devoirs religieux et civiques. Il a appris à obéir. N'ayant pas été rudoyé, il a pris confiance en ses semblables. Il dispose d'une certaine dextérité manuelle et sait s'intéresser à ce qu'il fait.

Bien qu'en Allemagne l'institution des médecins inspecteurs des écoles, et surtout l'examen médical des recrues scolaires au moment de la première entrée des enfants dans une école primaire publique soient très répandus, on continue, néanmoins, de garder pendant un an, même pendant deux ans, un élève douteux dans la classe ordinaire avant de décider de son renvoi à la classe de perfectionnement. Évidemment ce renvoi est grave, aussi bien pour les enfants eux-mêmes que pour les parents. Une période d'essai semble donc nécessaire avant d'y recourir. On a pensé aussi à régler spécialement pour les anormaux scolaires les dispositions de la loi générale sur l'obligation. On souhaite notamment qu'il soit possible de retenir ces enfants à l'école jusqu'à l'âge de seize ans (1).

L'idée de faire rentrer dans la classe ordinaire un enfant qui a passé quelque temps dans une classe de perfectionnement, semble devoir être abandonnée pour les raisons que nous avons indiquées à propos de la circulaire du ministère prussien. Par contre, on cherche à constituer partout des sociétés de protection ou de tutelle, qui suivent dans la vie les enfants qu'on a dû instruire dans les classes de perfectionnement. Ce sont des êtres faibles, insuffisamment armés pour la lutte pour la vie et insuffisamment protégés contre ses dangers, surtout dans les grandes villes. Le personnel dévoué qui leur a procuré un rudiment d'instruction et d'éducation, a formé une association qui englobe déjà toutes les écoles et classes de perfectionnement de l'empire. Cette association ne poursuit pas seulement le développement des institutions de perfectionnement et des méthodes appropriées, mais

---

(1) Certains parents clairvoyants demandent aux directeurs de bien vouloir garder leurs enfants le plus longtemps possible. En attendant, le tribunal administratif suprême de Prusse a déclaré l'école de perfectionnement établissement d'intsruction primaire public, ce qui permet d'appliquer aux enfants qui y sont envoyés la loi ordinaire sur l'obligation dans toute sa rigueur et jusqu'à la contrainte.

surtout la protection sociale de ces enfants pendant et après leur temps de scolarité. Des patronnages de placement et des bureaux pour consultations juridiques gratuites ont été créées pour eux. Les autorités militaires elles-mêmes ont promis de veiller sur eux à la caserne.

Dans la plupart des villes, l'école de perfectionnement est gratuite; les fournitures scolaires sont données aux élèves. Dans d'autres, on fait payer une taxe scolaire aux parents qui en ont les moyens. En moyenne, un élève d'une classe de perfectionnement coûte 150 francs par an. L'expérience de cours complémentaires pour anciens élèves de ces classes semble promettre de bons résultats; elle a toutes chances de se généraliser depuis que l'instruction complémentaire a été déclarée obligatoire pour les écoliers normaux.

Il n'existe pas encore, en Allemagne, d'organisation officielle pour la préparation des maîtres. Tandis qu'à Budapesth on a créé, près de l'asile des idiots, une préparation systématique des instituteurs et des institutrices des classes de perfectionnement, les maîtres allemands se préparent à leur tâche en l'accomplissant ou en regardant des collègues l'accomplir. Les avantages qu'il trouvent, dans la carrière, sont un supplément de traitement de 250 à 300 francs comptant pour la retraite, et une diminution d'heures de travail ou des rémunérations en conséquence.

***

Là ne se bornent pas les efforts faits, en Allemagne, pour diminuer le déchet social de la population. Des organisations sont expérimentées en faveur de certains anormaux qui ne sont pas, d'ordinaire, cités expressément dans les lois scolaires : les bègues et les enfants très myopes ou entendant très mal. On a compté en Prusse environ 80.000 enfants qui bégayent ou qui zézayent. Le Ministère de l'Instruction publique de Prusse s'est vivement préoccupé de cette anomalie, qui n'est pas seulement une gêne pour les élèves, mais qui amoindrit sérieusement la valeur sociale d'un individu qui en est affligé. On a organisé, à Berlin, des conférences spéciales à l'usage des maîtres primaires qui veulent former, dans leur école, des cours pour enfants atteints de défectuosités du langage. Presque toutes les grandes villes ont annexé des cours semblables à leurs écoles primaires. Ces cours ont lieu pendant toute l'année scolaire; les séances d'une heure sont journalières et se font en dehors de la classe ordinaire. On demande aux parents de s'engager par écrit à y envoyer leurs enfants régulièrement. Lorsqu'un cours de ce genre n'est pas annexé à l'école primaire, on demande au spécialiste qui le dirige de se tenir constamment en contact avec l'école et avec la famille de l'élève, autant pour assurer la continuité souhaitable du traitement que pour prévenir le danger d'une rechute. A Kiel, dont les cours passent pour le modèle du genre, on a même organisé des cours préliminaires d'une durée et d'une fréquence moindres. Très souvent la guérison est obtenue dans ces cours préliminaires. On n'envoie dans le cours principal que les enfants qui font moins de progrès. L'enseignement consiste surtout en exercices de respiration, de phonation et d'articulation, en séances de lecture et de diction. Les moyens d'enseignement les plus usités sont ceux de l'enseignement des leçons de choses. Là aussi une série de conférences sur les troubles de la parole a lieu, tous les ans, pour les instituteurs qui veulent se charger de l'éducation de la parole chez leurs élèves. D'après les dernières statistiques, on a compté 76 % de guérisons et 23 % d'améliorations.

On a fait des tentatives isolées pour instruire à part les enfants qui entendent très difficilement et ceux qui ont la vue excessivement basse. Jusqu'à présent, on s'était arrangé, dans la classe ordinaire, pour placer ces enfants très près du tableau noir et de la chaire du maître. Pour d'autres, le médecin inspecteur a ordonné le traitement médical ou l'usage de lunettes. Il semble que les résultats appréciables et définitifs ne peuvent être obtenus que par un traitement rationnel appliqué pendant toute la durée de la scolarité.

C'est sans conteste en Allemagne qu'on a fait le plus pour les anormaux scolaires. Parviendra-t-on jamais à ne laisser à l'instituteur que des enfants normaux?

***

Le système allemand des *classes et écoles de perfectionnement* a été imité un peu partout, dans les pays du Nord, en Autriche-Hongrie (1), en Italie, en Suisse, en Angleterre et aux États-Unis.

En Norvège, les établissements destinés à recueillir les enfants sourds, aveugles ou idiots, de même que les établissements de correction pour les enfants moralement abandonnés ou criminels âgés de moins de quatorze ans, ressortissent au Ministère de l'Instruction publique et des Cultes (loi de 1881). Ce service forme une division spéciale du Ministère. L'État fait les frais de l'enseignement; les communes prennent à leur charge les dépenses pour l'entretien des enfants indigents.

Les expériences faites en Hollande (2) sont à signaler, à cause des particularités administratives qu'elles mettent en évidence. Avant la loi de 1905, on avait organisé pour les enfants arriérés des *classes* auprès des écoles primaires ordinaires, à La Haye, à Rotterdam, et dans quelques autres villes. Ladite loi a supprimé toute subvention de l'État pour cet enseignement dans les écoles ordinaires, mais elle en prévoit pour des *écoles* spéciales. Les municipalités ont donc transformé leurs classes en écoles; celles qui

(1) Une des meilleures Revues du genre, intitulée « Eos », paraît en Autriche; elle en est à sa huitième année.

(2) Voir P.-H. Schrender, directeur d'une école pour enfants arriérés à La Haye, dans le vol. I, des comptes rendus du IIIe Congrès Internat. d'hygiène scolaire (Paris, 1910), p. 545 suiv.

n'avaient pas encore de classes, ont fondé tout de suite des établissements complets pour les arriérés. C'est le cas à Utrecht, Haarlem et Arnhem. La ville d'Amsterdam possède trois écoles pour arriérés, qui sont dirigées par une société, mais que l'État et la commune défrayent presque entièrement. Or, la loi hollandaise comporte deux conséquences fâcheuses. La première est de soustraire les enfants arriérés à l'obligation scolaire en les plaçant hors de la loi commune sur l'instruction primaire. Au point de vue social, elle ne marque pas un progrès, puisque les indigents n'étant pas tenus d'envoyer leurs enfants à l'école spéciale feront le minimum, s'ils font quelque chose, pour assurer à leurs enfants faibles les moyens de se suffire à eux-mêmes dans la vie. L'autre inconvénient est que le personnel de ces écoles cesse de jouir des avantages accordés au personnel primaire public, carrière stable, retraite, etc. Le recrutement d'un personnel dévoué et préparé spécialement à la tâche, fort pénible, de l'instruction et l'éducation des anormaux semble menacé par une pareille mesure. Le petit pays qu'est la Hollande peut-il se contenter d'une intervention officielle si limitée en faveur de ses anormaux? Il conviendrait de l'en féliciter. En théorie, la loi de 1905 est considérée, à ce point de vue, comme une mesure réactionnaire qu'aucun sociologue ne saurait approuver.

La Constitution de la Confédération helvétique (paragraphe 37, art. 3), dispose que l'État prend soin entièrement, ou de concert avec la charité privée, des enfants aveugles et sourds-muets, des faibles d'esprit et des enfants moralement abandonnés. En exécution de cette disposition, les divers cantons procédèrent à un recensement minutieux, s'étendant jusque dans les établissements privés, de tous les enfants d'âge scolaire pouvant avoir besoin du régime spécial prévu par les pouvoirs publics. Divers cantons s'enquirent même du sort des enfants de cette catégorie qui avaient dépassé l'âge scolaire et qui étaient entrés dans la vie. On voulait s'entourer de tous les renseignements utiles en vue de la création des institutions qu'exigerait l'accomplissement de la promesse faite par la Constitution. En même temps des associations se formaient, nombreuses et actives, qui font dans des Congrès annuels une propagande féconde pour l'étude et le traitement de l'enfance anormale.

La plupart des cantons possèdent aujourd'hui, les uns une institution pour les enfants aveugles, les autres une pour les enfants soudrs-muets; les cantons de Berne, de Zurich, de Vaud et de Fribourg en possèdent une de chaque espèce.

Il existe également, dans chaque canton, des écoles dites de sauvetage ou d'éducation, c'est-à-dire des écoles de réforme ou de correction, pour enfants moralement abandonnés, vicieux ou criminels. Le canton de Berne compte seize de ces écoles, dont sept sont exclusivement des établissements de l'État et dont les neuf autres sont subventionnées par lui. Zurich en a treize, l'Argovie huit, Saint-Galles six, les autres cantons une, deux ou trois.

A la fin de 1909, 1.324 enfants d'âge scolaire idiots ou tellement faibles d'esprit qu'ils ne pouvaient fréquenter l'école publique, on été recueillis dans vingt-six établissements. Seul celui de Lucerne appartient entièrement à l'État; quelques-uns appartiennent à des particuliers; les autres, au nombre de dix-huit, sont des fondations privées qui reçoivent des subventions de l'État et de la charité publique et qui sont, par conséquent, accessibles à des pupilles de l'autorité publique, administrative ou scolaire.

Tandis que ces établissements, qui ne dépendent pas tous de l'autorité scolaire (1), reçoivent des anormaux qu'on juge nécessaire de retrancher de la population scolaire, les *classes spéciales* fonctionnent dans l'école primaire publique elle-même. Le règlement que la ville de Saint-Gall a donné, en 1889, à ces classes (31 mai; *Annuaire* 1889, p. 80), débute par cette déclaration : « La classe spéciale pour écoliers faiblement doués forme partie intégrante de l'école primaire communale ». Ce règlement a servi de modèle à

(1) L'Annuaire de 1910, publié en 1912, les énumère p. 246. Seul le canton de Genève n'a pas d'école spéciale. — Les sept classes d'enfants arriérés font partie des écoles primaires publiques.

ceux de quelques autres cantons. En voilà les principales dispositions :

La classe spéciale est destinée exclusivement à des enfants qui sont susceptibles de recevoir l'instruction, mais qui, à la suite de défectuosités intellectuelles ou physiques, ont besoin d'un enseignement individuel et sont incapables de suivre leurs camarades de classe normalement doués. L'admission à la classe spéciale a lieu, en règle générale, si, après un séjour d'un an dans la classe ordinaire, elle est jugée nécessaire. En cas de nécessité tout à fait évidente et sur la demande des parents, un enfant peut y être envoyé déjà après le premier trimestre de présence à l'école. Peuvent y être placés de même les enfants qui ont fréquenté l'école ordinaire pendant plus d'une année. C'est le maître de la classe qui propose au directeur de l'école l'envoi d'un enfant à la classe spéciale; le directeur en délibère avec les autres maîtres et soumet les conclusions de cette conférence à la commission de l'enseignement primaire. Celle-ci décide, après avoir fait examiner l'élève par le maître de la classe spéciale et par un médecin. Les parents doivent donner leur consentement par écrit. En cas de refus, le Conseil scolaire passe outre, mais il reste aux parents le recours contre cette décision au Département de l'instruction publique, c'est-à-dire à l'autorité scolaire supérieure. Selon le cas, celle-ci ordonne le maintien dans la classe ordinaire, ou bien l'éloignement définitif de toute école publique (1). Ne peuvent être admis dans la classe spéciale les enfants dont l'infirmité mentale ou physique est telle qu'on ne pourra les admettre dans aucune école publique, les enfants moralement abandonnés et dépravés, et, enfin, les enfants qui n'ont pas pu atteindre au moins le degré d'instruction de l'école préparatoire.

Un enfant qui a séjourné pendant quelque temps dans la classe spéciale et qui se montre réfractaire à l'instruction qu'il y reçoit, peut être éloigné entièrement de l'école publique par le Conseil scolaire. Par contre, la Commission de l'Enseignement primaire peut autoriser, si le maître de la classe spéciale le propose et si le médecin donne un avis favorable, le retour d'un enfant dans la classe ordinaire qui convient à ses connaissances et à ses aptitudes.

La classe spéciale est placée sous le contrôle immédiat et sous la direction de la Commission de l'Enseignement primaire. Elle doit se trouver autant que possible dans le centre de la ville. Elle recevra des enfants des deux sexes. Le nombre sera limité à vingt-cinq.

Le but de l'enseignement de la classe spéciale doit s'accorder, en général, avec celui de l'école primaire.

(1) En Suisse, cette mesure est considérée comme infamante, d'autant plus que l'éloignement de l'école publique entraîne, dans un cas de cette espèce, l'internement dans un asile.

Toutefois, on y fera une place importante aux travaux manuels. Lorsque les aptitudes des enfants ou l'expérience recommandent des modifications dans le plan d'études, on les soumettra à l'approbation du conseil scolaire. Les leçons hebdomadaires ne devront pas occuper plus de trente heures, dont un tiers au moins seront consacrées à la gymnastique et aux exercices de dextérité manuelle.

La conduite de la classe spéciale peut être confiée à un instituteur ou à une institutrice, qui jouiront, de ce chef, d'un supplément de traitement de 300 francs par an; leurs droits et devoirs restent les mêmes que ceux du personnel primaire de la ville, c'est-à-dire qu'ils demeurent dans les cadres.

Le canton de Bâle-Ville organisa des classes spéciales, à titre d'expérience, dès 1888. L'institution fut consacrée définitivement en 1892 (règlement du 23 avril 1892, *Annuaire*, 1892, p. 62 (1).

Le règlement ne diffère que par quelques détails de celui de Saint-Gall. Ainsi, l'admission d'un enfant à la

(1) Il ne faut pas confondre avec ces classes spéciales les classes dites de répétition, qui ont été inaugurées à Bâle en 1906 et à Saint-Gall en 1908 avec beaucoup de succès, dit-on. Ces classes ont le même but que les « Förderklassen », qui existent, par exemple, à Mannheim. Elles sont destinées à des élèves qui, pour une raison quelconque, sont restés en retard dans la classe de première année et qu'une instruction à part, convenant à leurs dispositions individuelles, peut mettre en mesure d'entrer sans difficulté dans la classe de deuxième année. Ceux à qui ce régime à part ne profite pas, sont renvoyés à l'école spéciale.

classe spéciale ne se fait qu'après une année de présence dans la classe ordinaire, et sur la demande des parents; l'admission d'office, c'est-à-dire ordonnée par les autorités scolaires (sauf dans des cas urgents), ne peut avoir lieu qu'après deux années d'épreuve à l'école ordinaire. Le consentement des parents est nécessaire, de même que l'avis de l'instituteur ou du médecin. En cas de protestation des parents, l'autorité scolaire supérieure procède comme à Saint-Gall. On a réservé à la même autorité la décision sur le retour d'un enfant à l'école ordinaire. C'est l'inspection primaire qui dirige ces classes, confiées à des maîtres et à des maîtresses du corps enseignant primaire.

Dans le canton de Zurich, qui a adopté l'organisation de pareilles classes en 1890, la période probatoire qui doit précéder l'inscription d'un enfant à la classe spéciale, est également d'une année; la période d'observation dans la classe ordinaire ne peut jamais être de moins de six mois, même si les parents demandaient qu'un enfant fût placé dans la classe spéciale avant cette période. C'est l'instituteur qui propose l'envoi d'un élève à la classe spéciale. Mais un examen de l'élève par l'autorité scolaire et l'avis d'un médecin désigné par elle sont prescrits avant la décision définitive. Le retour d'un enfant dans la classe ordinaire peut être ordonné sur la proposition du maître et après un examen, mais ne revient définitif qu'après un trimestre d'épreuve. Pour le reste, le règlement de Zurich est pareil à celui de Saint-Gall.

J'ai résumé plus haut les mesures contenues dans la loi scolaire du canton de Vaud.

Aujourd'hui les lois générales sur l'enseignement primaire de tous les cantons prévoient l'organisation de classes spéciales. Ainsi, celle du canton de Neufchâtel (18 novembre 1908) en autorise l'organisation sous réserve de l'approbation du Conseil d'État là où le besoin s'en fait sentir; il est dit expressément que l'État participe à leur création par des subventions (*Annuaire*, 1908, pp. 25 et 28).

Genève a réorganisé ses classes spéciales en 1909. Il y avait alors huit divisions avec 58 garçons et 44 filles. De ces 102 élèves, 32 pouvaient retourner à la classe ordinaire après six mois de séjour dans une classe spéciale.

Tous les cantons contribuent naturellement aux dépenses qu'occasionnent aux communes les classes spéciales; ils garantissent en plus aux maîtres qui veulent se charger de cet enseignement, un supplément de traitement. Enfin, plusieurs cantons ont organisé des cours à l'usage des instituteurs et des institutrices qui veulent s'y préparer.

En tout, il y avait en Suisse, en 1909 — en dehors des institutions autonomes pour les faibles d'esprit — 80 classes spéciales avec 26 maîtres et 56 maîtresses pour 904 garçons, 804 filles (*Annuaire* 1908, p. 344). La contribution de l'État, imputée sur la subvention fédérale aux écoles primaires et aux recettes produites par les taxes sur l'alcool, était, en 1910, de

253.448 francs, en augmentation de 66.610 francs sur 1909, rien que pour les enfants faiblement doués et arriérés.

D'après les rapports annuels, les résulats obtenus dans les classes spéciales sont très encourageants, surtout si l'on considère qu'un certain nombre de leurs élèves ont pu revenir dans la classe ordinaire. Pour ceux qui ont dû faire toute leur instruction primaire dans les classes spéciales, le niveau atteint semble satisfaisant. A Zurich, on a même fondé pour ceux-là des cours complémentaires. N'oublions pas, cependant, que ces classes spéciales ne reçoivent que les plus perfectibles parmi les anormaux scolaires. La Suisse possède 27 établissements pour enfants idiots. Dans les pays moins favorisés, si j'ose dire ainsi, au point de vue du nombre des établissements, bon nombre des enfants que la Suisse peut placer dans des pensionnats, restent dans des classes spéciales, et le peu de progrès qu'ils y font semble corroborer l'opinion de ceux qui ne sont pas convaincus des résultats positifs et durables de cette expérience nouvelle de la pédagogie scolaire.

Les lois anglaises de 1893 et 1899, dont j'ai indiqué ci-dessus l'objet et la portée, méritent d'être examinées de plus près.

L'instruction primaire obligatoire, disent-elles, peut-être donnée à des enfants aveugles ou sourds dans une école primaire publique ou dans un autre établissement scolaire agréé comme tel par le Ministère de l'Instruction publique; et les autorités scolaires ont, outre les pouvoirs (de lever des taxes, d'emprunter et de dépenser, de recevoir des subventions du Parlement, etc.) prévus par la loi générale sur l'enseignement primaire pour l'organisation des écoles nécessaires et suffisantes, celui de loger les enfants aveugles ou sourds à l'école ou dans un « home » convenable situé près de l'école. Les parents qui peuvent payer, sont tenus à contribuer aux dépenses que l'autorité fait pour leurs enfants sourds ou aveugles; pour les indigents, c'est l'autorité qui paye, mais sans que cette « bourse » fasse perdre aux parents le moindre de leurs droits ou privilèges civiques ou autres. Enfin, pour tous ces enfants la scolarité obligatoire s'étend jusqu'à la seizième année d'âge, et sans qu'une exemption totale ou partielle de la fréquentation puisse être accordée.

Pour les enfants « défectifs », les autorités locales ont tous les pouvoirs pour établir ou pour organiser à leur intention, soit des classes spéciales dans des écoles primaires publiques, soit des écoles autonomes.

Les enfants domiciliés trop loin d'une classe ou école peuvent être hospitalisés dans une maison située à proximité. — Les épileptiques ne sont instruits et éduqués que dans des écoles établies à cet effet. — Classes et écoles sont soumises à l'agrément et au contrôle du Ministère.

Les écoles peuvent comporter des internats. Pour être agréé par le Ministère, aucun internat ne doit recevoir plus de quinze pensionnaires, et aucune école ne doit être composée de plus de quatre divisions. Les parents domiciliés près d'une classe spéciale ou d'une école sont tenus d'y envoyer leurs enfants d'âge scolaire. S'il le faut, un guide ou une voiture viendra les chercher. Contre les parents qui refuseraient d'envoyer leurs enfants anormaux dans une école reconnue, l'autorité scolaire peut obtenir un ordre d'une cour de « juridiction sommaire »; en cas de désobéissance, les parents s'exposent aux poursuites prévues pour les infractions à la loi générale sur l'obligation.

D'après les derniers règlements (1909), l'admission aux écoles spéciales peut être accordée dès l'âge de cinq ans. Les parents sont en droit de demander que leurs enfants soient examinés à des intervalles de six mois. Un enfant épileptique ou « défectif » qui s'est amélioré physiquement et mentalement, retourne à la classe ordinaire. Si, au contraire, il n'a fait aucun progrès à l'école spéciale, l'autorité scolaire peut ordonner son éloignement, par conséquent, l'exclusion de tout enseignement public.

Les deux lois de 1893 et de 1899 sont toujours en vigueur (1). Elles forment la base des règlements nou-

(1) Elles ont été jugées insuffisantes par une Commission royale qui fut chargée, en 1904, de s'assurer des résultats qu'elles avaient produits. Voir le compte rendu d'un des membres de cette

veaux que le Ministère de l'Instruction publique a faits en 1909. D'après ces règlements, les écoles spéciales destinées à recevoir les enfants aveugles, sourds, épileptiques ou « défectifs » sont, soit des « écoles de jour », *externats*, soit des *boarding-schools* « *internats enseignants* », soit enfin des « homes », c'est-à-dire des internats dont les pensionnaires reçoivent leur instruction dans une école du voisinage. Le Ministère se réserve une inspection et un contrôle très suivis de ces établissements, autant en ce qui concerne l'installation que le fonctionnement. Pour recevoir la subvention du Parlement, ces écoles doivent remplir toutes les conditions que l'Administration centrale juge utiles pour le but qu'on cherche à atteindre. Ainsi, il doit y avoir classe au moins quatre cents fois par an, en deux séances par jour. Aucune séance ne doit dépasser deux heures et demie, un intervalle d'une heure et demie séparant la classe du soir de celle du matin.

Ces écoles ne peuvent être données ou prises en régie. Les maîtres ou maîtresses doivent être agréés par l'Administration centrale et, autant que possible, préparés à leur tâche. L'instruction des enfants aveugles se fait séparément de celle des enfants sourds. Les premiers doivent être au maximum 15, les se-

---

Commission dans le vol. III des comptes rendus du IIIe Congrès Internat. d'hygiène scolaire (Paris, 1910), et suiv. Voir *Ibidem*, p. 752-764, les résultats obtenus à Londres et à Liverpool.

conds 10 dans une classe, et chaque classe doit avoir son instituteur spécial. Il en est de même pour les enfants « défectifs ». On instruira à part les « défectifs » au point de vue mental et les « défectifs » physiques. Le nombre des enfants ne doit pas dépasser 20, surtout dans les classes inférieures. Vu la difficulté de recruter le personnel nécessaire, le Ministère admet, à titre provisoire, des personnes qui ne possèdent pas leur diplôme d'instituteur ou d'institutrice, mais qui justifient d'une expérience suffisante pour la tâche spéciale qu'elles entreprennent. Enfin, le nouveau règlement fixe les plans d'études. Pour les enfants aveugles ou sourds, l'instruction comprend la langue anglaise, l'arithmétique, des leçons de choses, l'histoire, la géographie, la gymnastique, les travaux manuels pour les garçons et les travaux de couture pour les filles; les aveugles font du chant et de la musique, les sourds du dessin. Sauf l'histoire et la géographie, le plan d'études des enfants « défectifs » et épileptiques est à peu près le même. Il est certain que ce plan d'études constitue un maximum, et que l'on en fera dans chaque école ce qu'il sera possible d'en faire. Le règlement n'est pas impératif à cet égard. En effet, il n'est pas nécessaire que tous les sujets soient enseignés ni dans chaque classe ni à tous les élèves. Le plan d'études dans son ensemble peut être modifié avec l'approbation de l'inspecteur, si les circonstances et les besoins des élèves le rendent nécessaire.

Dans aucun pays l'instruction et l'éducation des anormaux n'est aussi généralisée qu'aux États-Unis de l'Amérique du Nord (1). C'est, en effet, là que le disciple d'Itard, le Dr Séguin, a pu, à partir de 1850 jusqu'à sa mort, mettre en pratique les idées qu'il avait formulées, en 1837, dans son ouvrage demeuré classique sur « l'éducation des anormaux d'après les données de la science ». Séguin est resté en Amérique et a présidé à la fondation et à l'organisation de presque tous les établissements publics ou privés pour anormaux. Les Américains du Nord ont une passion pour l'expérimentation des nouveautés pédagogiques. En matière de pédagogie pour enfants anormaux, ils ont expérimenté beaucoup. On a eu à enregistrer des succès, mais aussi des déceptions. Les uns insistent pour appliquer strictement les idées et les méthodes de Séguin, c'est-à-dire la prédominance de l'éducation des capacités physiques; d'autres préconisent le développement des facultés intellectuelles.

---

(1) On peut consulter avec fruit sur les États-Unis l'étude de M. Ellis Allen, *Education of Defectives*, dans les Monographies publiées en 1900, à l'occasion de l'Exposition Universelle de Paris, publié par N. Murray Butler (Albany, 1900), vol. II, p. 769 et suiv., et sur la cité de New-York, l'étude du Dr Isabelle Tompson Smart, dans le vol. III (p. 768 et suiv.) des comptes rendus du IIIe Congrès International d'Hygiène scolaire (1910). Enfin, les *Rapports annuels* du *Commissioner of Education* (Washington, Gouvernement Painting Office) et le *Journal of Proceedings and adresses* des congrès annuels de la *National Education Association of the U. S.* publiés par l'Association.

La multiplicité et la variété des types d'anormaux donne raison tantôt aux uns, tantôt aux autres.

Il y a aujourd'hui trois types d'écoles pour anormaux dans des institutions spéciales et autonomes. Il y en a d'abord qui se rapprochent le plus possible de l'école publique. Elles comportent un jardin d'enfants et jusqu'à trois ou quatre classes primaires. On apprend aux enfants à lire, à écrire et à calculer, et un peu de géographie et d'histoire. L'enseignement manuel occupe plus ou moins de place. Dans les écoles du second type, l'enseignement manuel est au premier plan, l'instruction proprement dite reste tout à fait élémentaire et n'est même pas donnée à tous les enfants indistinctement. Enfin, il y a des institutions dans lesquelles on ne fait de l'instruction intellectuelle que parce que les parents le demandent. Cette instruction, disent les défenseurs de ce dernier type qui, d'ailleurs, est le plus moderne, n'est qu'apparente; elle n'est pas durable; elle est acquise au prix de beaucoup de temps et de beaucoup d'efforts qu'on ferait mieux de consacrer au développement des capacités physiques. La faiblesse d'esprit étant dans la grande majorité des cas une condition héréditaire, ou plutôt le résultat d'une tare héréditaire incurable, il est impossible de l'amender à un tel degré que l'individu qui en est affligé puisse songer à concurrencer efficacement un individu normal dans la lutte pour la vie. En voulant leur donner une instruction pour laquelle ils n'ont aucun désir et peu ou pas de facilités, on ne fait que rendre ces enfants plus malheureux, non seulement parce qu'on risque de leur faire comprendre leur infériorité réelle lorsqu'ils se comparent à des normaux avec lesquels la vie les mettra en contact, mais parce que les connaissances sans le contrôle moral constituent pour eux un réel danger. Cette théorie, si jamais elle triomphait entièrement, aurait pour conséquence logique de maintenir les anormaux enfermés dans des institutions pendant toute leur vie; ils y emploieraient pour le mieux leurs capacités physiques sous le contrôle d'hommes qui penseraient pour eux. On empêcherait aussi, comme le demandent beaucoup d'aliénistes, les anormaux de se reproduire.

Il y a en Amérique également des classes spéciales annexées aux écoles publiques. En 1903, la *New Jersey Training-School for feeble-minded girls and boys* a ouvert un cours d'instruction des anormaux à l'usage des maîtres et maîtresses de l'enseignement primaire. Jusque-là, chaque école où de semblables classes avaient été organisées, en avaient confié la conduite soit à une personne quelconque, soit à un maître ou une maîtresse ordinaires, qui avaient montré quelques dispositions pour l'instruction des anormaux. Obtiendra-t-on des résultats susceptibles de réfuter les arguments des adversaires de toute instruction chez les anormaux, en formant un personnel spécial? En attendant, les grandes Universités américaines et quelques écoles normales ont commencé à organiser des cours théoriques et des exercices pratiques pour la formation de maîtres spéciaux. Dans les écoles normales de l'État de Massachussetts, les notions sur l'instruction des enfants arriérés ou anormaux constituent une partie obligatoire du programme d'études.

Si l'on compare l'état de choses que font connaître les quelques documents examinés, avec ce qui existait il y a un quart de siècle, il faut avouer que des progrès considérables ont été réalisés. La société moderne a compris combien il était important pour elle non seulement de protéger l'enfance dans les premières années, mais d'empêcher un trop grand déchet de se produire pendant les années qui sont décisives pour la formation de l'individu. Parmi les nombreux moyens que les pouvoirs publics et l'initiative privée ont imaginés dans ce but, les *classes de perfectionnement* peuvent devenir, sans aucun doute, un des plus sûrs et un des plus féconds en bons résultats. La France, qui a montré aux autres nations la voie dans l'éducation et l'instruction des idiots, des aveugles et des sourds-muets, s'est laissée dépasser. Elle n'a pas encore généralisé l'inspection médicale des écoliers, et c'est en 1909 seulement qu'a pu être votée la loi qui a donné chez nous aux classes de perfectionnement une existence officielle. La loi est parmi les meilleures qui soient. Au dire des experts étrangers, la France se placera au premier rang en cette matière, si cette loi est convenablement appliquée. L'avance prise par des pays étrangers peut faciliter l'application. C'est pour cette raison qu'il nous a semblé utile de faire connaître les expériences faites par d'autres.

V

Appendice

Liste des ouvrages approuvés en 1836 pour l'usage dans les salles d'asile, les écoles primaires élémentaires et supérieures avec les dates de la première approbation.

(*Extraits*)

TITRE PREMIER. — Salles d'Asile

8 février 1817. — Prières de l'enfance, pour le matin et pour le soir.

25 février 1833. — Instruction élémentaire pour la formation et la tenue des salles d'asile.

9 juin 1836. — L'*Ami de l'Enfance*, journal des salles d'asile, par MM. Cochin et Battelie.

9 août 1836. — Recueil de cantiques destinés aux salles d'asile. — Collections d'images avec texte explicatif et avec questionnaires, publiées chez L. Hachette. — Histoire Sainte. — Histoire de Jésus-Christ. — Animaux domestiques. — Animaux sauvages. — Culture et emploi du blé. — Alphabet et tableaux de lecture. — Numération. — Tableaux de chiffres. — Le Médecin des salles d'asile, par M. le Dr Cerise.

TITRE II. — Écoles primaires

INSTRUCTION MORALE ET RELIGIEUSE

Nota. — Les anciens ouvrages qui sont ci-après désignés pour l'usage des écoles normales primaires sont également autorisés comme livres d'enseignement et de lecture dans les écoles primaires supérieures; ceux qui sont désignés sous les nos 1, 4, 5, 6, 13, 14, 15, 25 et 26, pourront aussi être employés dans des écoles primaires élémentaires, pour l'instruction des élèves les plus avancés.

ÉCOLES PRIMAIRES ÉLÉMENTAIRES

8 février 1817. — Catéchisme du diocèse. Petit catéchisme historique de Fleury.

14 juillet 1821. — Maximes tirées de l'Écriture-Sainte, par Rollin.

14 janvier 1823. — Pensées religieuses et morales, extraites des Psaumes de David.

29 novembre 1825. — Petit livre de fables pour les enfants, par F. Didot aîné.

27 janvier 1829. — Abrégé du Nouveau Testament, suivi de prières chrétiennes.

27 juillet 1830. — Les œufs de Pâques. — L'histoire d'Henri d'Eichenfels. — La Colombe. — Le Petit Mouton. — Le Serin. — Le Ver-Luisant. — L'Enfant

ÉCOLES PRIMAIRES SUPÉRIEURES

12 février 1819. — Histoire de Joseph, traduite du hollandais.

5 avril 1819. — Quatrains moraux, par M. Morel de Vindé.

19 décembre 1820. — Hymnes du premier âge, imité de l'anglais, par M. Thiercelin.

28 avril 1821. — Antoine et Maurice, par M. L. de Jussieu.

7 juillet 1821. — Choix de morceaux (en prose et en vers), par M. Thiercelin.

7 février 1832. — Vie de Jean-Théophile Kielling.

20 mars 1832. — Second livre de lecture, par Piat.

4 décembre 1832. — L'éducation familière, traduit de Miss Edgeworth, par Mme Louise Sw. Belloc.

perdu, traduit de l'allemand du chanoine Schmidt.

5 février 1851. — Petits Contes. — Nouveaux Petits Contes. — La Corbeille de fleurs. — Geneviève de Brabant. — Rose de Tannebourg. — Le jeune Ermite.

(Ces six ouvrages traduits comme les précédents.)

28 octobre 1831. — Petit cours de morale, dédié à l'enfance, par M. de Montizon.

9 mars 1832. — Robinson dans son île. — Histoire de Prosper Brinquart, par M. Lorain.

9 mars 1833. — Livre d'instruction morale et religieuse (5e édition).

4 juillet 1833. — Premières lectures françaises, par M. Wilm.

20 décembre 1833. — Jean et Julien ou les Petits Colporteurs, par M. de Saintes. — Thérèse ou la Petite Sœur de Charité, par le même.

24 février 1834. — Histoires tirées de l'Écriture

14 décembre 1832. — Le Grand-Père, par Mme Fouqueau de Pussy.

6 novembre 1835. — Revue des enfants, par M. Henriot-Roqueplan.

15 décembre 1835. — Secondes lectures françaises, par M. Wilm.

8 janvier 1836. — Choix de poésies faisant suite aux secondes lectures françaises.

15 janvier 1836. — Petites leçons de morale adressées par un instituteur à ses élèves, par M. Fricadel-Dubiez.

25 février 1836. — Le Guide du Néophyte ou la Religion du cœur, par M. le comte de la Rivalière-Frauendorf.

9 juin 1836. — Écrits populaires de Franklin. — Des devoirs des hommes, par Silvio-Pellico.

26 août 1835. — Une famille, par Mme Guizot.

Sainte, ancien et nouveau Testament, traduit de l'allemand du chanoine Schmidt.

29 avril 1834. — Epîtres et évangiles des dimanches et fêtes de l'année.

12 décembre 1834. — Récréations ou Histoires véritables à la portée des petits enfants, par M. Soulice.

5 janvier 1835. — Petit théâtre de l'Enfance, par l'auteur des Œufs de Pâques.

25 mars 1836. — Simon de Nantua, traduit en bas-breton.

17 mai 1836. — Morale de la Bible, par M. l'abbé Didon.

9 juin 1836. — Simon de Nantua, avec ses œuvres posthumes, par M. L. de Jussieu.

28 juin 1836. — Histoire de Jean-Marie, par Mlle Ulliac de Trémadeure. — Récits des prix Monthyon. — Petite civilité chrétienne.

15 novembre 1836. — Petite Histoire Sainte, par M. Ansart.

LECTURE

ÉCOLES PRIMAIRES ÉLÉMENTAIRES ET SUPÉRIEURES

24 avril 1821. — Nouvelle méthode de lecture, par M. Mialle. — Méthode de lecture, par M. Clerc.

15 juin 1829. — Statilégie, par M. Laffore.

30 mars 1830. — Méthode de lecture, par M. Maître.

13 avril 1830. — Principes de la lecture et de la prononciation de la langue française, par M. l'abbé Baudisson. — Cours analytique de lecture par enseignement mutuel et simultané, par MM. Lecomte et Valade-Goebel. — L'Art d'apprendre à lire réduit à la simple connaissance des caractères alphabétiques, par M. Barthélémy d'Artiguenave.

16 octobre. — Tachylégie ou nouvelle méthode de lecture, par M. Gauteron. Orthologie, par M. Grisel.

Octobre 1834, (29 avril 1834). — Alphabet et premier livre de lecture, et tableaux correspondants, publiés par MM. Hachette et Didot.

22 juin 1832. — Méthode de lecture, par MM. Lamotte, Perrier, Meissas et Michelot. — Méthode et tableaux de lecture, par M. Peigné.

14 juin 1832. Gitolégie, par M. Dupont.

14 mai 1833. — Alphabet des Alphabets, ou nouvelle méthode de lecture simplifiée, par M. Audibert.

4 juin 1833. — Nouvelle méthode perfectionnée de lecture, par M. Tisserand.

10 mars 1835. — Nouveau Syllabaire français, extrait de la méthode de M. Peigné.

26 juin 1835. — Le nouveau Viard, ou Cours d'études élémentaires à l'usage des Écoles primaires, par M. Pascal.

14 août 1835. — Méthode complète de lecture prépa-

rant à la connaissance de l'orthographe et de la prononciation, par M. Piroux.

12 février 1836. — Méthode de lecture, par M. Jomard.

22 mars 1836. — Méthode de lecture et d'écriture par M. de Brunet.

9 juin 1836. — Cahiers lithographiques, par M. Levrault. — Cahiers lithographiques, par M. de Montizon.

14 juin 1836. — Nouvelles lectures manuscrites, par M. Louis. — Choix gradué de cinquante sortes d'écritures, pour exercer la lecture des manuscrits.

6 décembre 1836. — Syllabaire des écoles chrétiennes et règlements pour les enfants qui les fréquentent, par L.-C. et F. P. B.

ÉCRITURE

. . . .

. . . .

GRAMMAIRE

ÉCOLES PRIMAIRES ÉLÉMENTAIRES

8 février 1817. — Grammaire de Lhomond. — Grammaire abrégée de Wailly. — Rudiment des petites écoles, par M. Mazure.

23 juin 1829. — Essai de grammaire française élémentaire, par M. David.

5 mars 1831. — Participes français, par M. Collin.

ÉCOLES PRIMAIRES SUPÉRIEURES

8 février 1817. — Principe de grammaire générale, par M. Sylvestre de Sacy. — Grammaire de M. Gueroult. — Grammaire des grammaires, par M. Giraud-Duvivier. — Remarques sur l'orthographe française, par M. Pain. — Traité des sens de la langue française et des caractères

25 juin 1833. — Grammaire française et tableaux de grammaire, par MM. Meissas, Michelot et Picard.

4 juillet 1833. — Petite grammaire française et almande, par M. Wilm.

30 août. — Nouvelle méthode d'orthographe, par M. Dunand.

21 avril 1835. — Petite grammaire des écolss primaires, avec exercices et corrigés des exercices, par MM. Lorain et Lamotte.

25 février 1836. — Grammaire française de Lhomond, revue par M. Peigné,

24 juin. — Cours élémentaire de grammaire française, par M. Frica-del-Dubiez.

21 octobre. — Grammaire classique et méthodique pour étudier la langue française.

6 décembre. — Grammaire française élémentaire. — Dictées et exercices orthographiques par L. C. et F. P. B.

qui la représentent, par M. l'abbé Bouillette.

18 janvier 1830. — Dictionnaire des dictionnaires, par M. Darbois.

6 février 1830. — Guide pratique pour la première instruction de la langue française, par M. Lambert

21 juin 1831. — Grammaire française méthodique et raisonnée, par M. Boniface.

4 novembre. — Vocabulaire français de M. de Wailly.

15 janvier 1833. — Nouveaux principes de grammaire française, par M. Gargan.

16 décembre 1833. — Théorie nouvelle et raisonnée du participe français, par M. Bescher.

6 novembre 1835. — Recueil de mots français rangés par ordre de matières, avec les règles d'orthographe, par M. Fautex.

9 juin 1856. — Dictionnaire des synonymes français, par M. Guizot. — Dictionnaire de l'Académie, édition de 1835.

ARITHMÉTIQUE

. . . .
. . . .

DESSIN LINÉAIRE

. . . .
. . . .

HISTOIRE

ÉCOLES PRIMAIRES ÉLÉMENTAIRES ET SUPÉRIEURES

L'Histoire ancienne et l'Histoire romaine de Rollin

24 avril 1831. — Chronologie des rois de France, par M. Durozoir.

31 décembre 1833. — Campagne d'Austerlitz.

20 octobre 1835. — Histoire de France, par M. Émile de Bonnechose.

15 janvier 1836. — Histoire de France, par M. Fricadel-Dubiez.

9 juin 1836. — Abrégé de l'Histoire de France, par M. Ragon.

30 août 1836. — Histoire de la découverte de l'Amérique, racontée aux enfants, par M. Lamé-Fleury.

2 décembre 1836. — Histoire ancienne élémentaire, par Mme de Saint-Ouen.

30 juin 1835. — Atlas historique et géographique, représentant en aperçu l'histoire de tous les États européens, depuis leur origine, traduit de l'allemand de Kruse, par MM. Lebas et Ansart.

9 juin 1835. — Cahiers d'histoire universelle, par MM. Dumont et Gaillardin.

GÉOGRAPHIE

. . . .
. . . .

CHANT ET MUSIQUE

ÉCOLES PRIMAIRES ÉLÉMENTAIRES

13 septembre 1833. — Chant du Départ, par M. le Dr Cany. — Chant de la table de Pythagore, par le même auteur.

3 octobre 1834. — Méthode de lecture musicale et de chant élémentaire, par M. Wilhem.

12 février 1836. — Méthode théorique et pratique de chant, publiée par M. Stoepel. — Recueil de chants enfantins et religieux, par le même auteur.

29 mars 1836. — Programme pour les éléments du chant (1re partie).

9 juin 1836. — Méthode de Choron. — Traité élémentaire et tableaux de musique, par Quicherat.

Décembre 1836. — Méthode de M. Massimino. — Méthode de M. Meintzer.

ÉCOLES PRIMAIRES SUPÉRIEURES

29 mars 1836. — Programme pour les éléments du chant (2e partie).

LANGUES VIVANTES

. . . .

GÉOMÉTRIE ET DES APPLICATIONS USUELLES

. . . .

SCIENCES PHYSIQUES ET LEURS APPLICATIONS AUX USAGES DE LA VIE

ÉCOLES PRIMAIRES SUPÉRIEURES

8 février 1831. — *Maître Pierre ou le Savant du village ;* entretiens sur la physique, par M. Brard.

20 mars 1832. — *Maître Pierre, ou le Savant du village ;* entretiens sur l'industrie française.

9 juin 1836. — Physique de Péclet. — Programmes de physique et de chimie à l'usage des écoles normales primaires.

12 août. — Éléments de Technologie, par M. Francœur.

HISTOIRE NATURELLE

1831. — Précis élémentaire d'histoire naturelle, par M. Delafosse. — Notions d'histoire naturelle, par le même.

1er mars 1836. — Histoire naturelle dans ses applications géographiques, historiques et industrielles, par M. Teulières.

5 avril. — Nouveaux éléments d'histoire naturelle, par M. Salacroix.

24 mai. — Introduction à l'étude de la botanique, par M. Adolphe de Caudolle, professeur de botanique à Genève.

9 juin. — Minéralogie populaire, par M. Brard. — Histoire naturelle des plantes, par M. Delapalme.

14 juin. — Essai sur l'histoire naturelle de Normandie, par M. Chesnon, principal du collège de Bayeux.

28 juin. — Petite histoire naturelle, par M. Delapalme.

AGRICULTURE

Novembre 1830. — L'Art de fertiliser les terres, par Mme Celnart.

20 mars 1830. — Le Guide de la culture des bois, par M. Duchesne.

8 octobre 1835. — Veillées villageoises ou Entretiens sur l'agriculture moderne, par M. Neveu de Rotrie.

23 février 1836. — Manuel pratique et populaire d'agriculture pour le département du Doubs.

20 mai. — Manuel d'agriculture ou Traité élémentaire de la science agricole pour les écoles rurales du Nord de la France, par M. Moll.

9 juin. — Calendrier du bon cultivateur, par M. Mathieu de Dombasle.

OUVRAGES DIVERS

. . . .

INSTRUCTION PRIMAIRE

DANS LES ÉCOLES PROTESTANTES ET ISRAÉLITES

Nota. — Il est inutile de faire observer que les ouvrages autorisés pour l'enseignement de la lecture, de l'écriture, de la grammaire et des éléments des sciences mathématiques et physiques dans les écoles primaires où l'on professe la religion catholique, sont également à l'usage des écoles du culte protestant et du culte israélite. L'instruction religieuse et l'histoire moderne peuvent seules donner lieu à des désignations particulières.

Les ouvrages particulièrement désignés pour ces écoles sont les suivantes :

ÉCOLES PRIMAIRES PROTESTANTES

ÉLÉMENTAIRES

21 octobre 1831. — Histoire de la Bible, par M. le Pasteur Boissard.

1836. — Introduction à la lecture des livres saints, par M. Cellerier fils. — Manuel pour faciliter la lecture de l'Écriture Sainte traduit de l'allemand de Auber. — Liturgie de la famille, rédigée par Livade.

SUPÉRIEURES

1836. — La Bible de la jeunesse, traduit de l'allemand, à l'usage des protestants, par Pellegrin, pasteur des vallées du Piémont. — La Biographie sacrée, par M. Coquerel. — Instruction chrétienne, de Vernet. — Preuves de la divinité de la Religion chrétienne, par Paley. — Essai sur la divine autorité du Nouveau Testament, traduit de l'anglais, de Boyle. — Essai sur le plan du fondateur de la Religion chrétienne, traduit de l'allemand, de Reinhard. — Sermons de Cellerier. — Vues sur le protestantisme, par Vincent.

ÉCOLES PRIMAIRES ISRAÉLITES

14 décembre 1833. — Souvenirs de Moïse Mendelsohn, par M. Cottard.

20 juin 1834. — Précis élémentaires d'instruction morale et religieuse.

TITRE III. — **Écoles normales primaires**

Tous les ouvrages autorisés pour les écoles primaires seront à la disposition des élèves-maîtres dans les bibliothèques des écoles normales. Les élèves-maîtres y trouveront de plus, pour leur instruction particulière, les ouvrages désignés ci-après :

§ 1er. — *Anciens ouvrages autorisés comme livres d'enseignement et de lecture*

1. Le Nouveau Testament (traduction de Sacy).
2. Abrégé de l'histoire de l'Ancien Testament avec explications, par Mésenguy.
3. Catéchisme de Montpellier.
4. Catéchisme historique de Fleury.
5. Mœurs des Israélites et des Chrétiens, par Fleury.
6. L'ouvrage des Six jours, par Duguet.
7. Œuvres choisies de Fénelon (Traité de l'existence de Dieu; de l'éducation des filles; Dialogues des morts, etc).
8. L'Esprit de Nicole, ou Instruction sur la Religion.
9. Discours sur l'histoire universelle, par Bossuet.
10. Sermons choisis de Bossuet, Bourdaloue, Massillon, etc.
11. Choix d'Oraisons funèbres, par Bossuet, Fléchier, etc.
12. Petit Carême de Massillon.
13. Imitation de Jésus-Christ.
14. Histoire abrégée de la Religion, par Lhomond.
15. Doctrine chrétienne, par Lhomond.
16. Poème de la Religion, suivi de Polyeucte, Athalie, Esther et Mérope.

17. Traité des Études de Rollin.
18. Histoire ancienne de Rollin.
19. Histoire romaine de Rollin.
20. Histoire de France, par le Président Hénault.
21. Histoire de Charles XII, roi de Suède.
22. Les Révolutions de Portugal, par Vertot.
23. Les Révolutions romaines, par le même.
24. Les Caractères de La Bruyère.
25. Les Fables de La Fontaine.
26. Morceaux choisis de Buffon.
27. Boileau, édition classique d'Amar.
28. Œuvres choisies de J.-B. Rousseau.

§ 2. — *Pédagogie*

(Méthodes d'enseignement et principes d'éducation)

8 février 1817. — Abrégé de la méthode des écoles élémentaires, ou Recueil pratique pour les écoles dirigées selon la nouvelle méthode d'enseignement mutuel et simultané. — Guide des fondateurs et des maîtres pour les écoles d'enseignement mutuel. — Manuel pratique, ou Précis de la méthode d'enseignement mutuel, par M. Nyon.

11 octobre 1828. — Guide des écoles primaires ou lois, règlements et instructions concernant les écoles primaires, par un recteur d'académie (M. Soulacroix).

14 février 1829. — Manuel des écoles élémentaires, ou exposé de la méthode de l'enseignement mutuel, par M. Sarasin.

6 mai 1831. — Journal de l'instruction élémentaire, par plusieurs membres de l'Université.

21 juin. — Essai sur l'emploi du temps, par M. Julien,

31 janvier 1832. — Cours normal des instituteurs primaires, par M. le baron de Gérando. — L'instituteur primaire, par M. Matter.

10 avril. — Manuel de l'instituteur primaire, ou Principes généraux de pédagogie, par M. Moeder. — Cours normal des institutrices, par Mlle Savan. — De l'éducation publique considérée dans ses rapports avec le développement des facultés, par M. Naville.

4 décembre 1833. — *Manuel général* ou *Journal de l'Instruction primaire*, journal officiel, publié par MM. Hachette, Levrault, Renouard et Didot frères.

24 février 1833. — Guide pratique de l'instituteur primaire, par M. Levrault.

23 février 1834. — Guide pratique de l'institution primaire, par M. Levrault.

12 décembre 1834. — L'*Instituteur*, journal des écoles primaires, publié par M. Dupont, libraire.

9 juin 1835. — Le Code de l'instruction primaire, publié par le même libraire.

27 mai 1836. — Manuel complet de l'enseignement mutuel, par MM. Lamotte et Lorain. — Manuel complet de l'enseignement simultané, par les mêmes auteurs.

9 juin 1836. — De l'Éducation des enfants, par Locke. — De l'Éducation progressive, par Mme Necker de Saussure. — Lettres sur l'éducation religieuse des enfants, par Deluc. — Entretiens sur l'éducation, par M. Moeder. — Le Visiteur des écoles, par M. Matter. — Exposé analytique des méthodes de l'abbé Gauthier, par M. L. de Jussieu. — Rapport sur l'instruction publique en Allemagne, par M. Cousin.

12 août 1836. — Nouveau Manuel des écoles primaires publié sous la direction de M. Matter (30 décembre 1836).

TABLE DES MATIÈRES

Angers, Imp. G. Grassin. — 1148-13

www.ingramcontent.com/pod-product-compliance
Ingram Content Group UK Ltd.
Pitfield, Milton Keynes, MK11 3LW, UK
UKHW020306230726
13925UKWH00001B/237